AF745065

LA COUTUME INTERNATIONALE DANS LA PRATIQUE DIPLOMATIQUE CAMEROUNAISE

AYMARD LANDRY NDJIP

LA COUTUME INTERNATIONALE DANS LA PRATIQUE DIPLOMATIQUE CAMEROUNAISE

Préface de Pr KANGUEU EKEUH Robert

L'Harmattan

© L'HARMATTAN, 2023
5-7, rue de l'École-Polytechnique ; 75005 Paris

www.editions-harmattan.fr

ISBN : 978-2-14-035197-6
EAN : 9782140351976

PREFACE

C'est avec un grand plaisir que je préface le livre de Monsieur AYMARD LANDRY NDJIP, qui offre une réflexion passionnée sur la coutume internationale dans la pratique diplomatique camerounaise. Dans cet ouvrage, l'auteur aborde avec finesse et rigueur les enjeux juridiques majeurs liés à la coutume internationale dans la pratique diplomatique camerounaise.

L'auteur a su développer une argumentation solide, éclairée par une connaissance pointue du droit international et des réalités des pratiques liées à la coutume internationale dans la pratique diplomatique camerounaise. Le livre propose une analyse exhaustive des principales problématiques liées à la coutume internationale dans la pratique diplomatique camerounaise, tout en présentant des perspectives novatrices et propositions concrètes pour une meilleure prise en compte des enjeux juridiques et sociétaux liés à ce domaine.

La lecture de cet ouvrage est accessible à un large public, qu'il s'agit des professionnels du droit, diplomates, d'étudiants reconnus par la coutume internationale dans la pratique diplomatique camerounaise. Les explications sont claires, les exemples pertinents et les analyses sont étayés par de nombreuses références bibliographiques, qui permettent au lecteur de poursuivre sa réflexion et d'approfondir sa compréhension sur la coutume internationale dans la pratique diplomatique camerounaise.

Je suis convaincu que cet ouvrage sera une référence pour tous ceux qui souhaitent mieux comprendre les enjeux liés à la coutume internationale dans la pratique diplomatique camerounaise. Je tiens donc à féliciter l'auteur pour la qualité de son travail et à recommander vivement la lecture de cet ouvrage, qui constitue une contribution importante à la réflexion sur la coutume internationale dans la pratique diplomatique camerounaise.

Pr KANGUEU EKEUH Robert
Maitre de Conférences en Droit Public à l'Université de Douala
Sous- directeur de la Cellule juridique au Ministère de la Culture

A mes chers parents

LISTE DES PRINCIPALES ABREVIATIONS

1. Abréviations des revues citées

AADI	Annuaire Africain de Droit International
ACDI	Annuaire de la Commission de Droit International
AFDI	Annuaire Français de Droit International
AFRI	Annuaire Français des Relations Internationales
AJIL	American Journal of International Law
AUF	Agence Universitaire de la Francophonie
ASDI	Annuaire Suisse de Droit International
ILN	International Law of Netherlands
JDI	Journal de Droit International
RBSJA	Revue Béninoise des Sciences Juridiques et Administratives
RQDI	Revue Québécoise de Droit International
RGDIP	Revue Générale de Droit International Public
LGDJ	Librairie Générale de Droit et de Jurisprudence
PUB	Presses Universitaire de Belgique
PUCAC	Presses de l'Université Catholique d'Afrique Centrale
PUF	Presses Universitaires de France
PUL	Presses Universitaires de Louvain
PUL	Presses de l'Université Laval
QC	Presses de l'Université du Québec
RBD	Revue Belge de Droit International
RCADI	Recueil des Cours de l'Académie de Droit International
RDI	Revue de Droit International
RIS	Revue Internationale et Stratégique
RSA	Revue de Sociologie et d'Anthropologie
RSDIP	Revue Suisse de Droit International Public
ULB	Université Libre de Bruxelles
YIL	Yale International of Law

2. Abréviations utilisées dans le texte (et dans les notes)

BAD	Banque Africaine de Développement
CC	Code Civil
CC	Corps Consulaire
CD	Corps Diplomatique
CDI	Commission du Droit International
CE	Communauté Européenne
CEEAC	Communauté Economique des Etats de l'Afrique Centrale
CEMP	Chef d'Etat-Major Particulier
CGI	Code Général des Impôts
CIA	Central Intelligence Agency
CIJ	Cour Internationale de Justice
CJCE	Cour de Justice et des Communautés Européennes
CMD	Chef de Mission Diplomatique
CNRS	Centre National de la Recherche Scientifique
CPA	Cour Permanente d'Arbitrage
CPC	Chef de Poste Consulaire
CPE	Chef du Protocole d'Etat
CPI	Cour Pénale Internationale
CPJI	Cour Permanente de Justice Internationale
CS	Conseil de Sécurité
CSD	Compagnie de Sécurisation des Diplomates
CV	Curriculum Vitae
CVDT	Convention de Vienne sur le Droit des Traités
CVRC	Convention de Vienne sur les Relations Consulaires
CVRD	Convention de Vienne sur les Relations Diplomatiques
DAJT	Direction des Affaires Juridiques et Traités
DCC	Directeur du Cabinet Civil
DELECAM	Délégation du Cameroun à l'étranger
DGSN	Délégation Générale à la Sureté Nationale
ENAM	Ecole Nationale d'Administration et de Magistrature
FALSH	Faculté des Arts, Lettres et Sciences Humaines
FBI	Federal Bureau Investigation
IEP	Institut d'Etude Politique
IRIC	Institut des Relations Internationales du Cameroun
IRPP	Impôt sur le Revenu des Personnes Physiques

LF	Loi Fédérale
MINAEE	Ministère des Affaires Etrangères et de l'Europe
MINAT	Ministère de l'Administration Territoriale
MINDEF	Ministère de la Défense
MINFI	Ministère des Finances
MINREX	Ministère/Ministre des Relations Extérieures
MP	Ministre Plénipotentiaire
OCAM	Organisation Commune Africaine et Malgache
OI	Organisations internationales
OIR	Organisation Internationale Régionale
OIT	Organisation Internationale du Travail
OLP	Organisation pour la Libération de la Palestine
ONG	Organisation Non Gouvernementale
ONU	Organisation des Nations Unies
OUA	Organisation de l'Unité Africaine
PAN	Président de l'Assemblée Nationale
PCC	Président du Conseil Constitutionnel
PCE	Président du Conseil Economique
PCS	Président de la Cour Suprême
PM	Premier Ministre
PRESICAM	Présidence du Cameroun
PSEN	Président du Sénat
RI	Relations Internationales
RSVP	Répondre S'il Vous Plait
S.E.	Son Eminence
S.Exc.	Son Excellence
SDN	Société Des Nations
SPID	Service des Privilèges et Immunités Diplomatiques
TN	Traité de Non-Prolifération d'armes nucléaires
TSPP	Taxe Spéciale sur les Produits Pétroliers
TVA	Taxe sur la Valeur Ajoutée
UA	Union Africaine
UDEAC	Union Douanière et Economique de l'Afrique Centrale
USA	United State of America
ZLEC	Zone de Libre Echange Continentale

3. Abréviations et sigles à caractère bibliographique

a.i	ad intérim
aff.	affaire
al.	alinéa
c/ ou c.	contre
cf.	Confer
coll.	collection
DEA	diplôme d'études approfondies
DESS	diplôme d'études supérieures et spécialisées.
dir.	direction, sous la direction de
doc.	document
éd.	éditeur ou édition
etc.	et cetera
ibid.	ibidem
n° ou n°	numéro(s)
op. cit.	opere citato
p.	page
par. ou §	paragraphe
pp.	pages
rec.	recueil
s/res	résolution du conseil de sécurité
spéc.	spécifiquement
t ou t.	tome
Vol.	volume

SOMMAIRE

INTRODUCTION

Droit et diplomatie sont en interaction structurelle dans tout processus de coopération et de mise en œuvre de la pratique diplomatique camerounaise. Cette dernière est une activité juridiquement encadrée ou codifiée comme le droit est un instrument de la pratique diplomatique[1]. Si le droit est un instrument de la pratique diplomatique camerounaise, il va de soi que le Cameroun puisse disposer d'une « politique juridique extérieure »[2] ; c'est-à-dire au sens de Guy Ladreit de Lacharrière, « *la façon dont un Etat (...) applique le droit international à son action diplomatique* »[3].

Dans sa politique extérieure en général et sa pratique diplomatique en particulier, le Cameroun mobilise le droit et la coutume internationale à la fois comme rempart de la souveraineté et de l'indépendance, moyen de légitimation de l'action publique internationale et surtout instrument de consolidation des bases de sa coopération internationale. D'où la pratique diplomatique de la conclusion des accords internationaux, des accords de coopération dans les domaines aussi divers que l'amitié, l'économie et le commerce, la science, la technique et la culture[4].

La pratique diplomatique de manière générale a connu plusieurs mutations majeures : elle n'est pas l'apanage de l'Etat et de ces agents. Elle use d'instruments d'une technicité croissante tout en investissant de nouveaux territoires ou paradigmes de négociation[5].

C'est avec la République de Vienne au 15e siècle que nait la diplomatie au sens que nous entendons avec les structures

---

[1] CHOUALA (Y-A), *La politique extérieure du Cameroun*, Paris, Karthala, 2014, p. 114, 267p.

[2] LA CHARRIERE (G), *La politique juridique extérieure*, Paris, Economica ,1983.

[3] PANCRACIO (J-P), *Dictionnaire de la diplomatie*, Paris, Dalloz et Bussac, 2007, p. 469, 684p.

[4] CHOUALA (Y-A), *op. cit.*, p. 114.

[5] BALZACQ (T), CHARILLON (F), RAMEL (F), *Manuel de diplomatie*, Paris, Presses de Sciences Po, 2008, 408 p.

permanentes en charge de préparer des missions à l'étranger[6]. Ainsi, le Congrès de Vienne de 1815 a posé les bases de la diplomatie moderne, avec la Convention de Vienne sur les Relations Diplomatiques du 18 avril 1961, issue des travaux de la Commission de Droit International, tout comme celle de la Convention sur les Relations Consulaires[7] du 24 avril 1963. Dans le même ordre d'idées, la question de rang et préséance des Puissances a été résolue au Congrès de Vienne de 1815, d'après le rang des agents diplomatiques plutôt que d'après le degré d'importance des États[8].
Cependant, le règlement du Congrès de Vienne de 1815, auquel fut ajouté un article par les puissances réunies à Aix-la-Chapelle en 1818, a établi une hiérarchie comme suit : la première classe comprend les ambassadeurs, les légats *a latere,* c'est-à-dire les envoyés extraordinaires du Pape choisis parmi les Cardinaux et chargés des missions spéciales, et les nonces, autrement dit les envoyés du Pape dans les missions permanentes et choisis en dehors des Cardinaux. La deuxième classe quant à elle, est composée des envoyés extraordinaires, des ministres plénipotentiaires et des internonces apostoliques, en d'autres termes, les envoyés du Pape en deuxième classe. Ensuite la troisième classe, introduite par le Congrès d'Aix-la-Chapelle, appréhende les ministres résidents. Enfin la dernière classe comprend les chargés d'affaires *ad interim*[9].

Ce classement des Puissances par ordre et préséance a été entériné par la Convention de Vienne du 18 avril 1961 sur les relations diplomatiques, notamment en son article 14 al.1:
« Les chefs de mission sont repartis en trois classes à savoir : celles des ambassadeurs ou nonces accrédités auprès des chefs d'Etat et des autres chefs de mission ayant un rang équivalent; celle des ministres ou internonces accrédités auprès des chefs d'Etat; celle des chargés d'affaire accrédités auprès des Ministres des affaires étrangères ».

---

[6]PANCRACIO (J-P), *Droit et institutions diplomatiques*, Paris, Pedone, 2007, p. 9, 268 p.
[7]DECAUX (E), *Droit International Public*, 7eed, Paris, Dalloz, p. 52, 500 p.
[8] GRAHAM (S), « Le droit et la pratique diplomatique et consulaire », RCADI, 1934, Tome II p. 18, 109 p.
[9] Idem, p. 8

Toutefois, c'est en Grèce qu'apparaissent les véritables prémices de la pratique diplomatique : accords négociés, réconciliation, trêve, divers types d'arrangements ; traités ou alliances, mise en place des consuls, recours à l'arbitrage entre cités, conseils amphictyoniques, autrement dit des délégués des cités grecques délibéraient sur les intérêts communs et jugeaient des différends qui surgissaient entre elles[10]. Les privilèges et immunités étaient octroyés en vertu du principe d'extraterritorialité qui est une fiction juridique en vertu de laquelle les agents diplomatiques régulièrement accrédités auprès d'un gouvernement étranger sont censés résider dans leur pays d'origine et non sur le territoire où ils exercent leur fonction. Ce principe d'extraterritorialité bien que de nature coutumière a été rejeté par la plupart de la doctrine. La pratique diplomatique camerounaise enrichie par la coutume internationale s'est également alignée derrière la position de la doctrine internationale.

En outre, ce fut chez les Grecs que pour la première fois les relations diplomatiques revêtirent une certaine stabilité de forme. Quoiqu'il n'y eût pas d'ambassades permanentes, toutes les relations entre les pays se faisaient par l'intermédiaire d'ambassadeurs et des missions. Etant donné qu'il coexistait en Grèce des centaines d'Etats indépendants, l'établissement d'ambassades permanentes était impossible. La nécessité de diplomates de carrière ne se faisait pas non plus sentir. La plupart des citoyens éminents étaient au courant de la situation politique de l'époque et par conséquent préparés à remplir des missions diplomatiques[11]. Dans la pratique diplomatique, les Grecs avaient le droit d'envoyer des ambassadeurs inhérents au pouvoir souverain de l'Etat, et cela impliquait en contrepartie l'obligation d'en recevoir. L'assemblée du peuple envoyait et recevait des missions diplomatiques, et souvent le but de la mission était exposé publiquement par les ambassadeurs étrangers aux représentants du peuple. Les envoyés grecs recevaient leurs

[10] NDZENGUE (P), *Cours de pratiques diplomatiques et consulaires*, 2014, p. 2, 45 p, inédit.
[11] GRAHAM (S), *op. cit.*, p. 5, 109p.

instructions par écrit ou de vive voix, ils étaient porteurs de lettres de créance[12].

Par contre, dans l'empire romain bien que les ambassadeurs n'étaient pas encore résidents, ils étaient désignés pour de courtes durées pour des missions «*ad hoc*». Rome n'accordait l'immunité qu'aux émissaires étrangers et non à leurs correspondances. La pratique de la remise d'otages pour garantir l'exécution d'un traité et celle de l'ultimatum furent introduites par les romains[13]. Bien que Rome, en particulier dans son époque glorieuse, se considérait un peu supérieure à ses voisins, et préférait recevoir plutôt qu'envoyer des ambassadeurs[14], elle accepta généralement le droit diplomatique de la Grèce. Chez les romains, on appelait d'ordinaire un ambassadeur un «*legatus*», moins souvent un «orateur» et quelquefois un «fecial». Ce dernier terme était généralement employé dans les négociations au sujet d'une rupture éventuelle de la paix. Le Sénat romain avait pour principe d'envoyer au moins trois ambassadeurs, très souvent il envoyait dix[15]. Les romains maintenaient aussi que l'envoyé était inviolable lorsqu'il traversait un troisième pays à l'aller ou au retour de sa mission. Toute attaque à la personne d'un ambassadeur ou d'un héraut était une violation du *jus gentium.* Cette traversée encore appelée transit diplomatique tire certes son origine de la coutume internationale, mais a connu une consécration la plus solennelle dans la Convention de Vienne sur les Relations Diplomatiques.

De façon générale, la volonté de l'empire romain d'imposer ses vues au reste du monde se répercuta automatiquement sur sa diplomatie ce qui pousse à adopter la conclusion suivante: une diplomatie imposée disparaît avec son

---

[12] Idem p.6

[13] V. NYS (E), *Les origines de la diplomatie et le droit d'ambassade jusqu'à Grotius*, Bruxelles, 1884 ; AMIQUET (P), *L'âge d'or de la diplomatie : Machiavelli et les Vénitiens*, Paris, Albin Michel, 1963, 334 p. ; VAN DER ESSEN (L), *La diplomatie, ses origines et son organisation jusqu'à la fin de l'ancien régime*, 1953.

[14] Auguste s'était vanté d'avoir reçu des ambassades des Indes, de Bactriane, de Scythie, de la lointaine Sarmatie, et d'Albanie, d'Ibérie, et de Médie, et il l'avait fait graver sur les piliers de bronze devant son mausolée.

[15] GRAHAM (S), *op. cit.*, p. 7

empire. Avec le déclin de l'empire, à la cour de Byzance la diplomatie prend de plus en plus sa forme moderne, mais elle ne tarda pas à l'instar de la diplomatie moderne à sombrer dans les méandres de la corruption et des intérêts privés[16]. Byzance fut la première cité à organiser un département unique chargé de traiter les affaires extérieures et de former des négociateurs de carrière. Elle nous a laissé de longs traités relatifs aux questions de protocole et cérémonial[17].

Avant l'essor de la codification, des pans entiers du droit international étaient de nature coutumière, à commencer par le droit diplomatique plus précisément la conduite juridique des relations diplomatiques ; voire la pratique diplomatique. La pratique diplomatique camerounaise ne déroge pas à cette règle. En effet, celle-ci tire son substrat de la coutume internationale. Notre travail consiste à examiner si cette coutume internationale a enrichi la pratique diplomatique camerounaise depuis l'accession du Cameroun à la souveraineté internationale en 1960.

Toutefois, l'imprécision voire l'incertitude de certains usages internationaux, le flou et la flexibilité de la coutume internationale ont poussé les Etats à codifier certains aspects du droit des relations juridiques internationales. D'ailleurs, le juge international dans l'affaire des Activités militaires et paramilitaires au Nicaragua et contre celle-ci[18] a dit pour droit que :

« Le fait que les principes [...] sont codifiés ou incorporés dans les conventions multilatérales ne veut pas dire qu'ils cessent d'exister et de s'appliquer en tant que principe de droit coutumier, même à l'égard des pays qui sont parties aux dites conventions ».

---

[16] CHAFIKA (A), Cours de Pratique diplomatique, option : diplomatie et consulaire, partenariat et coopération internationale, 2015, p. 3, 45 p, inédit.

[17] SALMON (J), *Manuel de droit diplomatique*, ULB, Bruylant, Delta, 1994, p. 20, 678 p. ; PHILLIPSON (C), *The international law and custom of Anciens Greece and Rome*, London, 1911.

[18] CIJ, affaire des activités militaires et paramilitaires au Nicaragua et contre celui-ci (fond), Nicaragua c. Etats-Unis, arrêt du 26 juin 1986.

Une manière d'affirmer la subsistance de la règle coutumière même en cas de codification d'une norme de droit international.

Etant l'une des sources importantes du droit international au même titre que les conventions internationales, la coutume internationale servira de socle à la pratique diplomatique camerounaise en lui fournissant des éléments indispensables pour la conduite de ses relations diplomatiques.

De nos jours, la pratique diplomatique camerounaise reste essentiel pour le fonctionnement des relations internationales et la conduite des relations extérieures par les moyens de représentation, la protection, l'information et la négociation, en plus de la promotion des relations amicales et le développement des relations économiques, culturelles et scientifiques entre Etats[19].

C'est dire qu'en matière de pratiques diplomatiques, les acteurs sont principalement les Etats, auxquels sont venus s'ajouter les acteurs de seconde génération telle que les Organisations Internationales[20].

A la lumière de cet éclairage, nous nous attarderons successivement sur les considérations d'ordre théorique d'une part, et, d'autre part, celles d'ordre méthodologique.

I. LES CONSIDERATIONS D'ORDRE THEORIQUE

De prime abord, il sera question d'évoquer l'objet de l'étude, ensuite du contexte enfin l'intérêt de l'étude.

A. L'objet de l'étude

Faire allusion à l'objet de l'étude revient à mettre en évidence les limites spatio-temporelles d'une part, et, d'autre part, le cadre conceptuel et théorique de cette étude.

1. Matérialisation des limites spatio-temporelles de l'étude

L'objectif d'une recherche est le point de départ d'un projet de recherche. Il indique les intentions, les objectifs et l'idée principale de l'étude. En l'espèce, l'objectif de cette étude s'appréhende sous un double prisme : général et spécifique.

---

[19] ELOUNGOU (N), *Cours de pratiques diplomatiques et consulaires*, Master professionnel IRIC option : diplomatie, 2014-2015, p. 5, inédit.

[20] Idem.

L'objectif général de cette étude doit s'entendre comme le but à long terme que poursuit cette recherche. Ainsi, l'objectif de ce travail de recherche est d'esquisser un cadre d'accès à l'attention des jeunes chercheurs et professionnels de la diplomatie.

Pour atteindre cet objectif général, nous nous intéresserons aux objectifs spécifiques de cette étude. Ainsi, ceux-ci portent sur les déterminants par lesquels il est possible d'agir pour mettre en évidence l'importance du problème. Dès lors, le but de cette étude est de montrer l'apport de la coutume internationale dans la pratique diplomatique camerounaise. Il s'agira d'explorer les mécanismes et les us qui sous-tendent la conduite de la vie diplomatique camerounaise. Ceci en confrontant les Conventions de Vienne[21] et la législation camerounaise en la matière[22], afin de ressortir la substance de la coutume internationale dans la pratique diplomatique camerounaise.

La dimension spatiale est circonscrite uniquement au Cameroun. En effet, il est judicieux de s'attarder sur le Cameroun parce que ce dernier possède une diplomatie active. En plus, la dimension spatiale nous permet également d'apporter les rudiments nécessaires à la compréhension de notre sujet.

La finalité de cette étude nous permettra également de développer les concepts tels que coutume internationale et pratique diplomatique camerounaise tout en mettant en lumière les rapports que ces derniers entretiennent. De ce fait, force est de constater que ces deux concepts constituent la pierre angulaire dans la compréhension de notre travail.

---

[21] Il s'agit en l'espèce la Convention de Vienne du 18 avril 1961 sur les relations diplomatiques et la Convention de Vienne du 23 avril 1963 sur les relations consulaires.

[22] La législation en vigueur en la matière : le décret N° 75/773 du 18/12/1975 portant statut particulier du corps des fonctionnaires de la diplomatie et son modificatif subséquent à savoir le décret N° 77-345 du 26/08/1977 ; le décret N° 87/1198 du 7 septembre 1987 portant organisation des services extérieurs permanents du ministère des affaires étrangères ; le décret N° 2005/286 du 30 juillet 2005 portant organisation du Ministère des Relations Extérieures (MINREX) enfin l'Instruction Interministérielle N°0060/MINFI/DIPL du 26 mars 2010 relative à l'application des privilèges diplomatiques en matière fiscale et douanière.

En plus de développer les concepts précités, cette étude nous permettra de parcourir l'histoire diplomatique camerounaise. Ainsi, la dimension temporelle de notre étude nous permettra d'aborder deux périodes charnières de la diplomatie camerounaise à savoir : 1960-1982 et 1982 à nos jours. Ces deux périodes représentent successivement l'accession du Cameroun à la souveraineté internationale avec pour président AHMADOU AHIDJO et la passation du pouvoir au successeur constitutionnel, le président Paul BIYA. Parallèlement, cette étude nous permettra de mettre en exergue la particularité de la pratique diplomatique camerounaise.

2. Le cadre conceptuel et théorique

Comme le souligne le Pr Luc SINDJOUN : « *une recherche ne peut pas être effectuée séparément du travail de clarification des concepts de base comme catégories de lecture et d'explication et la construction de l'objet considéré comme domaine de définition, de vérification des hypothèses*[23] ». Une manière simple d'affirmer que la clarification des concepts est au cœur du processus de démonstration et de matérialisation dans une étude scientifique.

L'étude sur la coutume internationale dans la pratique diplomatique camerounaise, exige donc pour une meilleure compréhension la clarification de certains concepts. A cet effet, nous nous attarderons sur les concepts tels que « coutume internationale » ; « pratique » ; « pratique diplomatique » et « pratique diplomatique camerounaise ».

a. La coutume internationale

Sur le plan littéral, la coutume internationale peut être définie comme étant une « règle non écrite mais de caractère obligatoire pour les sujets de droit », et cela dans un système juridique donné[24]. L'approche juridique de la coutume internationale est issue du Statut de la Cour Internationale de Justice qui reprend celle de la CPJI. Ainsi, l'article 38 § 1.b du

---

[23] SINDJOUN (L), *L'Etat ailleurs*. Entre noyau dur et case vide, Économica, Paris, 2002, p. 332.

[24] CARREAU (D) et MARELLA (F), *Droit International*, 11e éd, Paris, Pedone, 2012, 500 p.

Statut définit la coutume internationale comme : «*preuve d'une pratique générale acceptée comme étant le droit*»[25]. La consécration expresse de cette source de droit international par un instrument international participe de la consolidation voire de la cristallisation des règles du droit international.

L'approche doctrinale définit la coutume internationale comme étant un processus conduisant la création d'une norme de droit international, au départ non écrite[26]. En d'autres termes, la coutume internationale est issue du résultat de la confrontation d'une pratique effective et de l'acceptation par les Etats du caractère juridique et donc obligatoire des conduites d'une telle pratique (*opinio juris sive necessitatis*)[27].

A cet effet, deux éléments constituent l'ossature de la coutume internationale à savoir l'élément matériel encore appelé pratique et l'élément psychologique ou l'«*Opinio Juris sive necessitatis* ». La pratique étant appréhendée comme la répétition dans le temps et l'espace des actes, faits, déclarations ou agissements positifs ou négatifs émanant des sujets de droit international[28]. La répétition dans le temps est la condition de l'affermissement de la pratique sans lequel il serait impossible de parler d'«usage»[29]. L'«*Opinio Juris*» signifie que cette pratique est rendue obligatoire par l'existence d'une règle de droit[30]. En d'autres termes, c'est le sentiment qu'en agissant de la sorte, on obéit à une règle de droit. Il faut que les Etats se sentent juridiquement liés par la règle de droit. C'est par ce processus que la règle coutumière se distingue de l'usage et de la courtoisie internationale[31].

---

[25] V. Statut de la CIJ annexée à la Charte des Nations du 26 juin 1945.

[26] SALMON (J) (dir.), *Dictionnaire de droit international public*, Bruxelles, Bruylant et AUF, 2001, p. 283, 1198 p.

[27]Idem p. 284

[28]LARBI (A), *Cours de droit international public*, Université Sidi Mohamed ben Abdellah, Faculté des Sciences Juridiques, Economiques et Sociales, 2015-2016, 64p, inédit.

[29] CPJI, affaire du Vapeur Wimbledon du 17 août 1923, série A, n°1, p. 25

[30] CIJ, affaire du Plateau Continental 1969, CPJI, affaire du Lotus 1927.

[31]QUOC DINH (N), DAILLIER (P), FORTEAU (M), PELLET (A), *droit international public*, 8e éd., Paris, LGDJ, 2009, p. 361, 1709 p., voir également DUPUY (P-M), KERBAT (Y), *droit international public,* 14e édition, Paris, Dalloz, 2018, 2754 p.

Le juge international dans son office s'est également attardé sur le concept de coutume internationale. En effet, pour permettre de fonder une coutume, il doit constituer à la fois une pratique constante et uniforme. C'est ce qui ressort de l'avis consultatif rendu par la CIJ en 1971[32]. Par cet avis consultatif, le juge vient réaffirmer les éléments caractérisant la coutume en droit international. L'exigence de la répétition se traduit par des formules classiques utilisées par la jurisprudence internationale qui vise une « pratique internationale constante »[33]. Suivant le *dictum* de la sentence arbitrale du 17 juillet 1965: «*Seule une pratique constante, effectivement suivie et sans engagement, peut devenir génératrice d'une règle de droit international coutumier*»[34]. L'uniformité de la pratique quant à elle, est la concordance des actes successifs d'un même Etat qui doivent être, en principe semblables les uns aux autres[35]. Par contre, dans l'affaire du droit d'asile[36] le juge international déclare :
«*La Partie qui invoque une coutume de cette nature doit prouver qu'elle s'est constituée de telle manière qu'elle est devenue obligatoire pour l'autre Partie. Le Gouvernement de la Colombie doit prouver que la règle dont il se prévaut est conforme à un usage constant et uniforme, pratiqué par les Etats en question, et que cet usage traduit un droit appartenant à l'Etat octroyant l'asile et un devoir incombant à l'Etat territorial* ».

Ainsi, la coutume se dégage de la répétition de certains actes ou attitudes dans la vie internationale des Etats ; la pratique des divers organes de l'Etat : exécutif, législatif et judiciaire présente un intérêt et doit être examinée[37].

---

[32] CIJ, avis conséquences juridiques pour les Etats de la présence continue de l'Afrique du Sud en Namibie 1971 ; affaire du Plateau Continental de la Mer du Nord, 1969 ; CPJI, affaire du Lotus, 1927.

[33] CPJI, affaire Vapeur Wimbledon précitée.

[34] Interprétation de l'accord aérien du 6 février 1948, opposant les Etats-Unis et l'Italie, RSA vol. XVI, p.100, CIJ, avis consultatif du 17 juillet 1965.

[35] QUOC DINH (N), DAILLIER (P), FORTEAU (M), PELLET (A), *op. cit.* p. 358.

[36] CIJ, affaire du droit d'asile ou Haya de la Torre, arrêt du 20 novembre 1950, p. 276.

[37] SALMON (J), *Manuel de droit diplomatique*, ULB, Bruylant, Delta, 1994, p. 10, 678 p.

Par ailleurs, les opinions doctrinales sur la coutume internationale sont constantes à tel point que l'on peut les illustrer, sans trop de risques, en recourant à une seule œuvre[38]. En outre, les positions doctrinales tentant de faire disparaitre un élément au profit de l'autre n'ont pas rencontré un écho favorable dans la jurisprudence internationale.

b. La pratique

La pratique au sens littéral du terme séparée du vocable diplomatique, est définie comme étant une manière habituelle d'agir, de procéder ou de décider d'un Etat ou d'une Organisation Internationale (ci-après OI) ; comportement habituelle d'un organe[39].

c. La pratique diplomatique

La pratique diplomatique prise au sens général a varié à travers les âges, de l'Antiquité, au Moyen-Age; la diplomatie est restée une action ponctuelle ne nécessitant pas la présence permanente des ambassadeurs[40]. Encore appelée pratique du droit diplomatique, la pratique diplomatique a vocation à organiser et régulariser les échanges diplomatiques; elle est appréhendée ici au sens le plus large qu'elle puisse revêtir[41]. Elle doit être distincte de la pratique consulaire et de la pratique d'une OI. Ainsi, la pratique consulaire à la différence de la pratique diplomatique, a vocation à organiser et réguler les échanges consulaires entre les Etats qui entretiennent les relations diplomatiques.

Tandis que la pratique d'une Organisation Internationale peut être définie comme un comportement, attitude ou une façon d'agir d'une OI, notamment dans l'interprétation et l'application des règles de droit[42]. A titre illustratif, l'abstention d'un membre permanent du Conseil de Sécurité (ci-après CS) ne signifie pas que ce dernier s'oppose à l'approbation de la décision proposée. Pour empêcher l'adoption d'une résolution exigeant l'unanimité

38MALENOVSKYN (J), « Evolutions des opinions doctrinales sur la coutume internationale dans les pays socialistes », RBDI, pp. 307-338.

39SALMON (J) (dir.), *op. cit,* p. 860.

40ELOUNGOU (N), *op. cit.* p. 5, inédit.

41 PANCRACIO (J-P), « Eléments sur la pratique du droit diplomatique », AFRI, vol. XVI, 2015, p. 573

42 SALMON (J) (dir), *op. cit,* p. 862.

des membres permanents du CS, le membre permanent doit émettre un vote négatif[43].

Le dictionnaire de droit international public définit la pratique diplomatique comme étant les comportements d'organes des relations internationales qui, bien qu'habituels, n'emportent pas de conséquences juridiques spécifiques, notamment en ce qui concerne la création d'une coutume[44]. Ainsi, dans la pratique diplomatique, relève-t-on la pratique du désaveu, des regrets, des mesures de satisfaction[45].

En somme, la pratique diplomatique peut être définie comme étant l'ensemble des usages et comportements qui structurent la vie diplomatique d'un pays. De ce fait, cette dernière peut être appréhendée sous plusieurs angles selon l'importance qu'un Etat accorde à la défense de ses intérêts sur le plan international.

d. La pratique diplomatique camerounaise

La pratique diplomatique camerounaise peut être définie comme étant l'ensemble des usages, agissements voire procédés entre le Cameroun et un autre Etat, ou entre le Cameroun et plusieurs Etats, ou enfin entre le Cameroun et les OI. Plus aisément, la pratique diplomatique camerounaise peut être appréhendée comme étant l'ensemble des usages ou procédés au moyen desquels le Cameroun conduit ses relations juridiques internationales.

A cet effet, la pratique diplomatique camerounaise, se nourrit notamment de la conclusion des accords bilatéraux et multilatéraux, de l'usage du protocole et cérémonial diplomatiques. Toutefois, dans le cadre de notre travail, nous examinerons la pratique diplomatique camerounaise dans le cadre de ses relations bilatérales et multilatérales.

Cet ensemble de définitions montre à suffisance la difficulté d'encadrement de ce sujet tant du point de vue

---

[43] V. l'article 27 de la Charte des Nations Unies du 26 juin 1945 ; CIJ, avis consultatif sur les conséquences juridiques pour les Etats de la présence continue de l'Afrique du Sud en Namibie (Sud-Ouest africain), 21 juin 1971, Rec 1971, p. 22, par. 22

[44] SALMON (J) (dir.), *op. cit,* p. 862

[45] Idem

conceptuel que théorique et nous permet de bien situer le sujet dans son contexte.

B. Le contexte de l'étude

La restitution du contexte de l'étude portant sur la coutume internationale dans la pratique diplomatique camerounaise nécessite une appréhension de l'environnement dans lequel le sujet se déploie[46]. En effet, nous pouvons situer ce sujet dans les deux Républiques, c'est-à-dire de 1960 à 1982 et 1982 à nos jours.

Les années 1960 et 1982 offrent deux périodes historiques dans la vie diplomatique camerounaise. L'année 1960 symbolise l'indépendance du Cameroun, parallèlement la naissance d'une diplomatie camerounaise. Ainsi, le Cameroun accède à l'indépendance avec la création le 16 août 1960 du Ministère des Affaires Etrangères[47], dont l'une des missions est de veiller à l'établissement, au renforcement et au maintien des bonnes relations entre le Cameroun et les pays étrangers et d'assurer la mise en œuvre de la politique extérieure arrêtée par le Président de la République. La diplomatie camerounaise est née avec l'accession du Cameroun à la souveraineté internationale.

A partir de cet instant, étant un Etat souverain, le Cameroun a bel et bien une partie de son activité politique nationale « tournée vers l'extérieur », dont la visée est la maitrise de l'environnement international, le renforcement de son influence et de sa respectabilité internationale ainsi que la maximisation de ses intérêts nationaux[48]. La pratique, dès cette période a commencé à se déployer dans la vie diplomatique camerounaise. Cela à travers les dîners d'Etat et les audiences, également à travers le cérémonial qui entoure les accréditations

---

[46]AYMARD LANDRY (N), *La protection des institutions diplomatiques pendant les conflits internes et internationalisés*, Mémoire de Master 2 droit international, Université de Douala, 2013-2014, 129 p, inédit.

[47]MOUZONG (A), *Du Ministère des Affaires Etrangères au Ministère des Relations Extérieures : Evolutions et mutations (1960-1998),* Mémoire de Maitrise en Histoire, FALSH, Université de Yaoundé 1, 2000.

[48]CHOUALA (Y-A), *La politique extérieure du Cameroun*, Karthala, 2014, p. 8, 267 p.

des Ambassadeurs, des Hauts Commissaires et aussi des Représentants permanents ou résidants.

L'année 1982 est caractérisée par la démission de la présidence de M. AHIDJO, premier Président de la République du Cameroun, véritable bâtisseur et patron de la diplomatie camerounaise depuis 1960. Durant la période de sa présidence, 1960 à 1982, on peut observer une constance dans la vie diplomatique camerounaise et sa pratique diplomatique[49]. Cette constance est prégnante au regard de la domination de la scène internationale par les deux puissants blocs[50] tentant d'influencer les petits et moyens Etats. La politique étrangère du Cameroun s'inscrivant ainsi dans une dynamique de promotion de la paix et de renforcement de l'entente et de l'harmonie entre les nations[51]. Le Cameroun dès ce moment, pouvait déjà accueillir les missions diplomatiques sur son territoire et envoyer les ambassadeurs auprès d'autres chancelleries. En effet, dans le réseau continental des missions diplomatiques permanentes, entre 1960 et 1970, il installe 12 (douze) missions en Afrique et reçoit 13 (treize)[52]. Dans le cadre des échanges des missions diplomatiques permanentes entre le Cameroun et le reste du monde, il reçoit 20 (vingt) et envoie 13 (treize)[53] dans le reste du monde. Sur le plan des contacts bilatéraux intermittents, le Cameroun a reçu 21 (vingt et une) visites.

En ce qui concerne les contacts multilatéraux intermittents de la diplomatie camerounaise dans le cadre des conférences internationales, le Cameroun a organisé 9 (neuf) dont 3 (trois)

---

[49]V.MOUELLE KOMBI (N), *La politique étrangère du Cameroun*, Paris, Harmattan, 2010, 240p. Voir également DAM NJOYA (A), *Le Cameroun dans les relations internationales*, Paris, LGDJ, 1976, 416 p. V. OYONO (D), *Avec ou sans la France : la politique africaine du Cameroun*, Paris, Harmattan, 1990 ;

[50]SANGO (M), «les principes de la politique étrangère du Cameroun. » Http://www.monde.diplomatique.fr/1976/08KEUTCHA/33872.

[51] CHOUALA (Y-A),. *cit.*, p. 26

[52] KONTCHOU KOUOMEGNI (A), *Le système diplomatique africain*, Paris, Ed. Pedone, 1977, p. 23. Ce chiffre 13 se retrouve aussi dans l'ouvrage du Pr Luc SINDJOUN, *Sociologie des relations internationales africaines*, Paris, Karthala, 2002, p. 89.

[53] Ibid., p.38.

Conférences au Sommet[54], 2 (deux) Conférences ministérielles, 3 (trois) Conférences d'experts[55]. Les 9 (neuf) pays de l'Afrique centrale comptaient de 1960 à 1970 quatre-vingts contacts entre leurs Chefs d'Etat. Par ailleurs, le Cameroun avait reçu 9 (neuf) visites de Chefs d'Etat et en avait effectué 10 (dix). L'adhésion du Cameroun à l'ONU et à ses institutions spécialisées, à l'OUA, à l'OCAM, au Commonwealth, à la Francophonie, à la Conférence Islamique, à l'UDEAC, à la CEEAC, multiplie les contacts multilatéraux discontinus de notre pays[56].

Avec l'accession du Président Paul Biya à la magistrature suprême dès 1982, la diplomatie camerounaise a pris une autre envergure. En effet, la pratique diplomatique camerounaise est marquée à la fois par une continuité et une rupture. Continuité au niveau des relations diplomatiques avec d'autres Etats et la participation du Cameroun aux sommets et conférences internationales, continuité également due au fait que le Cameroun n'a pas dérogé aux principes cardinaux qui fondent sa politique extérieure[57]; rupture dans les activités et mécanismes qui encadrent la vie diplomatique camerounaise, d'autant plus que le Ministère des Affaires Etrangères qui a été créé par décret N° 60/40 du 16 août 1960 est devenu en 1988 le Ministère des Relations Extérieures. Dans le même ordre d'idées, le réseau diplomatique camerounais dès cet instant a connu une progression étendue. Ainsi, le nombre de missions diplomatiques permanentes qu'il reçoit sur son territoire et qu'il installe en Afrique et dans le reste du monde passe du simple au double. Mais tout compte fait, une forte continuité demeure entre la diplomatie des années 1960 et celle des années 1982.

---

[54] Diplomatie multilatérale dans le cadre d'une Organisation Internationale Régionale (ci-après OIR). La pratique diplomatique dans ce contexte était marquée par la présence du Chef de l'Etat à ces différents sommets assortie de la signature de certaines Conventions internationales.

[55] Ibid., p.127.

[56] NJILIE (D), *Le protocole dans la république*, Yaoundé, Harmattan, 2008, p. 62, 213 p.

[57] V. CHOUALA (Y-A), *La politique extérieure du Cameroun*, Karthala, 2014, 267 p. ; MOUELLE KOMBI (N), *La politique étrangère du Cameroun*, Paris, Harmattan, 2010, 240 p.

En outre, le contexte de ce sujet se justifie par l'environnement politico diplomatique dans lequel le Cameroun évolue de nos jours. En effet, avec l'apparition des nouveaux acteurs sur la scène internationale au lendemain de la Deuxième Guerre Mondiale, la pratique diplomatique camerounaise se nourrit de plus en plus de la coutume internationale, nécessaire à la cristallisation de cette dernière.

C. L'interet de l'étude

Examiner les aspects du processus coutumier dans la pratique diplomatique camerounaise présente un intérêt triple : historique, politique et juridique.

L'intérêt historique consistera à analyser comment s'est déclinée la coutume internationale dans la pratique diplomatique camerounaise. Cette évolution historique est observable sous le prisme des deux présidences : 1960-1982 et 1982 à nos jours.

D'un point de vue politique, notre étude nous permettra d'apporter une contribution à la lecture les relations diplomatiques que le Cameroun entretient avec d'autres pays au moyen de la coutume internationale. L'intérêt politique de cette étude réside également dans le rôle que joue la coutume internationale comme source qui consolide l'action de l'Etat du Cameroun dans ses relations juridiques bilatérales internationales.

L'intérêt juridique de cette étude n'est plus contestable. Ainsi, il nous permettra de plonger dans la théorie du droit international et du droit diplomatique d'un moyen d'action de l'Etat du Cameroun ; ce que ce moyen d'action apporte en termes de consolidation d'une source formelle de la pratique diplomatique camerounaise. En d'autres termes, l'intérêt juridique nous permettra de démontrer que la pratique diplomatique camerounaise se nourrit de cette source formelle du droit international coutumier.

II. LES CONSIDERATIONS D'ORDRE METHODOLOGIQUE

L'on a recours à la démarche méthodologique pour poser, à la base d'une problématique et des hypothèses, dont la présente étude vérifiera.

A. La démarche méthodologique

La méthode[58] est « *un ensemble concerté d'opérations mises en œuvre pour atteindre un ou plusieurs objectifs, un corps de principes présidant à toute recherche organisée, un ensemble permettant de sélectionner et de coordonner les techniques*». Pour le professeur KAMTO[59], la démarche méthodologique conditionne le travail scientifique. La méthode éclaire, les hypothèses et détermine les conclusions. En tant qu'opération, visant à « *[...] aider à comprendre au sens plus large, non les résultats de la recherche scientifique, mais le processus lui-même* »[60], la méthode éclaire d'un lustre particulier le processus d'aboutissement au résultat escompté.

Selon Simone Dreyfus[61]«*avoir de la méthode, tout est là. En l'absence de ce fil conducteur, on perd un temps précieux, on disperse ses efforts, on n'arrive pas à déterminer son sujet* ». Il s'agit pour Madeleine GRAWITZ de « *l'ensemble des opérations intellectuelles par lesquelles une discipline cherche à atteindre des vérités qu'elle poursuit, les démontre et les vérifie* »[62]. Ainsi, Il en ressort que la clarification de l'idée maîtresse, sa démonstration et sa vérification sont au cœur de l'entreprise d'identification de la démarche méthodologique. Il est dès lors établi que la pertinence scientifique de cette étude impose que

---

58 GRAWITZ (M), *Méthodes des sciences sociales*, Dalloz, 10eme édition, 1999, pp. 318-319.

59 KAMTO (M), *Pouvoir et Droit en Afrique Noire, Essai sur les Fondements du Constitutionnalisme en Afrique Noire Francophone,* Thèse de Doctorat, Paris, LGDJ, 1987, p. 42

60 KAPLAN (A), *The conduct of inquiry, methodology for behavioural science*, San Francisco, Chandler ed. Cité par GRAWITZ (M), *Méthodes des sciences sociales*, 11ème édition, Paris, Dalloz, 2001, 1019 p., p. 15.

61 DREYFUS (S), *La thèse et le mémoire de doctorat*, études méthodologiques, Paris, 2eme édition, Cujas, 1983.

62 GRAWITZ (M), op. cit., p. 351. Dans ce sens, la méthode vise précisément à « étudier les voies et moyens permettant, en fonction des buts poursuivis et la cohérence interne de l'ordre juridique, de parvenir aux résultats souhaités, de la façon la plus économique et la plus efficace, avec un souci constant de sécurité juridique ». Cf. DE LA MARNIERE (E S), *Eléments de méthodologie juridique*, Paris, Librairie du journal des Notaires et avocats, 1976, cité par BERGEL (J-L), *Méthodologie juridique*, 1 ère édition, Paris, PUF, collection « Thémis », 2001, 407 p. (spéc. p. 20).

soit d'emblée «*précisé et délimité son cadre de référence épistémologique et méthodologique* »[63].

Conscient de la nécessité d'adapter la méthode aux exigences de la recherche, et de l'opportunité d'une approche interdisciplinaire[64], et compte tenu de ce que l'«*ordre du travail se déduit naturellement de la méthode retenue* »[65], deux principales méthodes seront mises à contribution : la méthode juridique, et la méthode réaliste.

1. La méthode juridique

S'il est une science, le droit est également un art, « *un art de l'élaboration des règles..., un art de l'interprétation et de l'application des règles* »[66]. En tant qu'« *étude des procédés et des méthodes que les juristes sont amenés à pratiquer dans leurs activités de recherche, de création et d'application du droit, et plus généralement pour parvenir à la solution des problèmes juridiques* »[67], l'exégèse des textes s'impose *in limine litis* parce qu'elle apparait comme la plus appropriée à une étude dans le champ du droit diplomatique, cadre matériel de référence de cette étude.

---

63 CORTEN (O), *Méthodologie du droit international public*, éd. ULB, 2009, p. 81, 292 p.

64 L'interdisciplinarité procède d'une démarche précise : intégrer l'utilisation de plusieurs disciplines dans une perspective unique qui les relie de manière cohérente afin de rendre les résultats poursuivis plus intelligibles. Voir CORTEN (O), op. cit., p. 40. Ainsi en est-il par exemple de la « responsabilité de protéger » et/ou de l'intervention humanitaire qui est à l'intersection de quatre disciplines, parce que posant des problèmes liés à son avènement dans la société des Etats (histoire), à sa légitimité (éthique, philosophie), à sa légalité (Droit international public) et à la réalité des relations internationales (sciences politiques). Voir JEANGENE VILMER (J- B), *La guerre au nom de l'humanité. Tuer ou laisser mourir*, PUF, 2012, 597 p. (spéc. pp. 48 et 49). L'interdisciplinarité se présente en fin de compte comme une condition de compréhension des questions qui jalonnent cette réflexion, et, qui, ne sont habituellement examinées que du point de vue étroit d'une discipline. Aussi, tout découpage disciplinaire ne pourrait mener qu'à une compréhension parcellaire, voire même partiale.

65 Ibid., p. 51.

66 TERRE (F) cité par CABRILLAC (M.), «*Un domaine à explorer par le chercheur : les démarches de l'investigation juridique*», Mélanges à François Terre, L'avenir du droit, Paris, Dalloz, 1999, 868, pp. 168-195 (spéc. p. 168).

67 BERGEL (J-L), *op. cit.*, p. 18.

Dans ce cadre, priorité sera donnée à la dogmatique juridique en ce sens qu'elle a pour objet essentiel l'analyse profonde des normes avec pour objectif d'en rechercher la signification, et d'en dégager la portée avérée voire supposée[68]. Il résulterait assurément une incohérence évidente si l'on ne recourait pas à ce niveau, ou tout au moins de manière opportune au positivisme juridique. Ce dernier consiste à reconnaitre de valeur qu'aux seules règles de droit positif et à réduire tout le droit aux règles en vigueur à une époque donnée et dans un Etat donné, sans se préoccuper de savoir s'il est juste ou non[69]. C'est dire que dans cette étude, nous mettrons l'accent sur les textes à caractère national, régional et international qui permettront d'analyser notre sujet: «*la coutume internationale dans la pratique diplomatique camerounaise* ».

Ces instruments juridiques nous serviront de repères pour démontrer la pertinence de la coutume internationale dans la cristallisation de la pratique diplomatique camerounaise. Contrairement à d'autres pays où la diplomatie est partagée, au Cameroun, celle-ci relève du domaine réservée ou de la « chasse gardée » du Président la République.

2. La méthode réaliste

Bien qu'étant un domaine particulier des théories des relations internationales, la méthode réaliste nous permettra également d'analyser sociologiquement notre étude, le droit semblant être réduit à un phénomène incident de la réalité sociale[70]. Autrement dit, l'approche réaliste se garde bien d'idéaliser les valeurs et le droit, et privilégie, au contraire, une

---

[68] BERGEL (J-L), *Méthodes du droit, Théorie générale du droit*, 2 ème éd., Paris, Dalloz, 1989, 342 p.
(spéc. pp. 243-246). La dogmatique juridique vise à « déterminer le contenu d'une règle à partir de la prise en compte des sources formelles du droit international positif ». Elle sera entendue ici comme la « technique qui se concentre surtout sur l'interprétation, et possède donc une vocation pratique affirmée ». Cf. CORTEN (O.), op.cit., p. 23.
[69] BERGEL (J-L), *Théorie Générale du droit*, 4eme édition, 2003, p. 27.
[70] CORTEN (O), *Méthodologie du droit international public*, *op. cit.*, p. 77.

analyse de la réalité internationale fondée sur les faits, les intérêts et les rapports de force[71].

En l'espèce, il s'agira dans notre étude de s'appuyer sur la réalité qu'offre la scène internationale dans le domaine des relations diplomatiques. Cette réalité qui est souvent à double vitesse nous conduira à appréhender comment la pratique diplomatique camerounaise se nourrit de la coutume internationale.

En marge de la méthode réaliste, la sociologie du droit international nous permet également de rendre compte du cadre référentiel de notre étude. Celle-ci a pour objet de confronter les règles juridiques ou des concepts de droit international et la réalité sociale existante[72]. Ainsi, dans le cadre de cette étude, il sera question de tester la résistance des instruments juridiques proclamés face la matérialité des faits constatés. Ce qui nous amènera à se rapprocher ou à se départir des concepts théoriques en matière de coutume internationale et de pratique diplomatique.

B. La problématique

Toute recherche fondamentale en droit exige une détermination particulièrement scrupuleuse de son objet et de sa problématique. La problématique est l'ensemble des questions qui gravitent autour du problème. Pour Michel Beaud, la problématique est «*un ensemble construit autour d'une question principale des hypothèses de recherche et des lignes d'analyse qui permettront de traiter le sujet choisi*[73]».

De même Lawrence Oliver, Guy Bernard, Julie Terron dans leur ouvrage, appréhendent la problématique comme :
« l'ensemble des éléments formant le problème, à la structure d'informations dont la mise en relation engendre chez un chercheur un écart se traduisant par un effet de surprise ou de

---

[71] CABANIS (A), CROUZATIER (J-M), IVAN (R), SOPPELSA (J), *Méthodologie de la recherche en droit international, géopolitique et relations internationales, Master et Doctorat*, Paris, AUF, 2010, p. 47, 164p.
[72] TREVES (R), *Sociologie du droit*, Paris, PUF, 1995. Cité par Olivier CORTEN, *Méthodologie du droit international public*, Bruxelles, ULB, 2009, p 27.
[73] BEAUD (M), *L'art de la thèse*, La Découverte, Paris, 2006, p. 55.

questionnement assez stimulant pour le motiver à faire une recherche ou encore «*la recherche de ce qui pose problème* »[74]. Olivier CORTEN pour sa part la considère comme « *l'ensemble des questions qu'une science ou une philosophie se pose relativement à un domaine particulier*[75]». Globalement, le problème peut être appréhendé comme un écart constaté entre une situation de départ insatisfaisante et une situation d'arrivée désirable[76]. De façon formelle, le problème de recherche peut se définir comme un écart ressenti que l'on doit éliminer entre une situation actuelle et une situation désirée[77].

1. Question principale

Dès lors, la question fondamentale à la fois simple par la forme et complexe par le fond[78] s'intitule donc : comment cerner les manifestations de la preuve d'une pratique générale acceptée comme étant le droit[79] dans la manière dont le Cameroun conduit ses relations juridiques internationales? Plus aisément, il s'agit d'identifier et analyser les domaines où ces manifestations pourraient être décelées.

2. Questions secondaires

De cette question principale, découlent plusieurs questions secondaires. Dans quel champ peut-on appréhender les manifestations du droit international coutumier dans la pratique diplomatique camerounaise? Comment déceler les manifestations, actes ou agissements relevant du droit coutumier

---

[74] OLIVIER (L), BERNARD (G) et TERRON (J), (dir.), *L'élaboration d'une problématique de recherche* : sources, outils et méthode ; Collection « Logiques Sociales » dirigée par Bruno Péquignot, 98 p. (spéc. pp. 11et 12). Voir aussi FRECON (G), *Formuler une problématique, Dissertation, Mémoire, Thèses, Rapport de stage*, Paris, Dunod, 2012, 153 p.

[75]CORTEN (O), *Méthodologie du droit international public*, *op. cit.*, p. 109,

[76]Définition empruntée à P.R.BIZE, P. GOGUELIN et R. CARPENTIER, La pensée efficace, tome II, La problématique, Paris, Société d'édition d'enseignement supérieur, 1967, pp. 12-13.

[77] GAUTHIER (B), *Recherche sociale : de la problématique à la collecte des données*. Québec, QC : Presses de l'Université du Québec, 1986.

[78] ROBERT (Y), *La négociation diplomatique* : enjeux, stratégies, normes et langage, Mémoire de maitrise, Université de Strasbourg (IEP), 2012, p. 5, 78 p.

[79] La terminologie de l'article 38 du Statut de la CIJ.

international dans la manière dont le Cameroun conduit ses relations diplomatiques?
Que peut-on relever de conforme au droit international coutumier dans la pratique diplomatique camerounaise?

C. Hypothèses de recherche

L'hypothèse[80] est «*une proposition de réponse à la question donnée. Elle tend à formuler une relation entre les faits significatifs*». Le petit Robert la définit dans le sens d'une «*proposition admise comme une donnée d'un problème, proposition admise provisoirement avant d'être soumises au contrôle de l'expérience* ». Il s'agit ici de suggérer une réponse à la question posée[81]. Par ailleurs, l'hypothèse peut être envisagée comme une réponse anticipée que le chercheur formule à sa question spécifique de recherche[82]. Tremblay, Manheim et Rich la décrivent comme un énoncé déclaratif précisant une relation anticipée et plausible entre les phénomènes observés ou imaginés.
C'est dire que dans la démarche scientifique, l'hypothèse est admise comme étant la réponse à la question centrale qui est dégagée du sujet formulé. Par conséquent, il s'agira dans cette étude de vérifier que la pratique diplomatique camerounaise se nourrit de la coutume internationale. Cette hypothèse s'articule autour de deux domaines qui permettent de cerner les manifestations sus visées : dans la formation conventionnelle et l'organisation d'une mission diplomatique (**Ière partie**), d'une part, et d'autre part, dans le domaine du protocole et du cérémonial diplomatiques (**IIème partie**).

Dans le premier domaine, à savoir celui de la formation conventionnelle et l'organisation d'une mission diplomatique, la coutume internationale sert de socle juridique à la pratique diplomatique camerounaise dans la mesure où elle est un moyen juridique qui sous-tend la conclusion de ses accords bilatéraux et

---

80 GRAWITZ (M), *op. cit.*, p. 49.
81 CORTEN (O), *op. cit.*, p 111.
82 Collection dirigée par Jean-Marie de KETELE, Jean-Marie Van der Maren et Marie DURU-BELLAT, Méthodes en Sciences Humaines, Guide d'élaboration d'un projet de recherche, 2e édition, Presses de l'Université Laval (PUL), 1988, p.35, 111p.

multilatéraux et l'organisation d'une mission diplomatique. Car, pour ce qui concerne l'organisation d'une mission diplomatique, la confrontation des instruments internationaux par rapport à la pratique diplomatique camerounaise sera mise en exergue pour déceler la continuité ou la rupture en la matière. Cependant au Cameroun, la pratique diplomatique en matière de conclusion de traités fait apparaître que le processus de conclusion d'un traité doit au préalable être validée par la Présidence de la République. Autrement dit, PRESICAM est en amont et en aval dans tout le processus de conclusion d'un traité par le Cameroun.

Quant au second domaine, la pratique diplomatique en matière du protocole et du cérémonial diplomatiques fait apparaître que la coutume internationale vient enrichir ledit domaine en lui fournissant des matériaux nécessaires dans toutes leurs phases.

Ière PARTIE

LA COUTUME INTERNATIONALE DANS LA PRATIQUE DIPLOMATIQUE CAMEROUNAISE A TRAVERS LA FORMATION CONVENTIONNELLE ET L'ORGANISATION D'UNE MISSION DIPLOMATIQUE

Jusqu'à l'adoption de la Convention de Vienne de 1961, la coutume internationale était la source de loin la plus importante en matière de relations diplomatiques. Le droit des relations diplomatiques est, par excellence, un droit qui s'est formé au cours des temps et surtout dans les trois cents dernières années par un lent processus coutumier[83]. Les conventions bilatérales ou multilatérales ont pu, çà et là, aider à la prise de conscience, à la cristallisation des normes, mais pour de rares cas d'innovations elles se sont les plus souvent contentées de fixer les usages établis par une longue pratique[84].

Le Congrès de Vienne est le point de départ du développement graduel, mais désormais constant, du droit conventionnel[85]. En même temps qu'elles jettent les bases d'un ordre politique destiné à garantir la paix, les Puissances se préoccupent de donner une expression précise à certaines règles de droit qui régiront à l'avenir leurs rapports mutuels[86]. Autrement dit, les relations diplomatiques telles que appréhendées de nous jours tirent leur substrat le plus essentiel de la coutume internationale.

La particularité de cette étude découle de deux disciplines à savoir le droit international général et le droit diplomatique. Cette spécificité, tient également au fait que, la pratique diplomatique camerounaise se nourrit de la coutume internationale en lui fournissant des éléments indispensables pour la conduite de ses relations diplomatiques. La conduite des relations diplomatiques

---

[83] SALMON (J), *Manuel de droit diplomatique*, *op. cit.*, p. 9.

[84] Ibid.

[85] DE VISSCHER (C) « *Coutume et traité en droit international public* », RGDIP, Tome XXVI, 1955, p. 352, pp. 352-369

[86] Idem

par le Cameroun a traversé les âges. En effet, il est à observer qu'au lendemain des indépendances, la pratique diplomatique camerounaise consistait entre autres à construire et entretenir son réseau diplomatique[87].

A la lumière de ce qui précède, la pratique diplomatique qui s'appuyant sur la coutume internationale, a connu une avancée étendue, ceci à travers la formation conventionnelle **(titre I)** et l'organisation d'une mission diplomatique **(titre II).**

[87] Le réseau diplomatique d'un pays est un ensemble constitué des missions diplomatiques permanentes, des postes consulaires, des missions Ad Hoc et des missions permanentes accréditées auprès organisations internationales. A ce jour le réseau diplomatique du Cameroun est constitué de 26 ambassades ; 4 hauts commissariats ; 2 consulats généraux ; 4 consulats ; 8 consulats honoraires ; 3 délégations, ce qui fait un total de 47.

TITRE I : LA COUTUME INTERNATIONALE DANS LA PRATIQUE DIPLOMATIQUE CAMEROUNAISE AU REGARD DE LA FORMATION CONVENTIONNELLE

La pratique diplomatique camerounaise sous le prisme de la formation conventionnelle a pris un élan après l'accession du Cameroun à la souveraineté internationale en 1960. Ainsi, le Cameroun a adhéré à la Convention de Vienne sur le droit des traités du 23 mai 1969[88] et du 21 mars 1986[89], bien que ce dernier ne soit pas encore entré en vigueur. Cependant, il convient de préciser que la première convention à laquelle le Cameroun a pris part, soit par la négociation, la signature et l'adhésion sont les conventions de Genève[90]. En consentant à ces instruments internationaux, le Cameroun affirme et reconnait que les différends concernant les traités doivent, comme les autres différends internationaux, être réglés par des moyens pacifiques et conformément aux principes de la justice et du droit international dans un premier temps, et dans un second temps, que les règles du droit international coutumier continueront à régir les questions non réglées dans les dispositions de la présente Convention[91].

A la question de savoir comment cerner les manifestations de la preuve d'une pratique étant admise comme le droit dans la manière dont le Cameroun conduit ses relations juridiques internationales, on pourrait répondre en affirmant que cette preuve peut être appréhendée à travers la conclusion des accords internationaux **(Chapitre 1)** d'une part, et d'autre part, au regard de la validité et l'application des traités internationaux **(Chapitre 2).**

---

[88] La Convention de Vienne du 23 mai 1969 s'applique aux Etats.

[89] La Convention de Vienne du 21 mars 1986 non encore en vigueur, s'applique entre Etats et OI ou entre OI.

[90] Le Cameroun a adhéré et ratifié la Convention de Genève de 1949 le 16 septembre 1963.

[91] Préambule de la Convention de Vienne du 23 mai 1969.

CHAPITRE I : LA COUTUME INTERNATIONALE DANS LA PRATIQUE DIPLOMATIQUE CAMEROUNAISE A TRAVERS LA CONCLUSION DES ACCORDS INTERNATIONAUX

L'aptitude à conclure un traité international relève de l'autorité exclusive de l'Etat[92]. C'est un attribut de la souveraineté de l'Etat, qui l'exerce *intuitu personae* ou par délégation. Au Cameroun, et selon la norme fondamentale, le Président de la république négocie, signe et ratifie les traités internationaux[93]. Tout en incarnant l'autorité suprême de l'Etat, il est le seul à engager l'Etat du Cameroun sur le plan international. Toutefois, il peut déléguer cette tâche, notamment la négociation et la signature des accords internationaux, au Ministre des Relations Extérieures ou aux Ministres Plénipotentiaires (ci-après MP).

A la lumière de ce qui précède, la coutume internationale dans la pratique diplomatique camerounaise s'agissant de la conclusion des accords internationaux, pour une meilleure analyse peut s'apprécier d'une part, au niveau de la jonction de procédure aux traités bilatéraux et multilatéraux **(section 1)** et d'autre part, au niveau de la conclusion des accords multilatéraux **(section 2).**

SECTION 1: LA COUTUME INTERNATIONALE DANS LA PRATIQUE DIPLOMATIQUE CAMEROUNAISE AU REGARD DE LA JONCTION DE PROCEDURE AUX TRAITES BILATERAUX ET MULTILATERAUX

On entend par jonction de procédure aux traités bilatéraux et multilatéraux, un ensemble de règles conjointes à la conclusion des accords bilatéraux et multilatéraux. La pratique diplomatique camerounaise en matière de procédure commune aux traités bilatéraux et multilatéraux tire son fondement certes, de la Convention de Vienne du 23 mai 1969, mais également de la

---

[92] Cf. CPJI, affaire du Vapeur Wimbledon du 17 août 1923.

[93] V. l'article 43 de la constitution du 18 janvier 1996 modifiée et complétée par la loi N°2008/001 du 24 avril 2008.

coutume internationale. Cette dernière, subsistant même en cas de codification d'une règle droit international.
Il s'agira d'examiner comment la coutume internationale interagit dans la pratique diplomatique camerounaise à travers l'élaboration des traités bilatéraux et multilatéraux **(paragraphe 1)** et au regard du consentement à être lié par les traités bilatéraux et multilatéraux **(paragraphe 2).**

PARAGRAPHE 1 : la coutume internationale dans la pratique diplomatique camerounaise à travers l'élaboration des traités bilatéraux et multilatéraux

La pratique diplomatique camerounaise en matière d'élaboration des traités bilatéraux et multilatéraux puise son essence de la coutume internationale. Celle-ci lui fournit les rudiments nécessaires quant à l'élaboration et l'adoption des accords bilatéraux et multilatéraux, plus simplement dans la conduite de ses relations diplomatiques. Autrement dit, il s'agira de démontrer que le Cameroun se passe des instruments conventionnels dans l'élaboration (A) et l'adoption (B) des accords bilatéraux et multilatéraux.

A. La coutume internationale dans la pratique diplomatique camerounaise au regard de la négociation des traités bilatéraux et multilatéraux

Avant de s'attarder sur le processus de déroulement de la négociation, il est importun d'évoquer l'autorité compétente en même de négocier et de délivrer les pleins pouvoirs.

1. La coutume internationale dans la pratique diplomatique camerounaise au regard de l'Autorité compétente dans la négociation et la délivrance des pleins pouvoirs

Le processus de déroulement de la négociation dans la conclusion des accords internationaux est chapeauté au premier plan par l'Autorité compétente pour négocier d'une part, et d'autre part, de l'Autorité compétente pour délivrer les pleins pouvoirs. Ainsi, l'Autorité idoine à négocier les accords internationaux est celle consacrée par la constitution de chaque Etat, par ailleurs, c'est ladite Autorité qui est compétente pour

désigner les plénipotentiaires et de leur délivrer les pleins pouvoirs[94].
Toutefois, cette Autorité est distincte selon que se trouve dans un régime présidentiel ou dans un régime parlementaire[95]. Dans un régime présidentiel, c'est le chef de l'Etat qui détient cet attribut à engager l'Etat sur plan international ou à désigner les plénipotentiaires et leur délivrer les pleins pouvoirs.
Par contre dans un régime parlementaire, il est important de repartir cette compétence entre le Premier Ministre (PM) qui incarne le pouvoir exécutif et le ministre des affaires étrangères. Cependant, lorsqu'il ne s'agit pas d'engager définitivement l'Etat mais seulement d'élaborer le corps du traité, le choix entre l'exécutif et le législatif ne se poserait pas[96]. La coutume admise en matière de négociation par la quasi-totalité des systèmes juridiques attribue la compétence au pouvoir exécutif[97].
La pratique de la délivrance des pleins pouvoirs, est un savant mélange ou dosage de réalisme et de vieillerie dans le champ international[98]. C'est un concept qui ne date pas d'aujourd'hui et qui a longtemps existé dans les relations internationales. En tant que symbole de la souveraineté d'un Etat, la pratique de la délivrance des pleins pouvoirs avant d'être codifiée par les instruments internationaux, notamment la Convention de Vienne du 23 mai 1963 était de nature coutumière.
La Convention de Vienne du 23 mai 1963 sur le droit des traités est restée silencieuse quant à l'Autorité compétente chargée de négocier et délivrer les pleins pouvoirs. Elle a laissé le soin au droit interne de chaque Etat de mettre en place les dispositions y relatives. Le traité va être négocié par les représentants des Etats. C'est généralement ce qu'on appelle les plénipotentiaires, c'est-à-dire des personnes ayant reçu l'habilitation officielle de la part de leur Etat les pleins pouvoirs pour négocier le traité.
La pratique diplomatique camerounaise au regard du processus de négociation déroge aux préceptes proclamés par les

---

[94] QUOC DINH (N), DAILLIER (P), FORTEAU (M), PELLET (A), *Droit International Public,* 8e éd., Paris, LGDJ, 2009, p. 142, 1709 p.
[95] Idem
[96]Idem
[97] Idem
[98] Idem p. 141

instruments internationaux. Ainsi, la norme fondamentale du Cameroun précise sans équivoque que seul le Président de la République qui a qualité d'engager l'Etat sur le plan international. De ce fait, au nom du peuple camerounais, il négocie et ratifie les traités et accords internationaux [...][99].

Le concept de négociation doit être compris au sens le plus large. En effet, la constitution lui confie la direction et l'ensemble de l'action qui s'y rattache. C'est ainsi, que de façon discrétionnaire, il désigne les plénipotentiaires chargés de négocier en son nom et signe les lettres de pouvoirs.

Cependant, dans la pratique diplomatique camerounaise par exemple, il revient généralement au MINREX de négocier les traités au nom du Chef de l'Etat. Ce dernier lui délivre et signe les lettres de pleins pouvoirs.

Au Cameroun, et c'est ce qui fait la particularité de la pratique diplomatique en matière de négociation des accords internationaux, les experts ont cette marge de manœuvre pour négocier sans se référer à l'administration centrale à cause des pesanteurs que ceux-ci pourraient connaitre[100]. Autrement dit, avant d'aller négocier les accords internationaux, il est reconnu aux diplomates de négocier directement avec leur vis-à-vis s'en se référer au pouvoir central. Ceci s'explique par le fait qu'ils ont déjà eu l'accord ou la position de PRESICAM concernant la négociation. Ce quitus donné aux diplomates camerounais par PRESICAM leur permet, entre autres, de prendre certaines décisions au cas où ces derniers rencontreraient des difficultés.

Cette marge de manœuvre est souvent donnée à ces diplomates et experts en ce sens qu'ils ont dans leur délégation un responsable du Secrétariat de la Présidence notamment le Conseiller technique pour les Affaires juridiques. Ce dernier à son tour va s'en référer à la Haute Hiérarchie dès leur retour au Cameroun. Or, dans d'autres pays, il est permis aux plénipotentiaires de s'en référer à leurs autorités lors du processus de négociation sans connaitre toutefois des lourdeurs administratives.

---

[99] Article 43 de la constitution du 18 janvier 1996 précitée.

[100] Entretien accordé par le Directeur des Affaires Juridiques et des Engagements Internationaux de l'Etat en date du 10 septembre 2018.

Après avoir succinctement évoquer l'Autorité compétente à négocier et délivrer les pleins pouvoirs, est-il judicieux d'aborder le processus de négociation proprement dit.

2. La coutume internationale dans la pratique diplomatique camerounaise au regard du processus de négociation proprement dit

Etant l'une des fonctions diplomatiques classiques[101], la négociation dans ce cadre est non ce mode de solution normale des différends internationaux consistant en des pourparlers en vue de parvenir à une entente directe entre les parties au litige ou en vue de déterminer la procédure que las parties suivront pour résoudre un le litige qui les oppose[102] ; mais plutôt un échange de vues et de documents, entre des personnes habilitées à représenter un Etat ou une OI en vue d'établir en commun le contenu d'un acte conventionnel[103].

Dans la pratique diplomatique camerounaise concernant la négociation des traités bilatéraux et multilatéraux, les modalités de la négociation diffèrent selon le nombre des parties en présence, le cadre institutionnel de la négociation, le mode de conclusion des accords négociés. Alain PLANTEY[104] considérait la négociation comme étant un art : art de la stratégie, cadre et contraintes de la raison d'Etat.

En règle générale dans la pratique diplomatique camerounaise, c'est au cours de la négociation d'un accord international, notamment d'un traité bilatéral que les projets de textes sont soumis à la discussion des parties. Cette discussion est axée sur les dispositions du traité qui seront plus tard adoptées par les parties en présence. Pendant le processus de négociation, les amendements ou contre- propositions peuvent être apportés au texte du traité.

---

101 V. l'article 3 de la Convention de Vienne de 1961 sur les Relations Diplomatiques.

102 SALMON (Jean) (dir.), *Dictionnaire de droit international public*, Bruxelles, Bruylant et AUF, 2001, p. 734, 1198p.

103 Idem p. 735

104 PLANTEY (A), *La négociation internationale, principes et méthodes*, Paris, CNRS, 3e éd., 2002, 785p

C'est ce qui justifie dans certains cas que le processus de négociation mette long. A titre illustratif, on peut mentionner le renouvellement de l'accord de siège entre le Cameroun et la Banque Africaine de Développement (BAD) en 2019. En effet, le processus de négociation a mis plus de 48h à cause des amendements apportés par les représentants de la BAD au texte du traité. Il est également à noter que pendant la phase de négociation des accords internationaux, les parties doivent le faire de bonne foi[105].

En outre, l'article 15 du projet de la Commission du droit international sur le droit des traités prévoit que l'Etat est obligé de s'abstenir d'actes tendant à réduire à néant l'objet du traité *« lorsqu'il est accepté d'entrer en négociations en vue de la conclusion du traité, tant que ces négociations se poursuivent»*. Pour la commission, le principe de la bonne foi lie le négociateur autant que le signataire[106].

Or, en ce qui concerne la négociation d'un traité multilatéral, le processus regroupe plus d'une centaine d'Etats. Ainsi, il ne peut donc pas être négocié de la même manière qu'un traité bilatéral. Pour que la négociation soit possible, il est d'usage dans la pratique diplomatique camerounaise de mettre sur pied une Conférence qui va être organisé sous le modèle d'un parlement. Ainsi, il sera désigné un bureau qui va fixer les règles du travail et les Etats vont participer aux séances à la manière d'une séance parlementaire[107]. C'est le cas à titre illustratif des conférences de négociation que le Cameroun a abrité sur le plan régional et sous régional de certains traités depuis son accession à la souveraineté internationale.

Cependant, s'il fallait attendre que tous les Etats soient d'accord avec chaque disposition du texte, la négociation mettrait plus de temps, voire impossible. De ce fait, la règle du consensus est souvent appliquée. Le texte du traité sera adopté sans vote s'il ne rencontre pas une forte opposition de la part de certains Etats.

---

[105] COT (J-P), « La bonne foi et la conclusion des traités », RBDI, p.158, pp. 142-159.

[106] Idem

[107] QUOC DINH (N), DAILLIER (P), FORTEAU (M), PELLET (A), *op.cit.*,p. 144

Dans la pratique diplomatique camerounaise, ce sont les experts accompagnés des négociateurs qui négocient les termes du traité. Ce processus se déroule généralement au MINREX en ce qui concerne généralement les traités bilatéraux et l'organe en charge d'abriter ce processus de négociation est la Direction des Affaires Juridiques et des Engagements Internationaux de l'Etat (ci-après DAJT). C'est le jurisconsulte du MINREX en matière de négociation et d'adoption des accords internationaux. En outre, le cadre de la négociation d'un traité bilatéral se fait à huis clos. Il n'est que admis dans la salle de négociation les personnes qui participent directement à la négociation du traité.

Toutefois, dans le cadre d'un traité multilatéral, la négociation est publique et se fait au sein des conférences multilatérales[108]. A ce niveau, c'est une délégation constituée d'experts mandatés pour négocier ledit accord. A titre illustratif, on peut évoquer la délégation camerounaise mandatée par le Président de la République pour discuter les dispositions de la Convention de Montego Bay[109] sur le droit de la mer à la troisième Conférence des Nations Unies sur le droit de la mer.

Il faut souligner également en ce qui concerne la pratique diplomatique camerounaise en matière de négociation des accords bilatéraux et multilatéraux qu'elle est au préalable validée au niveau de la Présidence de la République. Autrement dit, les termes de référence ou ce sur quoi la partie camerounaise doit négocier s'agissant d'un traité bilatéral ou multilatéral doit être entériné au niveau de PRESICAM.

La phase de validation préalable par PRESICAM commence lorsque que le dossier relatif à un accord bilatéral ou multilatéral est transmis au MINREX. Après qu'il soit côté pour traitement à la Direction des Affaires Juridiques, il est ensuite acheminé à la Présidence pour validation. Au niveau de la Présidence, c'est le Conseiller technique pour les Affaires Juridiques à qui revient la lourde tâche d'apprécier le dossier traité en amont par le MINREX et le soumettre à la Haute appréciation du Président de le République. Dès lors que le cadre de négociation est arrêté et validé, il ait donné quitus aux diplomates accompagnés des

---

[108] Idem p. 145

[109] Convention de Montego Bay du 10 décembre 1982.

experts dans les domaines précis d'aller négocier les termes du traité qu'il soit bilatéral ou multilatéral[110].

Une manière simple d'affirmer que la négociation d'un accord international est encadrée par PRESICAM et les diplomates n'ont que pour mission de mettre en application les instructions de la Haute Hiérarchie. Après la phase de négociation vient celle de l'adoption de l'*instrumentum* tel que discuté par les parties.

B. La coutume internationale dans la pratique diplomatique camerounaise au regard de l'adoption des traités bilatéraux et multilatéraux

En matière de traités, l'adoption est la dernière étape de la négociation d'un accord international, où la forme et le contenu du projet d'accord sont tenus pour arrêtés *ne varietur*, sauf à rouvrir la négociation[111].

La Convention de Vienne sur le droit des traités s'inscrit dans cette logique en affirmant que l'adoption du texte d'un traité s'effectue par le consentement de tous les Etats participant à son élaboration d'une part, et d'autre part, à l'issue d'une Conférence Internationale à la majorité des deux tiers des Etats présents et votants[...][112]. Dans la pratique diplomatique camerounaise, la procédure d'adoption des traités (1) précèdera la portée de l'adoption des accords internationaux (2)

1. La coutume internationale dans la pratique diplomatique camerounaise au regard de la procédure d'adoption des traités bilatéraux et multilatéraux

L'adoption du texte d'un traité marque la fin de la phase d'élaboration dudit traité[113]. En d'autres termes, la phase cruciale de la négociation d'un instrument international est consécutive à l'adoption de cet instrument.

---

[110] Entretien accordé par le Directeur des Affaires Juridiques et des Engagements Internationaux de l'Etat en date du 10 septembre 2018.

[111] SALMON (Jean) (dir.), *Dictionnaire de droit international public*, *op. cit.*, p. 43

[112] V. l'article 9 de la Convention de Vienne du 23 mai 1969 sur le droit des traités.

[113] QUOC DINH (N), DAILLIER (P), FORTEAU (M), PELLET (A), *op. cit.*, p. 148

Dans cette phase d'adoption du texte du traité, il faut distinguer en principe deux moments forts : l'arrêt du texte et son authentification[114]. Au sens littéral, l'arrêt du texte d'un traité signifie que la négociation est terminée. Il est d'usage dans la pratique diplomatique camerounaise que les parties en présence, s'accordent sur les dispositions du traité, au premier regard convenables par elles. L'arrêt du texte du traité par les parties, participe de ce qu'on appelle en droit international le consensualisme dans la conclusion des accords internationaux. A cet égard, les parties doivent adopter le texte du traité de bonne foi[115].

Toutefois, il est à préciser que dans la pratique diplomatique camerounaise en ce qui concerne l'arrêt du texte du traité, notamment dans le cadre bilatéral, le MINREX étant l'organe technique ayant participé à la négociation du traité, se charge de le transférer à la Présidence de la République pour vérification.

Arrivé à PRESICAM, le Conseiller pour les Affaires Juridiques à la Présidence procède à une vérification des dispositions du texte du traité qui devraient être en accord avec les intérêts du Cameroun. Cette phase de vérification permet de cerner les contours et les détours des dispositions du texte traité et mobilise de ce fait toute l'attention de PRESICAM. Car, il va de la préservation des intérêts du Cameroun. C'est après cette phase de vérification que le texte du traité sera par la suite authentifier[116]. La procédure d'adoption est relativement différente en ce qui concerne un traité multilatéral. Ainsi, si la négociation a eu lieu au sein d'une Conférence internationale, le Chef de la délégation permanente va procéder à l'adoption du texte en ce sens que ce dernier aura déjà reçu les instructions de la Haute Hiérarchie. Cependant si le Cameroun est l'hôte de la Conférence internationale de négociation de l'accord, la procédure sera la même s'agissant d'un accord bilatéral[117].

---

[114] Idem

[115] V. COT (J-P), « La bonne foi et la conclusion des traités », *RBDI*, pp. 142-159

[116] Entretien accordé par le Directeur des Affaires Juridiques et des Engagements internationaux de l'Etat en date du 11 septembre 2018.

[117] Idem.

Cependant, l'authentification du texte du traité est une opération par laquelle les parties contractantes indiquent la conformité et l'exactitude du texte qu'elles ont négocié, ce texte devant ainsi être considéré comme celui qui fera foi[118]. Ainsi, il d'usage dans la pratique diplomatique que le texte d'un traité est arrêté comme authentique et définitif, suivant la procédure établie dans ce texte ou convenue par les Etats participant à l'élaboration du traité, ou à défaut d'une telle procédure, par la signature *ad referedum* ou par les représentants de ces Etats[119].

L'authentification du texte permet ainsi, de déclarer que le texte qui a été rédigé et consigné, correspond à l'intention et à l'esprit des négociateurs et qu'ils le tiennent pour définitifs[120]. C'est pendant cette phase que le texte du traité reçoit toute sa solennité.

La pratique diplomatique camerounaise en matière d'authentification des traités bilatéraux est distincte de celle des traités multilatéraux. En effet, s'agissant des traités bilatéraux, le Cameroun arrête et authentifie le texte du traité par un acte unique qui est la signature. A cet effet, les initiales des négociateurs notamment du MINREX ou du PM sont apposées sur le paraphe et la signature *ad referedum*[121] en attendant confirmation de la Haute Hiérarchie.

Toutefois, il est à noter qu'après authentification du texte traité par les négociateurs, le MINREX se charge de transmettre une fois de plus le texte à la Présidence de la République pour approbation.

En ce qui concerne les traités multilatéraux, c'est-à-dire les traités conclus au sein d'une OI, l'authentification prend généralement la forme d'une résolution émanant d'un organe de l'OI ou encore d'un acte d'authentification accompli par l'autorité compétente de l'organisation[122]. Plus simplement, le texte est voté ou adopté par consensus[123] par la conférence puis

---

[118] SALMON (Jean) (dir.), *op. cit.*, p. 110

[119] Idem

[120] QUOC DINH (N.), DAILLIER (P.), FORTEAU (M.), PELLET (A.), *op. cit.*, p.148

[121] Idem

[122] RCADI, 1966, Vol II, p. 213

[123] QUOC DINH (N.), DAILLIER (P.), FORTEAU (M.), PELLET (A.), *op. cit.*, p.148

signé par les chefs de délégation. C'est ainsi qu'il est d'usage dans la pratique diplomatique camerounaise que le chef de la délégation permanente du Cameroun par exemple à New-York, apposera sa signature et ses initiales au bas du texte du traité. Cependant avant qu'il n'appose sa signature au bas du texte du traité, il doit s'en référer à la Haute Hiérarchie pour accord de cette dernière. Il en va de même pour les accords multilatéraux. A défaut il apposera une signature *ad referendum.*

Dans la pratique diplomatique camerounaise en la matière, et comme il a été mentionné plus haut, c'est le Président de la République qui rend le texte du traité définitif pour authentification. Envisageons à présent la portée de l'adoption des accords internationaux.

2. La coutume internationale dans la pratique diplomatique camerounaise au regard de la portée de l'adoption des traités bilatéraux et multilatéraux

L'adoption d'un traité qu'il soit bilatéral ou multilatéral par le Cameroun marque la fin de la phase de négociation mais ne signifie pas que le traité s'impose aux Etats qui l'ont signé plus spécifiquement à l'Etat du Cameroun.

En règle générale et plus particulièrement dans la pratique diplomatique camerounaise, l'effet obligatoire d'un traité international résulte de l'expression du consentement à être lié par lui et non de la signature, à moins que les parties aient décidé autrement[124].

La problématique de la portée de l'adoption des accords internationaux a été portée devant la CIJ dans l'affaire du Plateau Continental de la mer du Nord[125]. En effet, selon le juge MORELLI, la signature par l'Allemagne fédérale de la Convention de 1958 sur le Plateau Continental traduisait, dans une certaine mesure, la reconnaissance du caractère de règles de droit à ses dispositions[126].

---

[124] Idem p.149

[125] CIJ, affaire du Plateau Continental de la mer du Nord, arrêt du 20 février 1969.

[126] CIJ, Rec, 1969.

Cette opinion, quelles que fussent les précautions dont elle était entourée, équivalait à attribuer à la signature un effet qu'elle n'a pas aussi longtemps que l'Etat n'est pas devenu partie, et n'a pas été partagé par la majorité des juges[127].

On peut déduire de la Convention de Vienne[128] qu'un Etat signataire doit examiner le texte du traité de bonne foi dans en vue de déterminer sa position définitive à son égard. La portée de la signature d'un traité vaut également à l'égard du Cameroun.

En effet, l'obligation pesant sur l'Etat du Cameroun eu égard à la Convention de Vienne précitée disparait soit lorsque ce dernier devient partie au traité, auquel cas le Cameroun est tenu à une obligation plus contraignante qui est celle de respecter le traité proprement dit, soit lorsqu'il manifeste son intention de ne pas devenir partie au traité. Dans ce cas de figure, le Cameroun se trouve délié de toute obligation à l'égard du traité.

Enfin, l'adoption d'un traité par un nombre important d'Etats a une portée politique et juridique allant bien au-delà de la simple authentification du texte[129]. Une convention multilatérale par exemple, avant son entrée en vigueur, peut servir de modèle aux traités bilatéraux ou multilatéraux[130].

Dès lors, elle constitue, surtout lorsqu'il s'agit d'une convention de codification, un élément important du processus coutumier. De ce fait, en cristallisant, les règles coutumières en voie de formation, l'adoption de la Convention de Montego Bay du 10 décembre 1982 sur le droit de la mer ; a joué un rôle décisif dans l'évolution du droit de la mer[131].

Certes l'adoption du texte du traité marque la fin de la phase de la négociation, mais pour qu'il produise les effets juridiques à l'égard des parties, faudrait-il que celles-ci expriment leur consentement à être lié par le traité.

---

[127] CAHIER (P), « L'obligation de ne pas priver un traité de son objet et de son but avant son entrée en vigueur », Mél. Dehousse, 1979, pp. 31-37

[128] V. l'article d18 de la Convention de Vienne précitée.

[129] QUOC DINH (N), DAILLIER (P), FORTEAU (M), PELLET (A), *op. cit.*, p. 151

[130] V. par exemple le Code de conduite des conférences maritimes de 1974 qui a inspiré de nombreuses conventions sur le partage des frets.

[131] QUOC DINH (N), DAILLIER (P), FORTEAU (M), PELLET (A), *op. cit.*, p.151

PARAGRAPHE 2 : la coutume internationale dans la pratique diplomatique camerounaise à travers l'expression du consentement à être lié par les traités bilatéraux et multilatéraux

On entend par consentement à être lié par un traité, la manifestation de la volonté d'un sujet de droit international d'être lié par un accord international[132]. D'après la Convention de Vienne sur le droit des traités, le consentement à être lié par un traité peut être exprimé par la signature, l'échange d'instruments constituant un traité, la ratification, l'acceptation, l'approbation ou l'adhésion, ou par tout autre moyen[133].

Dès lors, la coutume internationale dans la pratique diplomatique camerounaise à travers l'expression du consentement à être lié par les accords internationaux peut s'analyser à travers les pratiques dudit consentement (A), et les autorités ayant qualité pour exprimer le consentement à être lié par les accords internationaux (B).

A. La coutume internationale dans la pratique diplomatique camerounaise au regard des pratiques d'expression du consentement à être lie par les traités bilatéraux et multilatéraux

Les pratiques ou modes d'expression du consentement à être lié par un accord international sont les moyens par lesquels un Etat manifeste sa souveraineté en s'engageant à exprimer son consentement. Selon l'article 11 de la Convention de Vienne précitée, ces pratiques peuvent être entre autres, la signature, l'échange d'instruments constituant un traité, la ratification, l'acceptation, l'approbation ou l'adhésion, ou par tout autre moyen.

Le droit international coutumier aussi bien que la Convention de Vienne sur le droit des traités, laissent la possibilité aux Etats d'adopter le mode qui leur sied pour l'entrée en vigueur d'un

---

132 SALMON (J) (dir.), *op. cit.*, p. 240

133 V. l'article 11 de la Convention de Vienne du 23 mai 1969.

accord international[134]. Dès lors, pour plus de clarté dans cette partie, nous aborderons la coutume internationale dans la pratique diplomatique camerounaise au regard de la forme solennelle et simplifiée comme pratique d'expression du consentement à être lié par les accords internationaux.

1. La coutume internationale dans la pratique diplomatique camerounaise au regard de la forme solennelle comme pratique d'expression du consentement à être lié

Encore appelée procédure longue, la forme solennelle est une phase au cours de laquelle, un Etat ayant négocié et adopté un traité, manifeste majestueusement son désir à être Etat parti au traité. Cette phase en réalité doit être distincte de l'authentification du texte du traité, qui se manifeste par la signature, et celle du consentement à être lié, qui se traduit par un acte distinct à la suite d'un examen effectué par les organes compétents pour engager l'Etat[135].

Tout compte fait, la conclusion d'un traité se réalise au moyen deux actes successifs de l'Etat[136]. En d'autres termes, pour que le Cameroun exprime son consentement à être lié par un traité, faudrait-il au préalable que ce dernier le négocie et l'adopte par la suite. C'est le deuxième acte du traité que l'Etat pose qui produit tous les effets de droit[137].

L'Etat du Cameroun s'arrime également à cette donne tout en adoptant la forme solennelle comme mode d'expression du consentement à être lié soit par un traité bilatéral ou multilatéral. A cet instant, le Cameroun s'engage à respecter les dispositions du texte du traité. Cette forme solennelle pouvant être au regard de la Convention de Vienne précitée, la ratification, l'acceptation ou l'approbation.

La ratification étant ce mode par lequel un Etat consent à être lié par un traité qui a nécessairement fait l'objet au préalable d'une signature pour authentification par un représentant dûment autorisé[138]. En l'espèce, en ce qui concerne la pratique diplomatique camerounaise en la matière, c'est une prérogative

---

134 QUOC DINH (N), DAILLIER (P), FORTEAU (M), PELLET (A), *op. cit.*

135 Idem p.152

136 Idem p.153

137 Idem

138 SALMON (J) (dir.), op. cit, p. 928.

du Chef de l'Etat. Ce dernier, peut déléguer cette prérogative constitutionnelle à un plénipotentiaire qui agira au nom du Président de la République. C'est le cas plus souvent du PM ou MINREX.

Dans le cadre des OI où le Cameroun dispose des délégations permanentes, à titre illustratif on peut mentionner la délégation permanente du Cameroun à New-York (ci-après DELECAM/NEW-YORK), la délégation permanente du Cameroun à Addis-Abeba (ci-après DELECAM/ADDIS-ABEBA) enfin la délégation permanente du Cameroun à Genève (ci-après DELACAM/GENEVE), ces derniers peuvent agir au nom du Président de la République et engager par conséquent l'Etat du Cameroun.

D'après la norme fondamentale du Cameroun[139], les accords qui concernent le domaine de la loi [...] sont soumis avant ratification, à l'approbation en forme législative par le parlement. En effet, la pratique diplomatique camerounaise en la matière préconise que le traité international ressortissant du domaine de la loi est discuté en séance plénière par la commission des affaires étrangères[140]. C'est cette dernière qui donne l'aval au Président de la République à ratifier soit un traité bilatéral, soit un traité multilatéral.

Faudrait-il au préalable le rappeler que l'article 11(2) de la Convention de Vienne de 1986, ne mentionne pas la ratification comme modes ou pratiques d'expression du consentement à être lié par les OI, toutefois, utilise l'expression d'«acte de confirmation formelle ».

Ainsi selon la procédure et la forme de ratification, l'instrument de ratification est présenté sous la forme de «lettres de ratification»[141]. Dans la pratique diplomatique camerounaise, celles-ci sont rédigées comme suit :

« ... Président de la République du Cameroun, »

« A tous ceux qui ces présentes lettres seront verront, salut : »

---

139 V. l'article 43 de la Constitution camerounaise précitée.

140 V. ETOUNDI MVENG (R), *La Commission des Affaires Etrangères de l'Assemblée Nationale du Cameroun 1992- 1998,* Mémoire de DESS en RI, Université de Yaoundé II- IRIC, 1998.

141 QUOC DINH (N), DAILLIER (P), FORTEAU (M), PELLET (A), *op. cit.*, p.154

« Ayant vu et examiné ledit Traité avons approuvé et approuvons en toutes et chacune de ces parties, en vertu des dispositions qui y sont contenues et conformément à l'article 43 de la constitution »

(Le texte intégral du traité est inséré)

«Déclarons qu'il est accepté, ratifié et confirmé et promettons qu'il sera inviolablement observé.»

«En foi de quoi, Nous avons donné les présentes revêtues du sceau de la République».

Après avoir présenté les lettres de ratification, celles-ci sont échangées entre les parties. Cet échange est constaté par un procès-verbal daté et signé et qui permet d'éviter toute contestation sur la réalité de la ratification[142]. Les mêmes remarques sont observées *mutatis mutandis* pour l'acceptation et l'approbation[143].

Seul l'acheminement des instruments de ratification est susceptible de lier l'Etat du Cameroun. Ainsi, dans l'affaire des *Activités militaires et paramilitaires au Nicaragua et contre celui-ci*[144], la Cour a relevé que le Nicaragua avait effectué les formalités nécessaires à la ratification du Statut de la CPJI mais elle a constaté que « *le Nicaragua, du fait qu'il n'a pas déposé son instrument de ratification du protocole de signature du Statut de la CPJI n'était pas partie ce traité* »[145].

En outre, dans l'affaire relative à *Certains intérêts allemands en Haute-Silésie polonaise*[146], la CPJI a seulement admis la possibilité d'abus de droit d'un Etat signataire dans la période précédant sa décision de ratifier ou de refuser de ratifier.

Certains auteurs, notamment Jules BASDEVANT et Georges SCELLE, se sont demandé si la responsabilité de l'Etat qui refuse de ratifier, ne pouvait dans certains cas être engagée sur le

[142] Idem p. 155

[143] Idem

[144] CIJ, affaire des Activités militaires et paramilitaires au Nicaragua et contre celui-ci, arrêt du 27 juin 1986.

[145] Rec. 1984, p. 404

[146]CPJI, affaire de Certains intérêts allemands en Haute-Silésie polonaise, arrêt du 25 mai 1926, série A, n°7, p. 30

fondement de la théorie de l'abus de droit[147] et celle de la bonne foi dans la conclusion des accords internationaux[148]. A titre illustratif, on peut évoquer les refus de ratifier le Statut de la CPI par les Etats-Unis d'Amérique et notifier au Secrétaire général des Nations Unies en 2002 pouvait-il engager la responsabilité de ce dernier sur le plan international ? Tout compte fait, la doctrine internationale relative à ce sujet reste fortement divisée.
A côté de la forme solennelle comme pratique du consentement à être lié par le traité, il existe également la forme simplifié.

2. La coutume internationale dans la pratique diplomatique camerounaise au regard de la forme simplifiée comme pratique d'expression du consentement à être lié

Contrairement la forme solennelle, la forme simplifiée encore appelé procédure courte, admet la conclusion d'un accord international dès qu'il est signé. Autrement dit, le traité est considéré et réputé conclu dès lors que les parties ont apposé leur signature sur le texte du traité.
L'intérêt de la procédure simplifiée étant le fait que la procédure longue de nos jours est moins adaptée qu'hier au rôle international de l'Etat qui doit, à la suite de l'étirement croissante des relations internationales et de l'extension continue des matières soumises au droit internationale, régler en commun avec d'autres Etats, par la voie des traités, des problèmes variés et nombreux[149].
Par ailleurs, il est à noter que la signature figure comme étant la première pratique du consentement à être lié évoqué par l'article

---

[147] Exercice d'un droit par un Etat, d'un pouvoir ou d'une compétence d'une manière ou dans un but qui ne correspondent pas aux finalités de ce droit, par exemple dans le but d'échapper à une obligation internationale ou d'obtenir un avantage indu. L'abus de droit peut également être employé avec connotation de détournement de pouvoir. Dans son ouvrage sur La responsabilité de l'Etat, Paul REUTEUR, affirme que pour qu'il y'ait abus de droit, faudrait-il au préalable qu'il y'ait droit, que l'acte incriminé soit régulier considéré en lui-même, et que son irrégularité n'apparaisse qu'à la suite d'une confrontation plus approfondie avec des éléments nouveaux.

[148] V. COT (J-P), « La bonne foi et la conclusion des traités », *RBDI*, pp. 142-159

[149] QUOC DINH (N), DAILLIER (P), FORTEAU (M), PELLET (A), *op. cit.*, p.158

11 de la Convention de Vienne précitée. Ainsi, d'après les dispositions de l'article 12 :

« Le consentement d'un Etat à être lié par un traité s'exprime par la signature du représentant de cet Etat:
a) lorsque le traité prévoit que la signature aura cet effet;
b) lorsqu'il est par ailleurs établi que les Etats ayant participé à la négociation étaient convenus que la signature aurait cet effet; ou
c) lorsque l'intention de l'Etat de donner cet effet à la signature ressort des pleins pouvoirs de son représentant ou a été exprimée au cours de la négociation.
2. Aux fins du paragraphe 1:
a) le paraphe d'un texte vaut signature du traité lorsqu'il est établi que les Etats ayant participé à la négociation en étaient ainsi convenus;
b) la signature ad referendum d'un traité par le représentant d'un Etat, si elle est confirmée par ce dernier, vaut signature définitive du traité ».

La pratique diplomatique camerounaise en ce qui concerne la procédure courte ne rentre pas dans ses «mœurs diplomatiques». Le Cameroun s'étant toujours arrimé à la forme solennelle du consentement à être lié les accords internationaux. Le pays qui recourt le plus souvent à la procédure courte est les Etats Unis d'Amérique. En effet, pour se libérer de l'emprise du parlement, l'Exécutif opte à chaque fois que la constitution le permet, de recourir à la procédure simplifiée[150]. Les domaines sont multiples et variés, allant accords militaires aux accords économiques et financiers[151].

La procédure simplifiée tire son essence de la pratique américaine des *exécutive agreements*[152]. En effet, dès la fin du XVIIIe et dans le but d'éviter les antagonismes avec le Sénat dont le consentement est requis par la Constitution fédérale pour la conclusion des traités, le Président américain en tant responsable de la politique extérieure du pays, signait seul certains accords

---

[150] Idem
[151] Idem
[152] CRAS (A), « Les Executive Agreements aux Etats-Unis », *RGDIP,* 1972, pp. 973-104

dits accords exécutifs, qui en règle générale, entrent vigueur du seul fait de leur signature par le Président en son nom[153].

A cet effet, deux éléments fondamentaux caractérisent la procédure simplifiée à savoir la souplesse et l'identité de nature avec le traité formel[154]. La souplesse est due au fait que le traité une fois signé entre vigueur et n'a pas besoin de faire l'objet d'une ratification quelconque. Cette procédure vaut au tant pour les traités bilatéraux que pour les traités multilatéraux. Car, s'agissant des traités bilatéraux, les négociateurs apposent tout simplement concomitamment leur signature au bas du texte du traité[155]. En d'autres termes, à l'issue des signatures, un échange notes ou de lettres est fait.

Après que le consentement à être lié par le traité soit valablement exprimé, reste à déterminer les autorités compétentes en la matière.

B. La coutume internationale dans la pratique diplomatique camerounaise au regard de la détermination des autorités compétentes dans l'expression du consentement à être lié par les traités bilatéraux et multilatéraux

La problématique de la détermination des autorités ayant qualité d'exprimer leur consentement à être lié par les accords internationaux, n'a pas été abordée par le droit international. Ceci pour éviter de s'ingérer dans les affaires internes des Etats comme l'un des principes cardinaux de la Charte des Nations Unies[156]. Il revient à cet effet au droit interne notamment au droit constitutionnel de chaque pays de déterminer les autorités compétentes en la matière.

Ainsi, dans le cadre de cette étude, nous essayerons de faire une analyse comparée (1) tout en appuyant sur quelques pays, puis revenir en l'espèce à la pratique diplomatique camerounaise (2), objet de notre analyse.

---

153 Idem

154 Idem p. 159

155 Idem

156 V. l'article 2 par 7 de la Charte de Nations Unies du 26 juin 1945.

1. La coutume internationale dans la pratique comparée de la détermination des autorités compétentes dans l'expression du consentement à être lié par les accords internationaux

Il s'agira d'évoquer spécifiquement le cas des Etats-Unis d'Amérique et de la Grande Bretagne. Le choix de ces deux pays tient au fait que, les Etats-Unis sont la forme la plus achevée du système présidentiel de nos jours, et la Grande Bretagne la référence en matière de régime parlementaire. Autrement dit, la référence en ce qui concerne le régime présidentiel est illustré par les Etats-Unis d'une part, et d'autre part, la Grande Bretagne s'agissant du régime parlementaire.

La constitution fédérale[157] des Etats-Unis d'Amérique amenuise considérablement l'autorité du Président dans le processus d'engager l'Etat sur le plan international. Il ressort succinctement de texte «sacré» que: « Le Président aura le pouvoir, sur l'avis et le consentement du Sénat, de conclure des traités, pourvu que ces traités réunissent la majorité des deux tiers des sénateurs présents[158] ». Pour comprendre l'esprit des Pères fondateurs, rappelons que le régime présidentiel américain, notamment au niveau des trois pouvoirs la composent, limite la suprématie du Pouvoir Exécutif. Car ce dernier, a tendance dès que l'occasion s'y prête d'en abuser.

Raison pour laquelle, l'avis du Sénat américain est recueilli pour la conclusion des accords internationaux. C'est également le cas en ce qui concerne par exemple l'accréditation des ambassadeurs auprès des puissances étrangères. Toutefois, le Président américain peut contourner ce garde four constitutionnel en utilisant la pratique des *executive agreements*[159]. Elles constituent la principale réaction de l'exécutif contre la rigidité des dispositions constitutionnelles[160].

En somme, dans le régime présidentiel américain l'autorité compétente à exprimer le consentement à être lié par les accords internationaux est le président américain. Toutefois, pour

[157] La Constitution fédérale du 17 septembre 1789.

[158] V. l'article 2 section 2 de la Constitution fédérale précitée.

[159] CRAS (A), « Les Executive Agreements aux Etats-Unis », *op. cit*

[160] QUOC DINH (N), DAILLIER (P), FORTEAU (M), PELLET (A), *op. cit.*, p.164

engager le pays sur le plan international, il doit au préalable obtenir l'aval du Sénat américain qui joue à ce moment le rôle de contrepoids.

Cependant en ce qui concerne le régime parlementaire dont la Grande Bretagne constitue un modèle classique, la règle générale voudrait qu'il y'ait partage de compétence sur l'autorité compétente à exprimer le consentement à être lié par les accords internationaux par l'exécutif et le parlement. Autrement dit, il revient au pouvoir exécutif d'engager l'Etat sur le plan international, sous réserve de l'accord du Parlement, non pas pour tous les traités mais pour ceux dont l'importance est avérée et la liste discrétionnairement établie par chaque constitution nationale[161].

Dès le XIXe siècle en Grande Bretagne, la coutume obligeait le Roi qui détenait le pouvoir exécutif de conclure des traités, à obtenir l'autorisation du Parlement avant de ratifier certains traités[162]. Ces derniers ont été classés en quatre catégorie : traités dont l'application exige une injonction ou une modification du droit interne ; traités d'extradition ; traités imposant une obligation financière enfin les traités comportant une cession territoriale[163]. En d'autres termes, à cette période bien précise certaines catégories de traités, pour être conclu ou ratifier par le Roi, exigeait au préalable l'aval du Parlement britannique.

Par contre, à partir du mois d'avril 1924, le premier gouvernement travailliste a adopté une nouvelle pratique qui est confirmée depuis lors[164]. Ainsi, le gouvernement désormais soumet au Parlement tous les traités qui doivent être ratifiés, celui-ci n'accomplissant les formalités internationales de la ratification que si, à l'expiration d'un délai de trois semaines, le Parlement n'a pas fait connaitre son intention d'ouvrir une discussion[165]. Envisageons à présent la pratique diplomatique camerounaise dans la détermination des autorités compétentes

---

161 Idem p. 165

162 SCOTT (J-B), « Ratification of Treaties in Great Britain », AJIL, 1924, pp. 296-298

163 Idem.

164 LASOK (D), « Les traités internationaux dans le système anglais », *RGDIP*, 1966, pp. 961-994

165 Idem.

dans l'expression du consentement à être lié par les accords internationaux.

2. La coutume internationale dans la pratique diplomatique camerounaise au regard de la détermination des autorités compétentes dans l'expression du consentement à être lié par les accords internationaux

La constitution du 18 janvier 1996 effectue une distinction entre deux catégories d'«engagements internationaux du Cameroun». En effet, le titre VI notamment de l'article 43 à l'article 45 porte sur «les traités et accords internationaux». Les premiers étant soumis à la ratification tandis que les seconds à l'approbation.
Cependant, la Constitution ne fournit aucun critère matériel de détermination : ni l'objet d'un engagement, ni son importance ne permettent d'affirmer qu'on est en présence d'un traité ou d'un accord. Au sens du droit constitutionnel, le mot « traité » est l'instrument qui est négocié par le Président de la République, ou en son nom, et ratifié par lui alors qu'un « accord » est l'instrument qui est négocié par le Ministre des Affaires Etrangères, ou en son nom ou au nom du Gouvernement, et qui fait l'objet d'une approbation ultérieure[166].
En règle générale, la Constitution du Cameroun, attribue au Président de la République la compétence pour exprimer le consentement de l'Etat à être lié par les traités au moyen de la ratification[167]. Toutefois, cette compétence est assortie d'une limite. Ainsi, la norme fondamentale prévoit la ratification de certains accords internationaux relevant du domaine de la loi, défini à l'article 26 de la Constitution précitée qu'après autorisation du Parlement. La loi d'autorisation étant une loi particulière, elle est discutée au niveau de la commission des affaires étrangères et adoptée en assemblée plénière au Parlement.
Pour tous les autres engagements internationaux que les traités soumis à ratification, l'article 43 précité de la Constitution dispose implicitement qu'ils sont approuvés ou conclus par le

---

[166] Idem QUOC DINH (N), DAILLIER (P), FORTEAU (M), PELLET (A), *op. cit.*, p.167

[167] V. l'article 43 de la Constitution du 18 janvier 1996.

Ministre des Relations Extérieures, le Président de la République étant tenu seulement informé de la négociation.

Dans la pratique diplomatique camerounaise, trois catégories d'engagements se dégagent : les traités soumis à ratification, les accords entrant en vigueur après approbation selon la procédure longue et des accords en forme simplifiée, pour lesquels, exceptionnellement le Gouvernement ne recherche pas l'autorisation parlementaire d'approbation avant signature[168]. Quel que soit le mode de conclusion adopté, tous ces instruments ont la même porté en droit interne et bénéficient également de l'autorité supérieure des traités ou accords internationaux sur les lois internes, rappelé par la Constitution de 1996 précitée[169].

Après avoir abordé la coutume internationale dans la pratique diplomatique camerounaise au regard de la procédure commune aux traités bilatéraux et multilatéraux, analysons à présent la coutume internationale dans la pratique diplomatique camerounaise au regard de la conclusion des traités multilatéraux.

SECTION 2: LA COUTUME INTERNATIONALE DANS LA PRATIQUE DIPLOMATIQUE CAMEROUNAISE AU REGARD DES SPECIFICITES LIEES A LA CONCLUSION DES TRAITES MULTILATERAUX

Par opposition aux traités bilatéraux, les traités multilatéraux sont des accords conclus entre plusieurs Etats[170]. Encore appelé traité collectif, les traités multilatéraux sont la manifestation de la solidarité internationale[171].

Jusqu'au début du XIXe siècle, la pratique internationale ne connaissait que les traités bilatéraux. C'est à partir du milieu du siècle précité que la pratique en matière de conclusion des traités multilatéraux s'est définitivement implantée comme procédé

---

168 Entretien accordé par le Directeur des Affaires Juridiques et des Engagements Internationaux de l'Etat au MINREX en date du 25 novembre 2018.

169 V. l'article 45 de la Constitution de 1996 précitée.

170 SALMON (J) (dir.), *op. cit.*, p.1089

171 BASDEVANT (J), « La conclusion et la rédaction des traités et des instruments diplomatiques autres que les traités », RCADI, Vol II, Tome 15, 1926, p. 557

normal d'élaboration du droit conventionnel[172]. A cet effet, le Cameroun après son accession à la souveraineté internationale dès les années 1960, s'est arrimé à cette donne en adhérant aux traités multilatéraux.
A titre illustratif, on peut évoquer l'adhésion du Cameroun à la Charte des Nations Unies et à ces deux Pactes subséquents, au niveau régional, l'adhésion du Cameroun au traité instituant l'OUA en 1963, remplacé par celui de juillet 2002 enfin au niveau sous régional, l'adhésion du Cameroun au traité instituant la CEEAC.
La coutume internationale dans la pratique diplomatique camerounaise au regard des spécificités liées à la conclusion des traités multilatéraux tiennent au niveau de leur procédure d'élaboration (**paragraphe 1**) et au niveau de leur signature et réserve qui sont émises lors de la conclusion des accords multilatéraux (**paragraphe 2**).

PARAGRAPHE 1 : la coutume internationale dans la pratique diplomatique camerounaise au regard de la procédure d'élaboration des traités multilatéraux

Théoriquement, la procédure d'élaboration des traités multilatéraux traduit de manière frappante l'interpénétration des techniques proprement interétatiques de coordination et de mécanismes institutionnels nouveaux, plus intégrés[173].
Il s'agira de mettre en évidence, la coutume internationale dans la pratique diplomatique camerounaise dans l'élaboration des traités multilatéraux par une conférence internationale (A) d'une part, et d'autre part, par un organe permanent d'une Organisation Internationale (B).

A. La coutume internationale dans la pratique diplomatique camerounaise au regard de l'élaboration des traités multilatéraux par une conférence internationale

La convocation et la composition de la conférence internationale (1) précèdera son organisation et son fonctionnement (2)

---

[172] QUOC DINH (N), DAILLIER (P), FORTEAU (M), PELLET (A), *op. cit.*, p. 183
[173] Idem p. 184

1. La coutume internationale dans la pratique diplomatique camerounaise au regard de la convocation et de la composition d'une conférence internationale

Encore appelée conférence diplomatique, une conférence internationale est une réunion plus ou moins solennelle et organisée, de représentants d'Etats et OI qui ont accepté l'invitation de participer à la conclusion d'une convention internationale[174]. C'est également une réunion de plénipotentiaires chargés de traiter une affaire déterminée[175].
En l'espèce, ces conférences peuvent avoir pour un but de régler des questions politiques importantes. A titre illustratif on peut mentionner la Conférence de Téhéran de 1944 et celle de San Francisco de 1945[176].
La convocation d'une conférence internationale est fonction des modalités de convocation[177]. A cet effet, on distingue dans la pratique diplomatique en générale deux types de modalités de convocation : le premier type de modalité est relatif aux conférences convoquées à l'initiative d'un ou plusieurs Etats et le deuxième type de modalité est corrélatif aux conférences convoquées sous l'égide d'une OI[178].
En effet, s'agissant du premier type de modalité, on peut citer à titre illustratif, les conférences de la Haye de 1899 et de 1907 qui avaient été convoquées par le Tsar Nicolas II et la Conférence de San Francisco pour l'élaboration de la Charte des Nations Unies qui l'a été en 1945 par les quatre puissances invitantes[179].
En ce qui concerne le deuxième type de modalité, celui-ci généralement se fait sous l'égide d'une OI notamment l'Organisation des Nations Unies (ci-après ONU) ou des OI à caractère technique ou des Organisations Internationales Régionales (OIR). On peut évoquer ainsi, les plus illustres les conférences des Nations Unies pour la codification du droit

---

174 SALMON (J) (dir.), *op. cit.,* p. 230
175 Idem
176 Idem
177 QUOC DINH (N), DAILLIER (P), FORTEAU (M), PELLET (A), *op. cit.,* p.185
178 Idem
179 DEHAUSSY (J), « Les conventions multilatérales conclues sous les auspices des organisations internationales », *Mél. Sériadès* I, 1961, pp. 83-98

international dont la plupart se sont tenues soit à Genève, soit à Vienne ; la Conférence des Nations Unies sur le droit de la mer, convoquée par l'Assemblée Générale des Nations Unies[180].
Les différences notoires peuvent être relevées concernant ces deux types de modalités de conférences. La première différence est relative à l'objet. Les conférences de premier type sont à la fois politiques et techniques tandis que celles du deuxième type sont exclusivement consacrées à l'établissement des règles[181].
Cependant, la composition des différentes conférences dépendent également selon qu'il s'agit des conférences réunies à l'initiative d'un ou de plusieurs Etats ou à l'initiative d'une OI. En effet, en ce qui concerne les conférences réunies sous l'égide d'un ou de plusieurs Etats, ceux-ci bénéficient d'un pouvoir discrétionnaire pour déterminer les Etats invités[182]. A titre illustratif, un Etat ne pouvait être invité à la conférence de San Francisco en vue de l'élaboration de la Charte des Nations Unies, que si, au préalable, il avait déclaré la guerre à l'Allemagne[183].
S'agissant des conférences convoquées sous l'égide d'une OI, deux catégories d'invités sont à distinguer : les Etats membres de l'OI invitante et par ailleurs membres de droit et les autres Etats remplissant les critères déterminés par ladite organisation[184].
Le caractère souvent très technique des questions discutées rend en outre indispensable la présence, aux côtés des diplomates, de nombreux experts, techniciens ou juristes, qui peuvent soit être membres de diverses délégations nationales, soit agir en tant que consultants de la conférence elle-même[185]. A titre illustratif, la Conférence sur le droit de la mer de 1973-1982 a réuni jusqu'à 3000 personnes[186].

---

180 Idem

181 Idem

182 Les Etats invitants à cette période étaient la Chine, les Etats-Unis, le Royaume-Uni et l'URSS.

183 QUOC DINH (N), DAILLIER (P), FORTEAU (M), PELLET (A), *op. cit.*, p.185

184 DEHAUSSY (J), « Les conventions multilatérales conclues sous les auspices des organisations internationales », *op. cit.*

185 Idem

186 LEVY (J-P), *La Conférence des Nations Unies sur le droit de la mer : histoire d'une négociation singulière*, Pedone, 1983, 159 p.

La pratique diplomatique camerounaise au regard de la convocation et de la composition d'une conférence internationale est avérée en la matière. Cette convocation et composition rentre dans le cadre des conférences convoquées à l'initiative d'un Etat ou plusieurs Etats. Ainsi, le Cameroun a abrité sur sol du 24 au 25 juin une Conférence internationale des Chefs d'Etats du Golfe de Guinée sur la sureté et la sécurité maritime. Etant acteur majeur et ayant une façade maritime impressionnante, la Cameroun a convoqué cette conférence pour pallier au problème de piraterie qui sévissait dans cette zone.
La composition de cette conférence internationale prenait en compte d'abord les pays du Golfe de Guinée, ensuite les autres Etats invités choisis de façon discrétionnaire par le Cameroun, enfin experts en question de sureté et sécurité maritime. Cette conférence internationale faudrait-il le noter, a débouché sur un ensemble de résolutions et recommandations devant permettre de lutter contre la piraterie maritime dans le Golfe de Guinée.
Par ailleurs, le Cameroun au-delà de la convocation d'une Conférence internationale sur son territoire, a également participé aux conférences organisées sous l'égide des Nations Unies ou d'une OIR. En ce qui concerne les conférences organisées sous l'égide des Nations Unies, le Cameroun a participé à la Conférence des Nations Unies sur le droit de la mer et à la Conférence de Rome sur le Statut de la Cour Pénale Internationale (ci-après CPI).
Au niveau régional, le Cameroun a participé à la Conférence internationale de Bamako débouchant sur la mise sur pied de la Convention de Bamako du 30 janvier 1981 relative à l'interdiction d'importer les déchets en Afrique les déchets dangereux et sur le contrôle des mouvements transfrontières et la et la gestion des déchets dangereux produits en Afrique. A titre illustratif, on peut évoquer la Conférence internationale organisée sous l'égide de la défunte OUA débouchant à la convention phytosanitaire pour l'Afrique en 1967.
Après avoir analysé la coutume internationale dans la pratique diplomatique camerounaise au regard de la convocation et la composition d'une conférence internationale, envisageons à présent son organisation et son fonctionnement.

2. La coutume internationale dans la pratique diplomatique camerounaise au regard de l'organisation et le fonctionnement d'une conférence internationale

On entend par organisation et fonctionnement d'une conférence internationale, un ensemble de manières de faire et des mécanismes par lesquels une conférence internationale se tient. Plus simplement, l'organisation et fonctionnement d'une conférence internationale constituent la clé de voûte de la réussite de cette conférence internationale.

L'organisation matérielle de chaque conférence en principe est assurée selon le cas par l'Etat choisi comme siège ou par l'organisation[187]. En d'autres termes, le « noyau dur » de chaque conférence internationale est assuré par l'Etat choisi comme siège ou par l'organisation. A cet effet, une convention élaborée par une conférence qui a été convoquée et organisée par une organisation est dénommée traité conclu « sous les auspices » de cette organisation[188].

Par ailleurs, la convocation d'une conférence internationale en dehors de son siège, l'Etat d'accueil de ladite conférence internationale apporte une large contribution à l'organisation matérielle de celle-ci[189]. A titre illustratif, on peut évoquer la récente conférence internationale convoquée sous les auspices de l'Union Africaine (ci-après UA) qui s'est tenu à Nairobi, et qui vu cependant l'adoption de la Zone de Libre Echange Continentale (ZLECAF). Ainsi, le Rwanda étant pays hôte de la Conférence internationale, a contribué de ce pas à l'organisation matérielle de la conférence.

En règle générale, quel que soit le type de conférence convoquée, les mesures applicables demeurent les mêmes. En effet, en ce qui concerne les conférences convoquées par une OI, ou par les Etats, le caractère d'une réunion interétatique classique dotée d'une existence autonome et régie par le droit international des

---

[187] SIBERT (M), « Quelques aspects de l'organisation et de la technique des conférences internationales », *RCADI*, 1934-II, vol. 48, pp. 391-457

[188] QUOC DINH (N), DAILLIER (P), FORTEAU (M), PELLET (A), *op. cit.*, p.186

[189] Idem

conférences internationales demeure[190]. A cet égard, la conférence internationale organisée par le Cameroun sur les mesures de sécurité et de sureté dans le Golfe de Guinée nous renseigne à suffisance de cela.

En l'espèce, chaque Etat participait par l'intermédiaire des délégations, qui comprenaient à leur tour des délégués munis de pleins pouvoirs, des conseillers voire des experts. La conférence qui s'étendait sur deux jours, avait constitué sa propre commission de vérification des pouvoirs. En général, la conférence élit son bureau qui est constitué du président, vice-présidents et rapporteurs[191].

Cette dernière statue définitivement en formation plénière, le travail de préparation s'effectuant au sein des commissions, des comités et sous-comités. Un comité de rédaction est également désigné dont la compétence est de mettre au point la rédaction définitive de l'accord après avoir revu et coordonné les différentes dispositions généralement adoptées séparément[192].

Néanmoins, dans le cadre des conférences organisées par les OI à caractère universelle, à l'instar de l'ONU, on tient compte dans toutes les nominations, une répartition géographique équitable et, de manière plus ou moins explicite, des différences politiques et idéologiques entre les Etats participants[193].

En outre, la complexité des questions discutées, la multiplicité des intérêts en jeu, l'importance des oppositions, contribuent à expliquer le succès de la formule du consensus dans la conduite des discussions[194]. La technique du consensus a été utilisée lors de la troisième Conférence sur le droit de la mer[195]. Il en est de même pour la Conférence de Rome qui a adopté le Statut de la CPI en 1998 qui prévoyait dans règlement intérieur que « la

---

[190] Idem p. 187

[191] SIBERT (M), « Quelques aspects de l'organisation et de la technique des conférences internationales », *RCADI*, op. cit

[192] Idem

[193] QUOC DINH (N), DAILLIER (P), FORTEAU (M), PELLET (A), *op. cit.*, p.187

[194] Idem

[195] LEVY (J-P), *La Conférence des Nations Unies sur le droit de la mer : histoire d'une négociation singulière*, *op. cit.*

Conférence met tout en œuvre pour que ses travaux s'accomplissent dans un accord général »[196].
Après les mesures préliminaires et les discussions au sein de la conférence, l'accord devra être adopté. En règle générale, l'adoption de l'accord se fait par le procédé du vote, comme le relève opportunément les dispositions de l'article 9 de la Convention de Vienne sur le droit des traités : «*L'adoption du texte d'un traité à une conférence internationale s'effectue à la majorité des deux tiers des Etats présents et votants, à moins que ces Etats ne décident, à la même majorité, d'appliquer une règle différente*».
En d'autres termes, la disposition sus évoquée n'a qu'une valeur supplétive et rien n'empêche la conférence de fixer une autre majorité, ou de retenir l'unanimité ou d'adopter le texte par consensus[197]. C'est ce qui ressort de la conférence internationale sur la sécurité et la sureté maritime dans le Golfe de Guinée. En effet, à l'issue de ce sommet, les Etats partis à cette « messe diplomatique » ont élaboré un accord devant permettre de lutter efficacement contre la piraterie maritime qui sévit dans cette zone.
Après avoir analysé la coutume internationale dans la pratique diplomatique camerounaise au regard de l'élaboration des traités multilatéraux par une conférence internationale, envisageons à présent au sein d'un organe permanent d'une OI.

B. La coutume internationale dans la pratique diplomatique camerounaise au regard de l'élaboration des traités multilatéraux par un organe permanent d'une organisation internationale

On entend par organe permanent d'une organisation internationale, un élément de la structure d'une organisation internationale par lequel celle-ci agit, exprime sa volonté, s'acquitte de ses fonctions[198]. A titre illustratif, on peut citer

---

[196] Idem
[197] SIBERT (M), «*Quelques aspects de l'organisation et de la technique des conférences internationales*», *RCADI*, *op. cit*
[198] SALMON (J) (dir.), *op. cit.*, p. 791

comme organes de l'UA, la Conférence des Chefs d'Etat et de Gouvernement et la Commission de l'UA.
Il s'agira d'évoquer la coutume internationale dans la pratique diplomatique camerounaise au regard des caractéristiques générales en matière d'élaboration des traités multilatéraux par un organe permanent d'une OI (1) et ressortir les spécificités des conventions internationales en matière du travail (2)

1. La coutume internationale dans la pratique diplomatique camerounaise au regard des caractéristiques générales en matière d'élaboration des traités multilatéraux par un organe permanent d'une OI

En général, la majorité des OI, en vue de renforcer et de faciliter la coopération entre Etats favorisent la conclusion des conventions internationales. Les accords à cet effet conclus au sein d'une OI doivent être conformes au but et à l'objet de ceux-ci[199]. La conclusion des conventions au sein d'une organisation doit être distinguée, d'une part de l'élaboration par une conférence tenue sous les auspices de l'organisation, d'autre part de l'adoption d'un acte unilatéral de ladite organisation[200].
Ainsi, la première méthode consiste à utiliser les organes et les procédures de l'organisation et non pas celles retenues par les délégations nationales invitées à la conférence[201]. Comme toute convention, celle adoptée au sein d'une OI entre en vigueur selon les modalités habituelles est reste par conséquent un acte unilatéral[202].

---

199 SABA (H), « L'activité quasi législative des institutions spécialisées des Nations Unies », *RCADI*, 1964-I, vol 111, pp. 607-686.
200 QUOC DINH (N), DAILLIER (P), FORTEAU (M), PELLET (A), *op. cit.*, p.190
201 Idem
202Manifestation unilatérale de la volonté imputable à un sujet de droit international et susceptible de produire des effets juridiques dans l'ordre international. A cet effet, on distingue l'acte unilatéral d'un Etat et celui des OI. L'acte unilatéral d'un Etat est imputable à la volonté d'un seul Etat et pouvant entrainer des obligations juridiques pour cet Etat s'il a été accompli avec l'intention de lier. Cependant celui des OI est imputable à une OI et pouvant créer des obligations juridiques dans les conditions prévues par le traité constitutif.

Cependant, dans la pratique, les textes prévoient généralement que les organes de l'organisation décident de la conclusion d'une convention par eux-mêmes ou par une conférence qu'ils convoqueront. Le choix de la méthode étant opéré dans la phase ultime de la négociation, dans les deux cas, l'essentiel de l'élaboration du texte aura lieu selon les techniques propres de l'organisation[203].

En outre, la coutume internationale dans la pratique diplomatique camerounaise concernant l'élaboration des conventions au sein des OI, relève du domaine où la formule de la « diplomatie parlementaire[204] » est la plus justifiée. En effet, les procédures internes de l'organisation sont opposables aux Etats membres de l'organisation et, sauf pour eux à les modifier selon les règles propres de l'organisation.

Néanmoins, ce sont les règles générales sur la délibération au sein des organes et sur l'adoption des résolutions restent et demeurent applicables : travaux préparatoires par des organes d'experts ou par le secrétariat avec consultation des Etats lors de cette phase, ensuite sous forme de questionnaires, le sujet est remonté au niveau des organes subsidiaires et enfin adopté sous forme de résolution par vote unanime ou consensus par l'organe

---

203 SABA (H), « L'activité quasi législative des institutions spécialisées des Nations Unies », *op. cit.*

204 Ce terme est employé dans deux sens différents. Le premier sens et c'est qui nous intéresse est vu comme une négociation ayant pour cadre les grandes enceintes multilatérales. Le second sens est vu comme l'activité diplomatique des assemblées parlementaires. Pour l'ancien secrétaire d'Etat américain Dean Rusk, la diplomatie parlementaire est un type de négociation multilatérale qui implique au moins quatre éléments : premièrement une organisation permanente ayant des intérêts et des responsabilités plus larges que ceux, spécifiques, qui peuvent apparaitre à tout moment à l'ordre du jour. En d'autres termes quelque chose de plus qu'une conférence internationale traditionnelle appelée à couvrir un ordre du jour particulier. Deuxièmement, un débat public régulier exposé aux mass média et connecté par conséquent avec l'opinion mondiale. Troisièmement, des règles de procédure qui régissent les débats et qui sont elles-mêmes sujettes à des manipulations tactiques en vue d'avancer ou d'opposer un point de vue. Et enfin, des conclusions explicites, ordinairement exprimées sous la forme d'une résolution, et auxquelles on est parvenu par un vote majoritairement, que ce soit à la majorité simple ou à la majorité des deux tiers ou bien fondé sur la contribution financière, parfois avec et parfois sans veto.

intergouvernemental plénier[205]. En outre, l'entrée en vigueur de cet accord dépendra de la ratification ou de l'adhésion par les Etats.

Après avoir analysé la coutume internationale dans la pratique diplomatique camerounaise au regard des caractéristiques en matière d'élaboration des traités multilatéraux par un organe permanent des OI, envisageons à présent, les spécificités des conventions internationales en matière du travail.

2. La coutume internationale dans la pratique diplomatique camerounaise au regard des spécificités des conventions internationales en matière du travail

La particularité de l'Organisation Internationale du Travail (OIT) est l'adoption des normes internationales en matière du travail par le biais des recommandations ou des conventions[206]. Cependant, l'originalité de la méthode entreprise pour élaborer et adopter les conventions en matière du travail est liée au caractère tripartite de cette institution[207].

En effet, des individus sont effectivement adjoints au déroulement de la procédure de négociation. En principe les délégués non gouvernementaux doivent représenter des intérêts spécifiques, ceux des employeurs et des employés, et faire preuve d'indépendance par rapport au gouvernement de leurs pays d'origine[208].

La pratique diplomatique camerounaise en la matière permet également au Cameroun d'être représenté au sein de l'OIT lors des négociations relatives aux conventions internationales en matière de travail. Généralement, la délégation camerounaise est constituée du Ministre des Relations Extérieures, le Ministre du Travail et de la Sécurité Sociale et le responsable du syndicat national des travailleurs.

A cet effet, les projets de convention sont adoptés à la majorité des deux tiers, le vote ayant lieu par tête et non par délégation

---

205 Idem

206 WOLFF (F), « L'interdépendance des conventions internationales du travail », *RCADI*, 1967-II, vol. 121, pp. 117-219

207 Idem p.210

208 Idem p. 215

nationale[209]. Ce procédé montre à suffisance toute la complexité qui est la sienne dans l'adoption des conventions internationales en matière de travail. Cette complexité étant due par l'interpénétration de la coutume internationale dans le processus d'adoption des conventions internationales en matière de travail. Faire partie également de cette délégation le représentant permanent du Cameroun au sein de l'OIT.
Cependant, le système de vote lors, de l'adoption des conventions internationales en matière de travail, fait donc exception à la règle générale selon laquelle les gouvernements nationaux ont le monopole absolu de la représentation de l'Etat dans les relations internationales[210]. En outre, l'authentification du texte final n'est pas réalisée par la signature des délégués mais par le président de la conférence et le directeur du Bureau International du Travail (BIT)[211].
Après avoir envisagé la coutume internationale dans la pratique diplomatique camerounaise au regard de la procédure d'élaboration des conventions multilatérales, examinons présentement la pratique diplomatique camerounaise s'agissant de la signature et la réserve aux traités multilatéraux.

PARAGRAPHE 2 : la coutume internationale dans la pratique diplomatique camerounaise s'agissant de la signature et la réserve des traités multilatéraux

La signature et les réserves aux accords multilatéraux participent de la conclusion des accords internationaux. Avec pour particularité que les réserves n'interviennent qu'au niveau des traités multilatéraux. Cependant, avant qu'un Etat n'exprime son consentement à être par le traité en ce qui concerne les traités multilatéraux, celui-ci peut à cet effet formuler des réserves quant à l'application de certaines dispositions en son égard.
Il convient d'analyser la coutume internationale dans la pratique diplomatique camerounaise au regard d'une part, de la signature

---

[209] WOLFF (F), « Les conventions de l'OIT à la croisée des anniversaires », *RGDIP*, 1996, pp. 5-43
[210] Idem p. 25
[211] Idem p. 35

et l'adhésion (A) et d'autre part, s'agissant de la formulation des réserves aux traités multilatéraux (B).

A. La coutume internationale dans la pratique diplomatique camerounaise s'agissant de la signature et l'adhésion aux traités multilatéraux

Après l'accession du Cameroun à la souveraineté internationale en 1960, celui-ci s'est inséré dans le système international à travers la diplomatie multilatérale[212], qui lui permettait de participer aux conférences internationales à travers la signature (1) et l'adhésion (2) aux traités multilatéraux (2)

1. La coutume internationale dans la pratique diplomatique camerounaise au regard de la signature des traités multilatéraux

Une attention particulière sera faite sur la signature différée des traités multilatéraux. Car cette dernière est généralement fréquente pour les conventions établies par les conférences internationales réunies sous les auspices des Nations Unies[213].
Ainsi, on entend par signature différée, signature donné par un Etat ou une OI qui a participé à la négociation et à l'adoption du texte d'un accord, postérieurement à la date officielle de la signature, mais dans un délai ouvert par le texte à cette fin[214]. A titre illustratif, la signature différée est de deux ans selon la Convention de Montego Bay sur le droit de la mer, du 10 décembre 1982[215]. Néanmoins, elle s'impose pour les organisations internationales dont la signature ne peut intervenir, en vertu d'une disposition de la convention, qu'après un nombre minimal de signatures données par leurs Etats membres[216].
Plus simplement et comme il a été relevé plus haut, avant tout procédé d'authentification du texte d'un traité, seuls les Etats ayant participé à l'élaboration et à la négociation du texte du

[212] PANCRACIO (J-P), *Dictionnaire de la diplomatie*, *op. cit.*, p. 209.
[213] SALMON (J) (dir.), *op. cit.*, p. 1034.
[214] Idem
[215] V. l'article 305 §2 de la Convention de Montego Bay du 10 décembre 1982 sur le droit de la mer
[216] SALMON (J) (dir.) *Dictionnaire de droit international public*, *op. cit.*, p. 1034.

traité pouvaient le signer. Toutefois, il est admis aujourd'hui dans la pratique diplomatique que cette possibilité de signature différée de traités multilatéraux est ouverte aux Etats qui n'ayant pas pris part à la négociation, ou qui y ayant participé, n'ont pas jugé opportun de signer la convention au moment de son adoption[217].

La pratique diplomatique camerounaise s'agissant de la signature différée des traités multilatéraux n'est pas assez abondante. En effet, au regard des contraintes ou pesanteurs politico-administratives que connait le Cameroun, il est généralement reconnu aux diplomates et experts une marge de manœuvre pour la négociation d'un traité multilatéral au sein d'une conférence internationale convoquée sous les auspices des Nations Unies ou de l'UA[218].

En d'autres termes, dans la pratique diplomatique camerounaise, nul n'est besoin de différée une signature pour un éventuel traité multilatéral. Car, il est admis une anticipation et d'ailleurs c'est l'une des particularités fondamentales de la pratique diplomatique camerounaise.

Par ailleurs, la signature différée peut être admise de manière plus ou moins sélective ou être ouverte à tous[219]. Le délai également dans lequel elle doit intervenir peut être variable, quelques mois en général du temps de la Société des Nations (SDN), un an[220], deux ans[221], jusqu'à l'entrée en vigueur de la convention ou même sans limitation de durée[222].

Au-delà de la signature de l'accord multilatéral, le Cameroun doit adhérer audit accord afin de manifester son comportement à être lié par le traité multilatéral.

---

[217] KISS (A-C), « Les accords conclus au sein du Conseil de l'Europe : les clauses de signature différée et d'adhésion », *AFDI*, 1962, p. 726-742

[218] Entretien accordé par le Directeur des Affaires Juridiques et Engagements Internationaux de l'Etat en date du 30 novembre 2018.

[219] Cf. l'art 10 §1 du Traité sur la non-prolifération des armes nucléaires (TNP) de 1968.

[220] Cf. les protocoles additionnels de 1977 aux conventions de Genève de 1948.

[221] Cf. l'art 305 §2 de la Convention de Montego Bay précitée.

[222] Cf. les Pactes internationaux relatifs aux droits de l'homme de 1966.

2. La coutume internationale dans la pratique diplomatique camerounaise au regard de l'adhésion aux traités multilatéraux

L'adhésion est un mode de consentement à être lié par un accord de la part d'un Etat ou d'une OI qui n'a pas participé à la négociation de cet accord ou qui, ayant participé à sa négociation, ne l'a pas signé dans le délai prévu à cet effet[223]. « *La présente convention restera ouverte à l'adhésion de tout Etat appartenant à l'une des catégories mentionnées à l'article 81. Les instruments d'adhésion seront déposés auprès du Secrétariat des Nations Unies*[224] ». Plus simplement, l'adhésion est l'acte par lequel un Etat qui n'a pas signé le texte du traité, exprime son consentement définitif à être lié[225].

De ce fait, la procédure dite d'adhésion a une portée égale à celle de la signature et la ratification. En effet, l'Etat adhérent a pris, à l'égard du traité le recul nécessaire et ayant le loisir de peser les avantages et inconvénients de son engagement[226]. En l'espèce, la pratique diplomatique camerounaise en la matière n'est pas assez dense. En général, en ce qui concerne l'adhésion aux accords multilatéraux, le Cameroun procède par la négociation, ensuite la signature et enfin la ratification par l'organe compétent[227]. Autrement dit, il n'est pas admis dans la pratique diplomatique camerounaise, la manifestation de l'expression à être lié par un traité multilatéral sans au préalable l'avoir signé. Or, c'est ce que prévoit la procédure d'adhésion aux accords multilatéraux.

Toutefois, il est à préciser que l'adhésion est plus pratique et efficace que la signature différée qui a été évoquée plus haut. Ainsi, l'adhésion permet d'étendre le champ d'application d'une réglementation conventionnelle, tout en traduisant le

---

223 SALMON (J) (dir.), *op. cit.*, p. 38

224 V. l'art. 83 de la Convention de Vienne sur le droit des traités du 23 mai 1969.

225 KISS (A-C), « Les accords conclus au sein du Conseil de l'Europe : les clauses de signature différée et d'adhésion », *op. cit.*

226 QUOC DINH (N), DAILLIER (P), FORTEAU (M), PELLET (A), *op. cit.*, p. 194

227 Entretien par le Directeur des Affaires Juridiques et Engagements Internationaux de l'Etat en date du 30 novembre 2018.

consentement d'un Etat à être lié par le traité au même titre que la ratification, l'acceptation ou l'approbation[228].

La Convention de Vienne sur le droit des traités[229] nous en donne une parfaite illustration :

« Le consentement d'un Etat à être lié par un traité s'exprime par l'adhésion :

a) lorsque le traité prévoit que ce consentement peut être exprimé par cet Etat par voie d'adhésion;

b) lorsqu'il est par ailleurs établi que les Etats ayant participé à la négociation étaient convenus que ce consentement pourrait être exprimé par cet Etat par voie d'adhésion; ou

c) lorsque toutes les parties sont convenues ultérieurement que ce consentement pourrait être exprimé par cet Etat par voie d'adhésion ».

Au demeurant, le style d'adhésion a varié à travers les âges. En effet, dès les premiers traités multilatéraux, l'adhésion correspondait à une procédure concertée, fallait-il au préalable un accord entre un Etat et les parties originaires, soit l'acceptation expresse ou tacite de ces derniers après notification d'adhésion[230]. A titre illustratif, on peut évoquer l'article 10 du Traité Atlantique Nord (OTAN). Il peut également arriver que le dépositaire du traité émette un doute à l'égard d'un acte se présentant comme un acte d'adhésion, eu égard à la qualité non étatique de son auteur[231].

En somme, l'admission d'un Etat dans une OI constitue une modalité très particulière d'adhésion selon une procédure complexe: l'acte de candidature est une déclaration d'intention ; l'admission elle-même résulte d'une décision unilatérale des organes compétents de l'organisation, selon les procédures

---

[228] QUOC DINH (N), DAILLIER (P), FORTEAU (M), PELLET (A), *op. cit.*

[229] V. l'art. 15 de la Convention de Vienne du 23 mai 1969 sur le droit des traités.

[230] KISS (A-C), « Les accords conclus au sein du Conseil de l'Europe : les clauses de signature différée et d'adhésion », *op.cit.*

[231] CIJ, Conséquences juridiques sur l'édification d'un mur dans le territoire palestinien occupé, arrêt consultatif du 09 juillet 2004, Rec., p. 173, § 91

internes de celle-ci[232], ouvrant la voie à l'acte en principe unilatéral par lequel l'Etat adhère à l'acte constitutif[233].
Après avoir analysé la coutume internationale dans la pratique diplomatique camerounaise s'agissant de la signature et l'adhésion aux accords multilatéraux, envisageons à présent au regard de la formulation des réserves.

B. La coutume internationale dans la pratique diplomatique camerounaise au regard de la formulation des réserves aux traités multilatéraux

Avant de ratifier un accord international conclu au sein d'une OI ou conclu entre plusieurs Etats, le Cameroun peut adopter deux attitudes possibles : soit refuser de devenir partie audit traité afin d'échapper à l'application de ces dispositions, soit consentir à s'engager définitivement à l'accord multilatéral, mais en déclarant explicitement que certaines dispositions du traité ne lui soient pas applicables. A cet effet, le Cameroun peut formuler les réserves à la signature, à la ratification ou à l'acceptation.
La nature juridique de la formulation des réserves (1) précèdera celles des effets des réserves aux traités multilatéraux (2).

1. La coutume internationale dans la pratique diplomatique camerounaise au regard de la nature juridique des réserves aux traités multilatéraux

Il s'agit dans cette partie de définir la notion de réserves aux traités multilatéraux. Avant de s'attarder sur cette définition, rappelons tout de même que, les réserves dans la conclusion des accords internationaux sont particulièrement admises dans les traités multilatéraux en ce sens que, ces derniers sont conclus à l'issue d'une conférence internationale convoquée soit par plusieurs Etats, soit sous les auspices d'une OI.
Ceci étant dit, c'est la Convention de Vienne sur le droit des traités qui nous donne une définition explicite sur la notion de réserves. D'après cet instrument international en matière du droit des traités :

---

232 Cf. l'art. 4 §2 de la Charte des Nations Unies du 26 juin 1945.

233 KISS (A-C), « Les accords conclus au sein du Conseil de l'Europe : les clauses de signature différée et d'adhésion », *op.cit.*

« L'expression réserve s'entend d'une déclaration unilatérale, quel que soit son libellé ou sa désignation, faite par un Etat quand il signe, ratifie, accepte ou approuve un traité ou y adhère, par laquelle il vise à exclure ou à modifier l'effet juridique de certaines dispositions du traité dans leur application à cet Etat »[234].

A la lumière de cette définition, on pourrait mentionner que la formulation des réserves lors de la conclusion d'un traité multilatéral participe de la souveraineté des Etats qui, admettent librement à exprimer leur consentement à être lié.

En d'autres termes, un Etat, au moment de signer, de ratifier, d'accepter, d'approuver un traité ou d'y adhérer, peut formuler une réserve, à moins : que la réserve ne soit interdite par le traité; que le traité ne dispose que seules des réserves déterminées, parmi lesquelles ne figure pas la réserve en question, peuvent être faites; ou que, dans les cas autres que ceux visés aux alinéas a et b, la réserve ne soit incompatible avec l'objet et le but du traité[235].

La réserve, l'acceptation expresse d'une réserve et l'objection à une réserve doivent être formulées par écrit et communiquées aux Etats contractants et aux autres Etats ayant qualité pour devenir parties au traité[236].

Cependant, le procédé de réserves fait l'objet de critiques acerbes. On lui reproche de modifier le traité, de porter atteinte à son intégrité, de bouleverser son équilibre, de morceler son régime[237]. Ces objections ne sont pas dépourvues de valeur, mais elles ne sont pas décisives. Les réserves, facilitent l'acceptation des traités et favorisent en conséquence l'extension de leur champ d'application[238]. En outre, les réserves ont un caractère destructeur du lien conventionnel, puisqu'elles visent à mettre entre parenthèses certaines dispositions du traité de manière

---

234 V. l'art. 2 §1.d de la Convention de Vienne sur le droit des traités du 23 mai 1963

235 V. l'art. 19 de la Convention de Vienne précitée.

236 V. l'art. 23 de la Convention précitée.

237 PODESTA-COSTA (C-A), « Les réserves dans les traités internationaux », *RDI*, 1938, pp. 1-52.

238 Idem p. 35

unilatérale, tandis que par le biais de la réciprocité des engagements, elles ont un effet multiplicateur « en miroir »[239].

A côté des réserves, la pratique contemporaine voit proliférer les déclarations interprétatives[240] qui, en principe, ont pour objet non d'exclure ou de limiter l'application d'une disposition mais seulement d'en préciser le sens de celle-ci[241].

Ainsi, dans l'affaire *Temeltasch,* la Commission européenne des droits de l'homme a considéré que si *« un Etat formule une déclaration et la présente comme une condition de son consentement à être lié par la Convention et comme ayant pour but d'exclure ou de modifier l'effet juridique de certaines dispositions, une telle déclaration, quelle que soit sa désignation, doit être assimilée à une réserve au sens de l'article 64 la Convention*[242] »

En somme, il est admis qu'en cas de silence du traité, la réserve n'est possible à moins qu'elle « ne soit incompatible avec l'objet et le but du traité ». C'est ce qui ressort en substance de la Convention de Vienne sur le droit des traités[243]. Après la formulation des réserves par un Etat lors de la conclusion d'un accord international, celle-ci produit automatiquement des effets juridiques.

2. La coutume internationale dans la pratique diplomatique camerounaise au regard des effets juridiques des réserves liées aux traités multilatéraux

En règle générale, lorsqu'un Etat formule des réserves à un traité multilatéral, celui-ci produit des effets juridiques à son égard et à l'égard des Etats tiers. Toutefois, il peut arriver qu'un Etat

---

239 DECAUX (E), *Droit International Public*, 7e éd., Paris, Dalloz, 2010, p. 47, 500 p.

240 Aux termes du projet de directive 1.2 du Guide de la pratique de la CDI, l'expression déclaration interprétative s'entend d'une déclaration unilatérale, quel que soit son libellé ou sa désignation, faite par un Etat ou une OI, par laquelle cet Etat ou cette OI vise à préciser ou à clarifier le sens ou la portée que le déclarant attribue à un traité ou à certaines dispositions.

241 QUOC DINH (N), DAILLIER (P), FORTEAU (M), PELLET (A), *op. cit.*, p. 197

242 V. rapport du 05 mai 1982.

243 V. l'art. 19 de la Convention de Vienne sur le droit des traités du 23 mai 1963.

partie au traité multilatéral objecte la réserve de ce fait la réserve ne lui sera pas applicable. L'existence des réserves ne modifie évidemment en rien le jeu des traités entre les Etats qui l'ont accepté dans l'intégralité.

C'est ce qui ressort en substance de l'article 21 §1 de la Convention de Vienne précitée :

« une réserve établie à l'égard d'une autre partie conformément aux articles 19, 20 et 23: a) modifie pour l'Etat auteur de la réserve dans ses relations avec cette autre partie les dispositions du traité sur lesquelles porte la réserve, dans la mesure prévue par cette réserve; et b) modifie ces dispositions dans la même mesure pour cette autre partie dans ses relations avec l'Etat auteur de la réserve ».

Cependant, il est à préciser que l'acceptation tacite ou expresse de la réserve par l'ensemble des Etats contractants pour que le traité puisse entrer en vigueur à l'égard de l'Etat réservataire, revenait à chaque Etat partie un droit de veto peu compatible avec la tendance actuelle et l'élargissement du droit de participer aux traités[244].

En outre, l'objection à une réserve au traité multilatéral ne peut se présumer, elle doit toujours être expresse, mais peut émaner d'un Etat simplement signataire[245]. Pour que l'objection ait pour effet d'empêcher l'entrée en vigueur du traité entre deux Etats, il faudrait que l'Etat qui émet l'objection ait manifesté explicitement son intention[246]. Ainsi, dans la plupart des cas, la pratique diplomatique camerounaise est édifiante en la matière. Le Cameroun ayant exprimé dans la plus part des cas son objection à une réserve, lorsque ces intérêts ne sont pas représentés.

Il était question dans ce premier chapitre, d'analyser la coutume internationale dans la pratique diplomatique camerounaise au regard de la conclusion des accords internationaux.

---

[244] QUOC DINH (N), DAILLIER (P), FORTEAU (M), PELLET (A), *op. cit.*, p. 202

[245] Idem p. 203

[246] Idem

Il ressort succinctement de l'analyse faite que, la coutume internationale dans la pratique diplomatique camerounaise est appréhendée sous l'angle de la procédure commune aux traités bilatéraux et multilatéraux d'une part, et d'autre part, sur les spécificités liées à la conclusion des traités multilatéraux.

En ce qui concerne la coutume internationale dans la pratique diplomatique camerounaise au regard de la procédure commune aux traités bilatéraux et multilatéraux, une analyse a été faite sur l'élaboration des traités multilatéraux et bilatéraux et sur l'expression du consentement à être lié par les accords bilatéraux et multilatéraux.

Par ailleurs, s'agissant de la coutume internationale dans la pratique diplomatique camerounaise eu égard aux particularités liées aux traités multilatéraux, il a été fait mention également de la procédure d'élaboration des traités multilatéraux d'une part, et d'autre part, de la pratique diplomatique camerounaise au regard de la signature et la réserve aux traités multilatéraux.

Toutefois, analyser exclusivement la coutume internationale dans la pratique diplomatique camerounaise au regard de la conclusion des accords internationaux, ne renseigne pas à suffisance la coutume internationale dans la pratique diplomatique camerounaise au regard de la formation conventionnelle. D'où, le recours à la pratique diplomatique camerounaise s'agissant de la validité et l'application des traités.

CHAPITRE 2 : LA COUTUME INTERNATIONALE DANS LA PRATIQUE DIPLOMATIQUE CAMEROUNAISE A TRAVERS LA VALIDITE ET L'APPLICATION DES TRAITES INTERNATIONAUX

Après les formalités de conclusion, le traité nait et peut ainsi produire les effets de droit escomptés[247]. Cependant, ses effets ne peuvent que se maintenir dans la durée si et seulement si le traité est réputé recevable dans l'ordre juridique international[248]. Contrairement à l'ordre juridique interne qui est doté d'autorités compétentes pour contrôler l'action de ses sujets, l'ordre juridique international est dépourvu de cela[249]. En d'autres termes, dans l'ordre juridique international, l'Etat est en même temps « créancier » et « débiteur » du traité.

Néanmoins, une fois entrée en vigueur, le traité valide doit être appliqué par les Etats parties : conséquence de son caractère obligatoire[250]. Lequel caractère obligatoire s'impose d'une part aux parties, et d'autre part aux tiers. A la lumière de ce qui ressort, il sera question dans cette partie, d'analyser la coutume internationale dans la pratique diplomatique camerounaise sous le prisme de la validité **(section 1)** et l'application **(section 2)** des traités.

SECTION 1: LA COUTUME INTERNATIONALE DANS LA PRATIQUE DIPLOMATIQUE CAMEROUNAISE A TRAVERS LA VALIDITE DES TRAITES INTERNATIONAUX

La pratique diplomatique camerounaise en matière de validité des traités revêt quelques particularités. Ainsi, comme pour un contrat en droit interne, le traité pour qu'il entre vigueur à l'égard des parties notamment à l'égard du Cameroun doit être assorti d'un minimum de conditionnalités **(paragraphe 1).** Toutefois,

---

247 QUOC DINH (N), DAILLIER (P), FORTEAU (M), PELLET (A), *op. cit.*, p. 208

248 SALMON (J) (dir.), *op. cit.*, p. 786

249 QUOC DINH (N), DAILLIER (P), FORTEAU (M), PELLET (A), *op. cit.*

250 Idem

lorsqu'une des conditions de validité n'est pas respectée, ce dernier est frappé de nullité **(paragraphe 2)**

PARAGRAPHE 1 : la coutume internationale dans la pratique diplomatique camerounaise au regard des conditions de validité des traités internationaux

Le principe de base du droit des traités est l'obligation pour les Etats parties de respecter leurs engagements[251]. Pour qu'un traité soit acceptable sur le plan international, faudrait-il en conséquence envisager les conditions relatives d'une part, à la capacité des parties (A) et d'autre part celles relatives à la régularité du consentement à être lié et à la licéité de l'objet (B).

A. La coutume internationale dans la pratique diplomatique camerounaise au regard de la capacité des parties

La capacité est l'aptitude à acquérir des droits, compétences ou pouvoirs et à les exercer[252]. Sur le plan international, c'est l'ensemble des pouvoirs que l'ordre juridique international reconnait ou accorde aux entités qu'il érige en personnes juridiques, qu'il s'agisse des personnes morales ou des personnes physiques, et qui leur permet d'exercer une activité juridique sur le plan international[253].

Ainsi, la coutume internationale dans la pratique diplomatique camerounaise au regard de la capacité des parties est appréhendée s'agissant de la capacité de l'Etat du Cameroun (1) et la capacité des OI (2)

1. La coutume internationale dans la pratique diplomatique camerounaise au regard de la capacité de l'Etat du Cameroun

La Convention de Vienne sur le droit des traités concrétise cette affirmation en disposant que : « *Tout Etat à la capacité de conclure des traités*[254] ». En d'autres termes, étant la forme d'organisation la plus achevée, l'Etat est la seule entité a passé

---

[251] DECAUX (E), *Droit international Public*, *op.cit.,* p. 46.

[252] SALMON (J) (dir.), *op. cit.,* p. 146.

[253] Idem p. 147

[254] Article 6 de la Convention de Vienne précitée.

les traités. D'autant plus le traité n'est un acte conclu qu'entre sujet de droit international.

L'objet de la capacité juridique internationale par opposition à la capacité juridique interne peut varier considérablement. En effet, certains Etats doués d'une personnalité internationale intégrale ont pourtant des incapacités partielles. On peut évoquer à titre illustratif l'Etat perpétuellement neutre[255]. On distinguera ainsi la personnalité juridique de la capacité juridique internationale.

En effet, la personnalité internationale des sujets internes est une qualité passive, qui leur permet de recevoir les droits et obligations résultant d'une activité interétatique à laquelle n'ont pas pris part[256]. La capacité internationale au sens qui nous intéresse ici de capacité d'exercice, est au contraire une vertu active qui, si elle est reconnue à ces nouveaux sujets, les met en mesure de participer eux-mêmes à l'activité juridique internationale[257].

En d'autres termes, elle consiste en des pouvoirs destinés à leur permettre d'agir à leur tour sur l'ordre juridique international, soit en se créant leurs engagements de nouveaux droits et obligations, soit en poursuivant par leurs actions légales, la réalisation effective des droits dont ils sont titulaires[258].

Le Cameroun étant sujet de droit international a la capacité juridique internationale a passé les traités. A cet effet, celle-ci lui permet d'adhérer aux traités soit bilatéraux, soit multilatéraux. Cette capacité est née de son accession à la souveraineté internationale.

Par ailleurs, il peut arriver que quelques difficultés surviennent quant à la participation d'entités fédérées d'un Etat fédéral, à un traité. En général, deux cas de figures peuvent exister à cet effet : celui de la capacité de l'entité fédérale à conclure le traité et celui de l'imputation du traité à un tel sujet[259].

---

[255] CAVARE (L), *Droit international positif*, Paris, Pedone, Tome II, 1969, p. 78

[256] COMBACEAU (J) et SUR (S), *Droit international public*, 4e éd., 1999, pp. 312-313

[257] Idem

[258] Idem

[259] ROUSSEAU (C), « La possession de la qualité de sujet de droit international », *RGDIP*, 1965, pp. 775-844.

S'agissant du premier cas de figure, le droit international renvoie au droit interne en précisant qu'une entité fédérale peut conclure un traité si cette capacité lui est reconnue par le droit constitutionnel de l'Etat dont elle relève, étant entendu que les autres Etats ne sont jamais tenus de conclure un traité avec une telle entité mais qu'ils sont libre de le faire[260].

En ce qui concerne la question de l'imputation du traité conclu par une entité fédérale avec un Etat étranger, la responsabilité internationale de l'Etat dont dépend l'entité cocontractante se trouverait engagée en cas de non-respect de l'engagement, sauf si cette dernière avait manifestement excédé les compétences qui lui sont reconnues en droit interne[261].

Le juge international n'est pas resté en laisse quant à la capacité de l'Etat à conclure les traités. En effet, dans son *dictum* il réaffirme que la faculté de contracter des engagements internationaux est un attribut de la souveraineté de l'Etat[262]. Ainsi, la jurisprudence internationale vient asseoir le caractère particulier d'une des conditions de validité des traités internationaux. Outre la capacité de l'Etat comme sujet de droit international, il existe également la capacité des OI.

2. La coutume internationale dans la pratique diplomatique camerounaise au regard de la capacité des OI

L'organisation des Nations unies jouit sur le territoire de chacun de ses membres, de la capacité juridique qui lui est nécessaire pour exercer ses fonctions et atteindre ses buts[263]. Cette capacité reconnue à l'ONU l'est également par extension aux autres OI qui font partie pour la plupart du système onusien.

La capacité des OI à conclure les traités ne plus remise en question de nos jours et est attestée par une pratique bien établie et abondante[264]. Toutefois, ladite capacité reconnue aux OI est dérivée et partielle, car elle émane de la seule volonté des Etats. D'ailleurs, soulignons tout de même que la personnalité juridique

---

[260] Idem, p. 780

[261] Idem

[262] CPJI, affaire du Vapeur Wimbledon précitée, p. 25

[263] Article 104 de la Charte des Nations Unies du 26 juin 1946.

[264] ROUSSEAU (C), « La possession de la qualité de sujet de droit international », *op. cit.*

internationale des OI découle des Etats et est me corollaire de la capacité juridique internationale.

La capacité d'une OI à conclure les traités internationaux est prévue par la Convention de Vienne de 1986[265] précitée. Cette capacité se décline sous deux angles : la capacité contractuelle et la capacité processuelle. La capacité contractuelle permettra à l'OI de conclure les traités, ne serait-ce qu'avec l'Etat du siège. De ce fait, une OI grâce à capacité juridique peut conclure les traités internationaux.

La capacité processuelle quant à elle est singulièrement amputée cat l'OI bénéficie d'une immunité de juridiction. Dès lors, la capacité processuelle existe mais ne peut pas toujours être mise en cause, en tout cas lorsque l'OI est défenderesse, dans ce cas de figure elle peut invoquer une immunité de juridiction.

La problématique de la capacité juridique a été portée devant le juge international. Il s'est posé la question de savoir si une OI jouit d'une personnalité juridique internationale. Dans son avis consultatif[266], la CIJ a dit pour droit que toute OI du moins à vocation universelle disposait d'une personnalité juridique sur le plan internationale même si cette dernière n'y figurait pas dans le traité constitutif de ladite OI[267].

Par ailleurs, la Charte des Nations Unies prévoit une personnalité juridique interne mais pas de droit international. La cour a développé sur la base de la théorie des compétences implicites, théorie qui existait dans les systèmes fédéraux, un raisonnement qui consistait à préciser que, les Etats créent une OI et ils la dotent nécessairement des moyens indispensables à la réalisation de ses objectifs. Au-delà de la capacité des parties comme conditions de validités des traités internationaux, on peut évoquer le consentement régulier et la licéité de l'objet.

---

265 V. article 6 de la Convention de Vienne de 1986 précitée.

266 CIJ, affaire de la réparation des dommages subis au service des Nations Unies, avis consultatif du 11 avril 1949.

267 Idem.

B. La coutume internationale dans la pratique diplomatique camerounaise au regard de la régularité du consentement à être lié et la licéité de l'objet

L'une des conditions *sine qua none* pour la validé d'un traité sur le plan international est que le consentement donné soit régulier (1) et l'objet étant licite (2)

1. La coutume internationale dans la pratique diplomatique camerounaise au regard de la régularité du consentement

On entend par régularité du consentement, les conditions de fond et de forme que doit respecter la manifestation de volonté d'un sujet de droit international pour être valide et opposable[268]. En d'autres termes, c'est la déclaration de volonté d'un sujet de droit international d'être lié par un accord international[269].
Dans le contexte de la responsabilité internationale de l'Etat ou des OI, la Commission du Droit Internationale (CDI) a mentionné comme conditions de validité du consentement (comme circonstance excluant l'illicéité) qu'il soit valide, donné par un organe compétent, non atteint d'un vice de consentement et conforme au *jus cogens*[270]. Ainsi, pour que le consentement du Cameroun soit régulier en matière de validité du traité, faudrait-il que celui-ci soit dépourvu de vice de consentement à défaut d'entrainer la nullité du traité.
Le droit international positif n'adopte pas entièrement la théorie du droit privé, mais reconnait que, à certaines conditions, l'erreur, le dol et la contrainte peuvent vicier le consentement et entrainer la nullité du traité[271]. L'article 48 §1 de la Convention de Vienne de 1969 précitée dispose :
«un Etat peut invoquer une erreur dans un traité comme viciant son consentement à être lié par le traité si l'erreur porte sur un fait ou une situation que cet Etat supposait exister au moment où

---

268 SALMON (J) (dir.), *op. cit.*, p. 240.
269 Idem.
270 Norme acceptée et reconnue par la communauté internationale des Etats dans son ensemble en tant que norme à laquelle aucune dérogation n'est permise et qui ne peut être modifiée que par une nouvelle norme de droit international général ayant le même caractère.
271 QUOC DINH (N), DAILLIER (P), FORTEAU (M), PELLET (A), *op. cit.*, p. 215

le traité a été conclu et qui constituait une base essentielle du consentement de cet Etat à être lié par le traité. »

Autrement dit, l'erreur n'est constitutive d'un vice de consentement en matière de traité qu'à la condition qu'elle porte sur un élément essentiel qui est la base même sur laquelle repose ce consentement[272]. Notons tout de même que la Convention de Vienne au regard de cette disposition sus citée ne s'est bornée que sur les erreurs de fait et non les erreurs de droit.

La jurisprudence notamment dans certaines affaires[273], a confirmé l'exigence de l'erreur comme un vice de consentement. Cependant, les cas d'erreurs les plus courants rencontrés dans la pratique diplomatique sont relatives à des traités de démarcation[274] ou de tracé de frontières.

S'agissant du dol et de la corruption d'un représentant de l'Etat, bien que définis respectivement par l'article 49 et 50 de la Convention de Vienne de 1969 précitée en les termes suivants : *« Si un Etat a été amené à conclure un traité par la conduite frauduleuse d'un autre Etat ayant participé à la négociation, il peut invoquer le dol comme viciant son consentement à être lié par le traité »* ; *« Si l'expression du consentement d'un Etat à être lié par un traité a été obtenue au moyen de la corruption de son représentant par l'action directe ou indirecte d'un autre Etat ayant participé à la négociation, l'Etat peut invoquer cette corruption comme viciant son consentement à être lié par le traité »*, les exemples de dol et de corruption d'un représentant de l'Etat dans la pratique diplomatique camerounaise en matière de conclusion des traités internationaux sont quasiment inexistants.

En ce qui concerne la contrainte, elle peut être envisagée sous deux angles à savoir : la contrainte exercée sur le représentant de l'Etat et la contrainte exercée sur l'Etat elle-même. Dans le droit

---

272 DUBOIS (L), « l'erreur en droit international public », *AFDI*, 1963, p. 191-227.

273 V. CPJI, Affaire Mavrommatis, arrêt du 26 mars 1925, série A/B, n°13, p. 31 ; CIJ, Affaire relative à la Souveraineté sur certaines parcelles frontalières, arrêt du 20 juin 1959, p. 222-225 ; Affaire de la Sentence arbitrale rendue par le roi d'Espagne, arrêt du 18 novembre 1960, p. 215-216

274 Traité consistant au tracé physique d'une frontière qui a été préalablement délimité par une convention.

des traités, la contrainte est considérée comme l'une des formes majeures de vice consentement et une des causes de nullité absolue des traités[275]. C'est ce qui transparaît dans la Convention de Vienne de 1969 précitée: *« L'expression du consentement d'un Etat à être lié par un traité qui a été obtenue par la contrainte exercée sur son représentant au moyen d'actes ou de menaces dirigés contre lui est dépourvue de tout effet juridique[276] »*

Ainsi, la contrainte exercée sur un représentant d'un Etat est un acte ou une menace de coercition exercé sur des personnages placés au sommet de la hiérarchie des autorités étatiques et qu'il est difficile, dans certaines conditions, de les séparer entièrement de l'Etat qu'ils incarneraient ou représenteraient[277].

Dans la nomenclature diplomatique camerounaise, il s'agit du Président de la République, du Premier Ministre et du Ministre des Relations Extérieures. L'histoire diplomatique nous offres quelques exemples connues s'agissant de la contrainte exercée sur le représentant d'un Etat. En effet, peut-on évoquer en date du 15 mars 1939, la contrainte exercée sur le président Hacha, chef de l'Etat tchécoslovaque et son ministre des Affaires étrangères par l'Allemagne de Hitler.

Par contre, le plus fréquent est la contrainte exercée sur l'Etat lui-même. Cette contrainte est posée en relation avec la force armée. C'est dans cette optique d'idées que la Convention de Vienne précitée affirme : *«Est nul tout traité dont la conclusion a été obtenue par la menace ou l'emploi de la force en violation des principes de droit international incorporés dans la Charte des Nations Unies[278] »*

Toutefois, ne faudrait-il pas s'interroger sur l'usage de la contrainte comme pression économique et politique. Ce mode de contrainte, bien qu'il soit difficilement prouvé dans la conclusion des traités internationaux, est une réalité dans les relations internationales. En effet, certains Etats notamment les grandes puissances, utilisent la contrainte comme levier de pression

---

275 SALMON (J) (dir.), *op. cit.,* p. 253

276 Article 51 de la Convention de Vienne de 1969 précitée.

277 QUOC DINH (N), DAILLIER (P), FORTEAU (M), PELLET (A), *op. cit.,* p. 218

278 Article 52 de la Convention de Vienne de 1969 précitée.

économique ou politique pour pousser les Etats « faibles » à conclure certains traités internationaux.

On peut évoquer à ce titre la théorie des traités inégaux[279]. En principe, ces traités devraient être frappés d'invalidité, sauf que dans la pratique, c'est moins par une dénonciation unilatérale que par la renégociation des accords qu'il est mis fin aux situations de ce genre[280]. En marge de la régularité du consentement comme condition de validité du traité international, peut-on mentionner la licéité de l'objet.

2. La coutume internationale dans la pratique diplomatique camerounaise au regard de la licéité de l'objet

La licéité de l'objet comme condition de validé du traité international a longtemps été un sujet de controverses au sein de la doctrine. Cette controverse a abouti sur l'existence ou non d'un ordre public international[281].

La licéité est appréhendée comme un caractère d'un fait conforme à une obligation internationale ou, plus généralement, au droit international[282]. Dans son avis consultatif[283], la CIJ a dit pour droit : *« quels que soient les aspects politiques de la question posée, la Cour ne saurait refuser un caractère juridique à une question qui l'invite à s'acquitter d'une tâche essentiellement judiciaire, à savoir l'appréciation de la licéité de la conduite de éventuelle d'Etats au regard des obligations que le droit international leur impose ».*

Ainsi, pour qu'un traité international soit valide, son objet doit être licite par conséquent conforme à l'ordre public international.

---

279 Concept doctrinal et diplomatique par lequel un traité est conclu dans les conditions telles (inégalités de puissance de parties, pression exercée par l'une des parties sur l'autre) que la liberté du consentement de l'une d'entre elles n'était qu'apparente.

280 FEUER (G), « la renégociation des accords de coopération franco-africaine en 1973 et 1974, *AFDI*, 1973, pp. 720-739

281 En droit public international, ce sont les règles d'importance fondamentale pour la communauté internationale dans son ensemble auxquelles les Etats ne pourraient, à peine de nullité, déroger par des conventions contraires. Cette une notion qui a fait son apparition sous l'appellation de « jus cogens ».

282 SALMON (J) (dir.), *op. cit*, p. 663

283 CIJ, Licéité de la menace ou de l'emploi d'armes nucléaires, avis consultatif du 8 juillet 1996, p.9, § 13

La pratique diplomatique camerounaise ne déroge pas cette prescription. En effet, lors de la conclusion d'un traité international, la partie camerounaise se rassure de la licéité de l'objet du traité, ceci à travers les mécanismes qu'offrent les instruments internationaux en la matière.

La licéité de l'objet a permis de consacrer sur le plan international, la primauté de normes impératives par rapport aux autres normes. C'est ce qui ressort respectivement des articles 53 et 64 de la Convention de Vienne de 1969 précitée. Ainsi, l'article 53 dispose :

« est nul tout traité qui, au moment de sa conclusion, est en conflit avec une norme impérative du droit international général. Aux fins de la présente Convention, une norme impérative du droit international général est une norme acceptée et reconnue par la communauté internationale des Etats dans son ensemble en tant que norme à laquelle aucune dérogation n'est permise et qui ne peut être modifiée que par une nouvelle norme du droit international général ayant le même caractère ».

Une distinction essentielle doit en particulier être établie entre les obligations des Etats envers la communauté internationale dans son ensemble et celles qui naissent vis-à-vis d'un autre Etat dans le cadre de la protection diplomatique[284].

Par leur nature même, les premières concernent tous les Etats. Vu l'importance des droits en cause, tous les Etats peuvent être considérés comme ayant un intérêt juridique à ce que ces droits soient protégés; les obligations dont il s'agit sont des obligations *erga omnes*. […] Ces obligations découlent par exemple, dans le droit international contemporain, de la mise hors la loi des actes d'agression et du génocide mais aussi des principes et des règles concernant les droits fondamentaux de la personne humaine, y

[284] Institution originale du droit international public qui permet à une personne privée, victime d'un dommage imputable à un Etat dont elle n'a pas la nationalité, de demander à l'Etat dont elle a la nationalité d'engager la responsabilité internationale de l'Etat auteur du dommage. Par ailleurs un distinguo doit être fait entre la protection diplomatique et les immunités diplomatiques. Les dernières protègent les représentants de l'Etat auprès d'une puissance étrangère tandis que la protection diplomatique concerne en effet la protection internationale des personnes privées.

compris la protection contre la pratique de l'esclavage et la discrimination raciale[285].

Dans ses travaux de codification du droit des traités, la Commission du droit international a exprimé l'opinion que *« le droit de la Charte concernant l'interdiction de l'emploi de la force constitue en soi un exemple frappant d'une règle de droit international qui relève du jus cogens »*[286].

En outre, l'article 64 dispose : *«Si une nouvelle norme impérative du droit international général survient, tout traité existant qui est en conflit avec cette norme devient nul et prend fin.»*

Les deux dispositions de la Convention de Vienne suscitée, faudrait-il le préciser n'instituent pas une nouvelle catégorie de sources formelles du droit international sur la distinction entre les notions de sources et normes de droit international[287].

Au demeurant, le traité qui ne respecte pas les conditions de validité est frappé de nullité qui pourrait dans certains cas être absolue, et dans d'autres cas relatif.

PARAGRAPHE 2 : la coutume internationale dans la pratique diplomatique camerounaise au regard du régime de nullité des traités

On entend par régime de nullité des traités internationaux, un ensemble de règles caractérisant un traité dépourvu de valeur juridique en raison de l'absence des conditions de forme ou de fond nécessaires pour sa validité[288]. Les causes de la nullité des traités internationaux ont été codifiées *in extenso* par la Convention de Vienne de 1969 précitée[289].

La typologie de nullité des traités (A) précèdera les conséquences de la nullité pour défaut de validité des traités internationaux (B)

---

285 CIJ, affaire Barcelona Traction Light and Power Company Limited, arrêt du 5 février 1970, Rec. 1970, p. 32, § 34

286 CIJ, affaire des Activités militaires et paramilitaires au Nicaragua et contre celui-ci, arrêt du 27 juin 1986, Rec. 1986, p. 100-101, § 190

287 QUOC DINH (N), DAILLIER (P), FORTEAU (M), PELLET (A), *op. cit*, p. 222

288 SALMON (J) (dir.), *op. cit*, p. 760

289 V. les articles 46, 48, 49, 50, 51 et 52 de la Convention de Vienne précitée.

A. La coutume internationale dans la pratique diplomatique camerounaise au regard de la typologie de nullité des traités internationaux

En droit international[290]comme en droit interne, deux catégories de nullité sont applicables en matière de contrat : la nullité absolue (1) et la nullité relative (2)

1. La coutume internationale dans la pratique diplomatique camerounaise au regard de la nullité absolue des traités internationaux

En droit interne, la nullité absolue sanctionne les irrégularités graves qui affectent l'intérêt général et le trouble de l'ordre public[291]. Elle se caractérise par quelques traits dominants à savoir : toute personne y ayant intérêt, tiers ou contractant, peut s'en prévaloir ou l'invoquer à tout moment. Le juge peut l'invoquer d'office et est susceptible de confirmation et même d'après certaines législations, elle ne peut être couverte de prescription[292].

La doctrine internationale a fait fi de la distinction entre la nullité absolue et relative, celle-ci a formellement admise que toutes les nullités sont relatives en ce sens que le principe d'effectivité des traités y jouerait le rôle d'un procédé général de couverture des situations irrégulières à l'origine qui ont bénéficié d'une application durable[293]. C'est dans cette optique d'idées que le juge international, s'est abstenue de frapper de nullité absolue une sentence arbitrale entachée d'excès de pouvoir, pourtant grave qu'il aurait été d'intérêt public de sanctionner sévèrement[294].

Toutefois, bien que la doctrine internationale ne fasse pas un distinguo entre les deux types de nullité, on pourrait affirmer néanmoins qu'est considéré comme nullité absolue tout traité

---

290 CAHIER (P), « Les caractéristiques de la nullité en droit international », *RGDIP*, 1972, p. 641-691.

291 Idem

292 Idem

293 MORANGE (G), « Nullité et inexistence en droit international public », Mél. G. SCELLE, Tome III, 1950, p. 895-909.

294 CIJ, affaire de la Sentence arbitrale du roi d'Espagne, arrêt de 1960, Rec. 1960, p. 205, 209 et 213

conclu sous l'effet de la contrainte soit d'un représentant de l'Etat, soit de l'Etat lui-même. Les termes de l'article 52 de la Convention de Vienne précitée nous renseignent à suffisance : « *Est nul tout traité dont la conclusion a été obtenue par la menace ou l'emploi de la force en violation des principes de droit international incorporés dans la Charte des Nations Unies.* »
Dans la pratique diplomatique camerounaise en matière de nullité absolue des traités, le Cameroun peut invoquer la nullité absolue d'un traité international à l'effet que ce dernier a été conclu sur la contrainte de son représentant. Faudrait-il à cet effet que cette contrainte doit être prouvée devant la juridiction internationale.
Ainsi dans la pratique diplomatique actuelle en matière de conclusion des accords internationaux, il n'a pas encore été prouvé que le Cameroun ait subi de contrainte de la part de son représentant lors de la procédure de négociation voire de signature des accords internationaux[295].
Dès lors, on peut se demander si la notion de nullité absolue telle que cristallisée par la Convention de Vienne précitée est totalement en phase avec la même notion selon le droit interne. La réponse à cette préoccupation est mitigée. En effet, le droit interne préconise que toute personne intéressée, contractant ou pas, peut se prévaloir de la nullité absolue[296]. Or, si les dispositions des articles 51, 52, et 53 utilisent les formules assurément impersonnelles qui n'interdisent pas explicitement cette même interprétation extensive, celle-ci semble être contredite par les articles 65 et 66 qui n'ouvrent pas l'action en nullité qu'aux seules parties[297].
En marge de la coutume internationale dans la pratique diplomatique camerounaise au regard de la nullité absolue, on peut évoquer également au regard de la nullité relative.

---

[295] Entretien accordé par le Directeur des Affaires Juridiques et Engagements Internationaux de l'Etat en date du 05 décembre 2019
[296]QUOC DINH (N), DAILLIER (P), FORTEAU (M), PELLET (A), *op. cit.*, p. 232
[297] Idem

2. La coutume internationale dans la pratique diplomatique camerounaise au regard de la nullité relative des traités internationaux

Contrairement à la nullité absolue qui sanctionne les illégalités graves qui affectent l'intérêt général et trouble l'ordre public, la nullité relative quant à elle frappe la violation des règles posées dans le seul but de protéger les contractants en tant que personnes privées[298]. Sa souplesse contraste avec la rigueur de la nullité absolue[299]. Autrement dit, la nullité relative ne peut être invoquée que par le bénéficiaire de la protection légale, le juge ne pouvant l'invoquer d'office et est couverte à la fois par une confirmation ultérieure et par la prescription[300].

A cet effet, sont frappées de nullité relative, toutes aspérités du consentement autres que la contrainte, autrement dit, la violation des formes constitutionnelles, l'erreur, le dol et la corruption du représentant d'un Etat[301]. Une manière simple de dire que la nullité relative en droit international notamment dans l'aspect de la conclusion des accords internationaux, ne concerne que les irrégularités liées au consentement de l'Etat à être lié à un engagement international.

Le juge international dans la célèbre affaire sur la *Détermination de la frontière maritime Guinée-Bissau/Sénégal,* n'a pas manqué de réaffirmer l'aspect particulier de la nullité relative, tout en refusant d'examiner l'allégation de la Guinée-Bissau selon l'Accord franco-portugais de 1960 serait nul du fait de la violation par la France de son droit interne : *« Le seul Etat qui pouvait invoquer cette cause de nullité est le Sénégal* » en tant que successeur de la France[302].

Dans la pratique diplomatique camerounaise en l'espèce, l'Etat du Cameroun sera fondé d'invoquer la nullité relative si et seulement si la protection de ses intérêts dans un accord

---

298 CAHIER (P), « Les caractéristiques de la nullité en droit international », *op. cit.,* p. 645

299 QUOC DINH (N), DAILLIER (P), FORTEAU (M), PELLET (A),, *op. cit.*, p. 230

300 Idem.

301 Idem.

302 Sentence du 31 juillet 1989, RGDIP, 1990, p. 250 et 232.

international est victime d'irrégularité. Autrement dit, si son consentement a été vicié au moment de l'expression de celui-ci. La nullité relative apparait donc au moment où l'intérêt général n'est pas mis en cause[303]. Dès lors, lorsqu'un traité international est frappé de nullité qu'elle relative ou absolue, ladite nullité produit des effets de droit sur le plan international.

B. La coutume internationale dans la pratique diplomatique camerounaise au regard des effets de la nullité des traités internationaux

En règle générale, un accord international est considéré comme nul le moment où ce dernier a été conclu et non à partir de la découverte de la cause de nullité. En d'autres termes, la nullité est donc rétroactive[304] et produit à cet égard les effets à l'égard des parties (2) dont le régime juridique de nullité est primordial pour analyse (1).

1. La coutume internationale dans la pratique diplomatique camerounaise s'agissant du régime juridique de l'effet de nullité des accords internationaux

Il convient de préciser les règles qui encadrent l'effet de nullité des accords internationaux. A cet égard l'article 69 énoncé par la CDI et cristallisé plus tard par la Convention de Vienne de 1969 dans son paragraphe 1 dispose : *«Est nul un traité dont la nullité est établie en vertu de la présente Convention. Les dispositions d'un traité nul n'ont pas de force juridique».*

La disposition sus évoquée vient sonner le glas d'une discussion qui a longtemps demeuré au sein de la jurisprudence et de la doctrine sur les effets dans le temps de la nullité. Cette discussion préconisait un distinguo entre la nullité relative et la nullité absolue[305].

---

[303] MORANGE (G), « Nullité et inexistence en droit international public », *op. cit.,* p. 10

[304] QUOC DINH (N), DAILLIER (P), FORTEAU (M), PELLET (A), *op. cit.,* p. 234

[305] CAHIER (P), « Les caractéristiques de la nullité en droit international », *op. cit,,* p. 15

L'implication de cette nullité au regard de l'article précité est le *statu quo ante*. En effet, si la nullité a été formellement constatée, les parties doivent rétablir dans leurs rapports mutuels la situation qui aurait existé si ces actes n'avaient pas été accomplis[306].
A titre illustratif, l'article 1 de l'accord germano-tchécoslovaque de 1973 précitée disposait : « *considèrent comme nul, dans les conditions du présent traité, l'accord de Munich du 29 septembre 1938, pour ce qui concernent leurs relations mutuelles* ».
En outre l'article dispose : « le traité n'affecte pas les conséquences juridiques découlant pour les personnes physiques ou morales du droit du droit qui a été en vigueur dans la période du 30 septembre 1938 au 9 mai 1945» sauf dans l'hypothèse où ces conséquences seraient « incompatibles avec les principes fondamentaux de la justice ».
Ainsi, dans la pratique diplomatique camerounaise, les parties en présence notamment le Cameroun ne se satisfont pas forcément d'une solution aussi creuse, qui pourrait présenter des contrariétés pour toutes les parties en présence. Raison pour laquelle pour éviter cette incommodité, les experts accompagnés des diplomates camerounais disposent une marge de manœuvre pour agir en toute liberté dans la phase de négociation et de signature d'un accord international[307]. Cette marge de manœuvre permet aux experts et aux diplomates d'agir en conséquence pour l'intérêt supérieur de la nation.
Par contre, si la nullité est constatée et que celle-ci découle d'une norme impérative de *jus cogens*, la pratique diplomatique camerounaise, prévoit une restitution intégrale qui consiste moins dans un ajustement des rapports entre les parties que dans l'obligation pour chacune d'elles de mettre sa propre situation en phase avec cette norme et de se comporter de la même manière[308].
C'est ce qui ressort en substance de l'article 71 §1 de la Convention de Vienne précitée qui dispose :

---

306 QUOC DINH (N), DAILLIER (P), FORTEAU (M), PELLET (A), *op. cit.*, p. 234
307 Entretien accordé par le Directeur des Affaires Juridiques et Engagements Internationaux de l'Etat en date du 10 décembre 2018
308 Idem.

« Dans le cas d'un traité qui est nul en vertu de l'article 53, les parties sont tenues :
a) d'éliminer, dans la mesure du possible, les conséquences de tout acte accompli sur la base d'une disposition qui est en conflit avec la norme impérative du droit international général; et
b) de rendre leurs relations mutuelles conformes à la norme impérative du droit international général ».
Il en est de même en cas de survenance d'une nouvelle norme impérative[309], les parties sont tenues par les mêmes obligations, sous la réserve importante, que dans cette hypothèse de nullité n'est pas rétroactive[310].
En outre, le principe de nullité doit frapper l'ensemble des dispositions du traité[311]. En effet la CDI a fait remarquer que la doctrine et la jurisprudence de la CIJ ont admis qu'il existerait dans la pratique diplomatique de manière générale des cas où la divisibilité peut s'appliquer sans inconvénients, certaines dispositions d'un traité pouvant être supprimées sans enchevêtrer l'équilibre des droits et des obligations établis par ses autres clauses[312]. Après avoir analysé le régime de l'effet de la nullité envisageons à présent les effets de la nullité à l'égard des parties.

2. La coutume internationale dans la pratique diplomatique camerounaise au regard des effets de la nullité à l'égard des parties

L'effet de la nullité d'un accord international est apprécié selon qu'il s'agit d'un traité bilatéral ou d'un traité multilatéral. S'agissant du traité bilatéral, la nullité est admise dans son ensemble ou les dispositions frappées de nullité, cessent d'avoir effet à l'égard des parties dans les conditions décrites plus haut[313], c'est-à-dire, le traité est considéré comme nul le jour de sa conclusion et non pas seulement à partir du moment de la découverte de la cause de la nullité[314].

---

309 V. l'article 64 de la Convention de Vienne précitée.
310 V. l'article 71 de la Convention de Vienne précitée.
311 V. l'article 44 §1 de la Convention de Vienne précitée.
312 QUOC DINH (N), DAILLIER (P), FORTEAU (M), PELLET (A), *op. cit.*, p. 236
313 Idem
314 Idem p. 235

Par contre, toute la difficulté résiderait en ce qui concerne le traité multilatéral. En effet, la nullité ne produirait pas nécessairement les mêmes implications vis-à-vis de l'Etat dont le consentement a été vicié et à l'égard des autres parties[315]. Autrement dit, l'effet de la nullité en ce qui concerne un traité multilatéral ne rend pas nul le traité dans son ensemble comme c'est le cas d'un traité bilatéral.

En outre, le principe voudrait que le traité demeure valable dans les relations de celles-ci entre elles, ainsi que le rappelle l'article 69 § 4 de la Convention de Vienne précitée. Par ailleurs, cette mesure explicitement prévue pour les irrégularités entachant le consentement, ne s'applique pas au cas de nullité pour violation de *jus cogens* qui frapperait objectivement le traité, abstraction faite de la situation personnelle des parties[316]. Toutefois, la disposition insérée dans la Convention de Vienne précitée relative aux conséquences de la nullité d'un traité en conflit avec une norme impérative du droit international général, ne fait aucunement le distinguo entre les traités bilatéraux et multilatéraux[317].

La pratique diplomatique camerounaise au regard de la validité des traités internationaux sus évoquée, analysons à présent la coutume internationale dans la pratique diplomatique camerounaise à travers l'application des traités internationaux.

SECTION 2: LA COUTUME INTERNATIONALE DANS LA PRATIQUE DIPLOMATIQUE CAMEROUNAISE A TRAVERS L'APPLICATION DES TRAITES INTERNATIONAUX

Dans la nomenclature internationale de l'application des traités, il sied généralement que le traité qui est entré en vigueur dont la validité ne souffrirait d'aucun doute, doit être appliqué par les Etats parties : c'est la conséquence du caractère obligatoire du traité[318]. Ainsi, le traité entré en vigueur acquiert une force exécutoire par les Etats parties **(paragraphe 1)**. Par ailleurs,

[315] Idem p. 236
[316] Idem
[317] V. l'article 71 de la Convention de Vienne de 1969 précitée.
[318] QUOC DINH (N), DAILLIER (P), FORTEAU (M), PELLET (A), *op. cit.*, p. 237

s'imposant aux parties, ce dernier pourrait également produire des effets à l'égard des tiers **(paragraphe 2).**

PARAGRAPHE 1 : la coutume internationale dans la pratique diplomatique camerounaise à travers l'exécution des traités par les Etats parties

La coutume internationale dans la pratique diplomatique camerounaise à travers l'exécution des traités par les Etats parties peut être envisagé tant au niveau international (A) qu'au niveau national (B)

A. La coutume internationale dans la pratique diplomatique camerounaise à travers l'exécution des traités au niveau international

Il convient d'analyser d'une part, la notion du *pacta sunt servanda* (1) et, d'autre part, du principe de la non rétroactivité et de l'application territoriale des traités (2).

1. La coutume internationale dans la pratique diplomatique camerounaise au regard du pacta sunt servenda

La cause est étendue : les traités doivent être exécutés de bonne de bonne foi[319]. Le principe de la bonne foi vient alors conforter la règle du *pacta sunt servanda.* Les parties au traité s'obligent à agir de bonne foi parce qu'elles sont liées par l'accord. L'obligation trouve sa source dans la convention et entraine des conséquences quant à l'interprétation et à l'application du texte[320].

Mais le principe de la bonne foi est aussi un principe est aussi un principe général du droit qui s'impose aux Etats en l'absence de tout lien conventionnel[321]. Les Etats sont obligés de se comporter de bonne foi dans les relations internationales c'est-à-dire de se

---

319 V. l'article 23 du projet définitif de la CDI sur le droit des traités qui dispose : « Tout traité en vigueur lie les parties et doit être exécuté par elles de bonne foi » DOC. A/6309/Rev. 1, p. 14

320 COT (J-P), « La bonne foi et la conclusion des traités », *RBDI*, p. 142, pp. 142-159

321 «… le principe de la bonne foi, qui est le plus général et le plus essentiel des principes généraux de droit » affirme le juge *ad hoc* FERNANDES (CIJ, Rec. 1960, p. 139)

conformer à « *l'esprit de loyauté, de respect du droit, de fidélité aux engagements de la part de celui dont l'action est en cause* » et de s'abstenir « *de dissimulation, de tromperie, de dol dans les relations avec autrui* »[322].

Dans le même ordre d'idées, l'article 26 de la Convention de Vienne précitée dispose : « *Tout traité en vigueur lie les parties et doit être exécuté par elles de bonne foi* ». La CDI en fournissant cette disposition, cristallise le principe fondamental du droit des traités qui est l'exécution de bonne foi et le respect de la règle du *pacta sunt servanda*, étant ainsi profondément liés pour constituer les deux aspects complémentaires d'un même principe[323].

La jurisprudence internationale confirmera plus tard cet ordre idées. En effet, dans sa sentence du 7 septembre 1910, rendue dans l'affaire des Pêcheries de la côte septentrionale qui portait sur l'application d'un traité relatif à la réglementation par la Grande-Bretagne, du droit de pêche dans les eaux canadiennes accordé aux ressortissants des Etats-Unis, la CPJI, après avoir invoqué « *le principe du droit international selon lequel les obligations conventionnelles doivent être exécutées avec une bonne foi parfaite* » a déclaré : « *Du traité résulte une obligation en vertu de laquelle le droit de la Grande-Bretagne d'exercer sa souveraineté en faisant des règlements est limité aux règlements faits de bonne foi et sans violer le traité* »[324].

Dans son arrêt récent[325], la CIJ a insisté sur la nécessité d'user « *raisonnablement et de bonne foi* » des droits tirés de cet acte[326]. Ainsi, le principe de la bonne foi s'érige au rang d'une institution qui régit l'ensemble des relations internationales[327].

---

322 BASDEVANT (J), *Dictionnaire de la terminologie du droit international*, p. 91

323 QUOC DINH (N), DAILLIER (P), FORTEAU (M), PELLET (A), *op. cit.*, p. 238

324 RSA XI, p. 188.

325 CIJ, affaire sur l'application de l'Acte d'Algérisas de 1996, arrêt du 27 août 1952.

326 CIJ, Rec. 1952, p. 212.

327 QUOC DINH (N), DAILLIER (P), FORTEAU (M), PELLET (A), *op. cit*, p. 239.

L'obligation d'exécuter le traité de bonne foi sur le plan international transparait dans tout le processus de la conclusion des accords internationaux. Etant une obligation de portée internationale, la pratique diplomatique camerounaise l'a intégrée pour s'arrimer aux instruments internationaux en matière du droit des traités. De ce fait, les diplomates camerounais lors du processus de négociation d'un accord international, doivent agir de bonne foi. Cette bonne foi des diplomates camerounais transparait au niveau du respect des dispositions du traité préalablement arrêtées.

Ainsi, à l'ouverture des négociations, les parties ne sont engagées à rien. L'obligation de bonne foi trouve sa source dans le droit international général. Elle prohibe les manœuvres dolosives et impose la loyauté : formules générales dont il faut préciser le contenu[328]. Peut-on affirmer dès lors que le manquement à la bonne foi est assorti de sanctions lorsqu'une réelle négociation est engagée ?

La réponse à cette question est mitigée. En effet, les diplomates camerounais négocient sous leur propre responsabilité. S'ils sont pris au piège d'une manœuvre qui ne saurait être qualifiée de dol, c'est qu'ils n'ont pas montré de vigilance indispensable à l'exercice de leur fonction. C'est pourquoi la plupart des diplomates camerounais qui vont négocier les accords internationaux devant engager le Cameroun, sont chevronnés, rompus à la tâche et pétris d'expérience. La plupart des cas, ce sont des Ministres Plénipotentiaires[329].

Par ailleurs, l'application du principe aux négociations internationales est singulièrement malaisée[330]. Le juge ou l'arbitre hésitent à admettre les effets juridiques des positions prises par les parties au cours des négociations[331]. Le dialogue implique un échange d'offres, de propositions avancées, puis retirées le cas échéant, jusqu'à l'accord définitif sur un équilibre global. Dans ces conditions, retenir une position arrêtée par une partie à un moment cristalliserait artificiellement une situation

---

[328] COT (J-P), « La bonne foi et la conclusion des traités », *op. cit.*, p. 142

[329] Entretien accordé par le Directeur des Affaires Juridiques et des Engagements Internationaux de l'Etat en date du 15 février 2019.

[330] Idem p. 146

[331] Idem

fluide[332]. Aussi, la majorité des décisions juridictionnelles refusent-elles de tirer des conclusions d'expressions isolées ou de positions contradictoires adoptées dans la phase précédant l'accord définitif[333].

Par ailleurs, si la signature n'oblige pas le Cameroun à ratifier le traité, la bonne foi lui interdit de créer l'irréparable avant d'avoir pris la décision de lier ou non l'Etat du Cameroun. Cette règle est insérée dans certains traités. Ainsi par exemple, l'Acte général de Berlin du 26 février 1885 dispose dans son article 85 : «*Il entrera en vigueur pour chaque Puissance à partir de la date à laquelle elle l'aura été ratifié. En attendant, les Puissances signataires du présent du présent Acte général s'obligent à n'adopter aucune mesure qui serait contraire aux dispositions du présent traité».*

La portée de l'obligation imposée par la bonne foi est plus délicate à préciser[334]. Ainsi, l'Etat dit-il s'abstenir de signer de ratifier un accord international de bonne foi. C'est ce qui ressort en substance de l'article 15 du projet de la CDI : on ne demande pas aux Etats une action positive mais plutôt de consentir de bonne foi à être lié par un engagement international. Analysons à présent la pratique diplomatique camerounaise au regard du principe de la non-rétroactivité des traités.

2. La coutume internationale dans la pratique diplomatique camerounaise au regard du principe de la non-rétroactivité et de l'application territoriale des traités

Aux termes de l'article 28 de la Convention de Vienne précitée : *« A moins qu'une intention différente ne ressorte du traité ou ne soit par ailleurs établie, les dispositions d'un traité ne lient pas une partie en ce qui concerne un acte ou fait antérieur à la date d'entrée en vigueur de ce traité au regard de cette partie ou une situation qui avait cessé d'exister à cette date ».*

Le principe général en droit international comme en droit interne, est celui de la non-rétroactivité[335]. Selon ce principe,

---

[332] Idem

[333] Cf. la sentence rendue dans l'affaire du Lac Lanoux et la jurisprudence précitée, RSA, vol. XII, p. 311.

[334] COT (J-P), « La bonne foi et la conclusion des traités », *op. cit.* p. 155

[335] SALMON (J) (dir.), *Dictionnaire de droit international public*, *op. cit.*, p. 1009.

l'applicabilité d'une norme à des situations ou à des faits survenus avant son entrée en vigueur est exclue, sauf indication contraire de l'auteur de la norme[336].

Ainsi, le principe de la non-rétroactivité est applicable à tous les actes juridiques internationaux. A cet effet, il correspond à une technique de solution parmi d'autres, du problème de l'application des règles conventionnelles dans le temps[337]. La mise en œuvre de ce principe est commandée par le souci de concilier deux objectifs parfois contradictoires : garantir la sécurité juridique des normes internationale, ne pas retarder indument l'application des règles nouvelles de droit international[338].

De ce fait, on pourra affirmer qu'une convention internationale doit être appréciée, à défaut d'indications en sens contraire, à la lumière des règles de droit contemporaines de sa conclusion, et que sa mise en œuvre ne peut porter que sur des postérieurs à son entrée en vigueur[339].

La pratique diplomatique camerounaise au regard de la non-rétroactivité, obéit également à cette vision. En effet, le Cameroun ne reconnait pas l'applicabilité d'un traité international à des situations ou faits survenus avant son entrée en vigueur[340]. Autrement dit, la pratique diplomatique camerounaise a opté pour le fait qu'un traité auquel il est parti, commence à produire les effets juridiques dès son entrée en vigueur.

Néanmoins, les Etats peuvent élaborer un traité dérogeant au principe de la non-rétroactivité de manière explicite ou implicite[341]. C'est ce qui ressort en substance dans l'affaire *Ambietos* : *« cette conclusion [non rétroactivité de l'article 29 du Traité anglo-grec de 1926, contenant un engagement de*

---

[336] Idem

[337]BINDSCHEDLER-ROBERT (R), « De la rétroactivité en droit international public », Mél. P. GUGGENHEIM, 1968, p. 184-200.

[338] Idem

[339] Idem

[340] Entretien accordé par le Directeur des Affaires Juridiques et des Engagements Internationaux de l'Etat en date du 15 février 2019.

[341] QUOC DINH (N), DAILLIER (P), FORTEAU (M), PELLET (A), *op. cit.*, p. 240

juridiction] aurait pu être contredite s'il avait existé un clause ou une raison particulière appelant une interprétation rétroactive. Il n'existe pas dans le cas présent de telle clause, ni de telle raison ».

Au-delà de la non-rétroactivité, le traité doit avoir une assise territoriale. En d'autres termes, le traité est d'application territoriale. Ainsi, aux termes de l'article 28 de la Convienne de 1969 précitée : *« A moins qu'une intention différente ne ressorte du traité ou ne soit par ailleurs établie, un traité lie chacune des parties à l'égard de l'ensemble de son territoire. »*

Dans certains cas particuliers, les dispositions d'un traité se réfèrent expressément à un territoire ou région donnée[342]. C'est le cas ainsi, du Traité du 21 octobre 1920 par lequel était reconnue la souveraineté de la Norvège sur le Spitzberg et celui du 1er septembre 1959 sur l'Antarctique[343].

On peut ajouter à ces exemples, le Traité de défense collective de l'Asie du Sud-Est conclu à Manille en septembre 1954 et d'autres traités établissant un régime spécial de circulation des personnes et des biens dans les régions frontalières[344]. Certes, l'exécution des traités peuvent avoir une assise internationale, elle dispose également d'une assise nationale.

B. La coutume internationale dans la pratique diplomatique camerounaise à travers l'exécution des traités au niveau national

Il convient d'analyser d'une part, la pratique diplomatique camerounaise au regard de l'introduction d'un traité dans l'ordre interne (1), et, d'autre part la mise en œuvre d'un traité par une juridiction camerounaise (2)

1. La coutume internationale dans la pratique diplomatique camerounaise au regard de l'introduction d'un traité dans l'ordre juridique interne

De prime abord, faudrait-il rappeler qu'en ce qui concerne le Cameroun, l'exécution des traités incombe à tous les organes de

---

342 Ibid.

343 Idem

344 Idem

l'Etat parce que l'obligation d'exécuter s'impose à l'Etat pris dans son ensemble comme sujet de droit international[345].

Au-delà de ce qui précède, le principe d'exécution de bonne foi[346] des obligations internationales, impose l'introduction dans l'ordre juridique interne camerounais des traités qui établissent des droits et obligations pour les particuliers. En effet, cette introduction dans l'ordre juridique interne camerounais permettra aux traités internationaux de s'imposer effectivement, comme n'importe quelle autre norme du droit interne, au regard non seulement de toutes autorités étatiques, gouvernants et administration, à quelque échelon de la hiérarchie qu'elles se trouvent placées, mais encore des ressortissant de l'Etat.

Cette obligation d'exécution de bonne foi un traité international expressément rappelée par la Convention de Vienne en son article 27 qui dispose : *«Une partie ne peut invoquer les dispositions de son droit interne comme justifiant la non-exécution d'un traité. Cette règle est sans préjudice de l'article 46.»*

En effet, c'est un principe reconnu du droit des gens que, dans les rapports entre Puissances contractantes d'un traité, les dispositions d'une loi interne ne sauraient prévaloir sur celles du traité[347]. Dès lors, la conformité d'un acte au droit interne et sa conformité aux dispositions d'un traité est des questions différentes. Ce qui constitue une violation d'un traité peut être licite en droit interne et ce qui est illicite en droit interne peut n'entraîner aucune violation d'une disposition conventionnelle[348].

De manière générale, l'introduction d'un traité dans l'ordre juridique camerounais[349] est une obligation de résultat et non de

---

[345] Idem p. 250

[346] COT (J-P), « La bonne foi et la conclusion des traités », *op. cit.*

[347] CPJI, 31 juillet 1930, avis, "Communautés" gréco-bulgares, série B n° 17, p. 32; CIJ, 26 avril 1988, avis,
Obligation d'arbitrage selon l'Accord de 1947 relatif au siège de l'ONU, Rec.1988, 35). [L'art. 27 énonce une règle de droit coutumier] (EMBL Arbitration, 29 juin 1990, I.L.R., 105, 25 ; Entraide judiciaire en matière pénale, France/Djibouti, CIJ, Rec. 2008, p. 41, § 124 ; id., Usines de pâte à papier, Rec. 2010, § 121)

[348] CIJ, 20 juillet 1989, arrêt, Elettronica Sicula, Rec. 1989, 51, 74)

[349] Il est à rappeler que l'ordre juridique camerounais est moniste avec primauté du droit international sur le droit international. V. également ATANGANA-

moyen. Autrement dit, le Cameroun est dans l'obligation de respecter ses engagements internationaux même si, ces derniers sont accord ou pas avec son droit interne, au risque de voir sa responsabilité internationale engagée si l'autre partie ou les autres parties le contestent.

L'indifférence constatée du droit international quant aux moyens par lesquels les Etats s'acquittent de leurs obligations conventionnelles a été reconnue à plusieurs reprises les organes de contrôle institués par les conventions internationales de droits de l'homme[350]. C'est ainsi qu'à titre illustratif, la Cour de Strasbourg a estimé que la Convention européenne de 1950 ne prescrit pas « *aux Etats une manière déterminée d'assurer dans leur droit interne l'application effective de toutes les dispositions de cet instrument*[351] »

Par ailleurs, la procédure classique d'introduction des traités dans l'ordre juridique interne est subordonnée à l'accomplissement par l'autorité étatique d'un acte juridique spécial[352], lequel acte varie en fonction des systèmes nationaux.

Ainsi, en Grande Bretagne par exemple, l'intervention du Parlement, par le moyen d'une loi qui reproduit le texte du traité, est nécessaire, sauf en ce qui concerne le droit communautaire qu'il s'agissent du droit originaire ou dérivé en vigueur ou du droit futur ; si tel n'est pas le cas, les dispositions du traité ne peuvent être invoquées devant les tribunaux[353]. Par contre, aux Etats Unis d'Amérique, il consisterait tout simplement à une proclamation présidentielle accompagnée des dispositions du

---

MALONGUE (T), « Le juge camerounais et le droit international » extrait de l'ouvrage *Le Cameroun et le droit international*, sous la direction de ATANGANA (J-L)

[350] SCIOTTI-LAM (C), *L'applicabilité des traités internationaux relatifs aux droit de l'homme en droit interne*, Bruylant, Bruxelles, 2004, XVIII, 704 p.

[351] Arrêt du 6 février 1976, Syndicat suédois des conducteurs de locomotives, série A, n°20, § 20 ; v. également Comité des droits de l'homme, observation générale n°3 et J. DHOMMEAUX, AFDI, 1995, p. 447 s.

[352] QUOC DINH (N), DAILLIER (P), FORTEAU (M), PELLET (A), *op. cit.*, p. 252

[353] Cf. H. Rayner v. Dept od Trade and Industry, 1989, v. aussi Bind v. Secretary od State for the Home Department, 1991.

traité[354]. En France, jusqu'à la Constitution de 1946, il était adopté le système de promulgation des traités. Le Cameroun a hérité de ce système, ce qui permet au Président de la République de promulguer les lois dans les conditions prévues à l'article 31 de la Constitution camerounaise[355].

Au-delà de la procédure classique, la technique d'introduction des traités internationaux a été donnée par la Constitution de 1996 en ces termes : *«Les traités ou accords internationaux régulièrement approuvés ou ratifiés ont, dès leur publication, une autorité supérieure à celle des lois, sous réserve pour chaque accord ou traité, de son application par l'autre partie »*[356].

En effet, cette disposition évoque de façon implicite la solution de l'introduction du traité dans l'ordre interne par la publication. Laquelle publication constituera le point de départ ou la naissance d'un traité international dans l'ordre juridique interne camerounais. Cependant, il importe d'analyser la manière selon laquelle un traité international est mis en œuvre par une juridiction camerounaise.

2. La coutume internationale dans la pratique diplomatique camerounaise au regard de la mise en œuvre d'un traité international par une juridiction camerounaise

La problématique du juge camerounais et l'application des traités internationaux a déjà fait l'objet d'un colloque en 2004 dont les actes ont été publiés dans une édition spéciale de la revue « Juridis Périodique » sous la direction du Pr. Alain Didier Olinga[357]. Mais depuis la décision de la Cour suprême du 15 juillet 2010[358], elle a été largement renouvelée.

---

354 QUOC DINH (N), DAILLIER (P), FORTEAU (M), PELLET (A), *op. cit.*, p. 252

355 V. l'article 8 al.5 de la Constitution de 1996 précitée.

356 V. l'article 45 de la Constitution de 1996 et en France l'article 55 de la Constitution de 1958..

357 OLINGA (A-D) (dir.), *Le droit international devant le juge camerounais : bilan et perspectives,* Actes de la journée d'étude du 18 juin 2004 à l'Ecole Nationale d'Administration et de Magistrature (ENAM), juridis Périodique, Edition spéciale n°63, 2005.

358 CS, 15 juillet 2010, arrêt n°21/Civ, affire Michel Zouhair Fadoul c. Omais Kassim Selecta SARL, inédit.

Le juge camerounais a l'obligation impérieuse d'appliquer le traité dès lors que ce dernier a fait l'objet d'une publication. Ainsi, le devoir du juge camerounais d'appliquer les traités est fondé d'une part, sur une exigence internationale, celle qui se déduit de l'obligation d'exécution incombant à son Etat national dont il est organe[359].

D'autre part, cette application s'intègre normalement dans la mission de dire le droit, car une fois introduit dans l'ordre interne, le traité, comme la constitution, les lois, les règlements, les actes contractuels ou unilatéraux, pénètre dans l'ordonnancement juridique que le juge a le devoir naturel de garantir et de mettre en œuvre[360].

L'application du traité par le juge camerounais est-elle subordonnée à son insertion dans l'ordre juridique interne. Bien qu'essentielles, les questions d'invocabilité et d'applicabilité[361] cèderont la place ici à l'effectivité du traité c'est-à-dire sa mise en œuvre concrète par le juge camerounais. Ainsi, la question qui ne revient pas à s'interroger sur la valeur des traités dans l'ordre juridique camerounais est de savoir si le juge apprécie la régularité de l'introduction dans le droit national.

A cet effet, la loi fondamentale prévoit, dans ses articles 44, 45 et 47 respectivement un contrôle a priori exercé par le juge constitutionnel et un contrôle a posteriori exercé par les juges ordinaires. Ce qui induit un contrôle de conformité d'abord du droit international au droit interne ensuite, du droit interne au droit international[362].

---

359 ALLAND (D), « L'applicabilité directe du droit international du point de vue de l'office du juge », RGDIP, 1998, p. 203-244.

360 Idem

361 Pour mémoire ; la notion d'invocabilité renvoie à la possibilité pour les justiciables de se prévaloir des normes de droit international devant le juge national. Elle reste, selon le Constituant camerounais du 18 janvier 1996, tributaire du respect des conditions précises (ratification, publication et réciprocité). Quant à la notion d'applicabilité, elle interpelle la possibilité pour le juge de mettre en œuvre la norme de droit international, source de droit.

362 ATANGANA-MALONGUE (TH), « Le juge camerounais et le droit international » in *Le Cameroun et le droit international* (dir.) ATANGANA (J-L), Actes du colloque les cinquantenaires de l'indépendance et de la réunification du Cameroun, p. 312, 376 p.

La compétence principale du juge constitutionnel camerounais est le contrôle de la constitutionnalité des lois qui se matérialise par le pouvoir de corriger, voire d'annuler les choix politiques fondamentaux opérés par le législateur[363]. Pour le Pr. Marcellin Nguélé Abada, le contrôle de constitutionnalité des lois est une question logique tout au moins une condition de la suprématie de la Constitution vis-à-vis du parlement dont l'omniprésence n'est plus d'ordre public[364].

Dans la pratique judiciaire camerounaise, bien que le Conseil Constitutionnel a été rendu effectif avec la nomination de ses membres, l'exercice préventif de contrôle de la conformité des traités ou accords internationaux en voie de ratification ou d'approbation à la Constitution n'a jamais, à notre connaissance, été entrepris par le juge constitutionnel[365].

Cependant, c'est à travers le contrôle de la conformité du droit interne au droit international que le rôle du juge camerounais sera mis en exergue. En effet, faudrait-il préciser que, tout en faisant partie du bloc de constitutionnalité, les conventions se refusent à tout contrôle de constitutionnalité des lois essentiellement du fait de leur caractère contingent[366]. Le mécanisme de conventionalité des lois permet d'assurer ainsi la supériorité des traités sur les lois internes formulée par l'article 45 de la Constitution sous condition de ratification et de réciprocité[367].

Par ailleurs, cette prescription est conforme aux dispositions de l'article 27 de la Convention de vienne de 1969 sur le droit des traités selon laquelle : « Une partie ne peut invoquer les dispositions de son droit interne comme justifiant la non-exécution d'un traité ».

---

363 FAVOREU (L) et MASTOR (W), *Les cours constitutionnelles*, Dalloz, Connaissance du droit, p. 24

364 NGUELE ABADA (M), « Le contrôle de constitutionnalité des lois au Cameroun », in *La Constitution camerounaise du 18 janvier 1996 : Bilan et perspectives*, (dir.), ONDOUA (A), Afrédit, 2007, p.45

365 ATANGANA-MALONGUE (TH), « Le juge camerounais et le droit international », In *Le Cameroun et le droit international* (dir.) ATANGANA (J-L), Actes du colloque les cinquantenaires de l'indépendance et de la réunification du Cameroun, p. 315, 376 p.

366 Idem

367 Idem p. 317

Par contre, sous l'angle du juge administratif[368], l'analyse est différente. En effet, en que gardien de la légalité administrative[369], le juge administratif camerounais, avant d'appliquer les normes conventionnelles souligne qu'elles relèvent de sa compétence. Dans l'espèce Compagnie Commerciale et Immobilière Africaine des Chargeurs Réunis[370], il affirme à grand trait er de manière significative que « leur violation peut être invoquée à l'appui d'un recours devant le juge administratif »

L'arrêt Société Anonyme des Brasseries du Cameroun[371] quant à lui permet de rendre compte de la sanction par le juge administratif de la violation d'une convention internationale.

Avec la révision constitutionnelle du 18 janvier 1996, le traité occupe en droit interne un rang hiérarchique infra constitutionnel et supra législatif[372]. Cela traduit indéniablement le monisme avec primauté du droit international postulant l'unité du système juridique camerounais et la supériorité du droit international sur le droit interne dont l'échelle de normativité[373] dans la hiérarchie des normes est aujourd'hui fortement établie.

---

368 FOUMENA (G-TH), « Le juge administratif camerounais face aux normes d'origine internationale : les conventions », In *Le Cameroun et le droit international* (dir.) ATANGANA (J-L), Actes du colloque les cinquantenaires de l'indépendance et de la réunification du Cameroun, pp. 335-348, 376 p.

369 « Le juge administratif veille au respect de la légalité… », Cf. RIVERO, « Le juge administratif : gardien de la légalité administrative ou gardien administratif de la légalité ? » ; In Le juge et le droit public, Mél. Offerts à Marcel Waline Tome II, Paris, *LGDJ*, juillet 1974, p. 701.

370 Arrêt n°163/A/CFJ/CAY du 8 juin 1971, Compagnie Commerciale et Immobilière Africaine des Chargeurs Réunis c/ Etat du Cameroun Oriental.

371 Arrêt n°02/A du 29 décembre 1994, Société Anonyme des Brasseries du Cameroun c/ Etat du Cameroun Oriental.

372 Avant cette révision constitutionnelle, les différentes Constitutions du Cameroun (4 mars 1960 et 2 juin 1972) ignoraient la place des traités en droit interne sans que l'on puisse pour autant techniquement parler de vide juridique en la matière. Il existait, en effet, des dispositions spécifiques, certes d'une normativité inférieure, rappelant la primauté des normes internationales. C'est le cas notamment de l'article 2 du Code pénal qui dispose que : « Les règles de de droit international ainsi que les traités dument promulgués et publiés s'imposent au présent Code ainsi qu'à toute disposition pénale ».

373 V. KPODAR (A), « L'échelle de normativité du droit international public », Revue Béninoise des Sciences Juridiques et Administratives (RBSJA), n°26, 2011, pp. 50-98.

En somme, on peut constater au regard de l'analyse faite que le juge camerounais (judiciaire ou administratif) entretient avec le droit international, certes des relations bijectives, mais également prend en compte des normes d'origine internationales notamment les traités malgré la rareté des décisions de justice[374] y afférentes, et le fait qu'elles portent toutes exclusivement sur le contentieux fiscal[375].

Néanmoins, après avoir analysé la coutume internationale dans la pratique diplomatique camerounaise dans l'exécution des accords internationaux par les Etats parties, attardons-nous à présent sur la prise en compte du sacro-saint principe de l'effet relatif des traités à l'égard des tiers dans la pratique diplomatique camerounaise.

PARAGRAPHE 2 : la prise en compte de la coutume internationale dans la pratique diplomatique camerounaise et le principe de l'effet des traités à l'égard des Etats tiers

A première vue, il importe de faire un distinguo entre un Etat tiers et un Etat partie. En effet, au regard de la Convention de Vienne de 1969[376] sur le droit des traités précitée :

«g) l'expression «partie» s'entend d'un Etat qui a consenti à être lié par le traité et à l'égard duquel le traité est en vigueur;

h) l'expression «Etat tiers» s'entend d'un Etat qui n'est pas partie au traité. »

Il appert simplement au regard de cette disposition qu'un Etat qui a exprimé par l'adhésion son consentement à être lié par un traité dont le texte a été adopté lors des négociations auxquelles il n'a pas participé cesse d'être un Etat tiers, mais un Etat partie au traité, d'autres hypothèses posent des problèmes plus

---

[374] Cela renvoie au «désert jurisprudentiel » auquel M. le Prof. OLINGA faisait allusion, Cf. « Considérations sur les traités dans l'ordre juridique camerounais »

[375] FOUMENA (G-TH), « Le juge administratif camerounais face aux normes d'origine internationale : les conventions », In *Le Cameroun et le droit international* (dir) ATANGANA (J-L), Actes du colloque les cinquantenaires de l'indépendance et de la réunification du Cameroun, p. 347 pp. 335-348.

[376] V. l'article 2 § 1 de la Convention de Vienne sur les traités précitée.

embarrassant[377]. A la lumière de ce qui précède, l'analyse de la prise en compte du principe de la relativité des traités (A) précèdera celle des entorses au principe (B).

A. La prise en compte de la coutume internationale dans la pratique diplomatique camerounaise au regard du principe de la relativité des traités

La signification du principe de la relativité des traités (1) précèdera celui de son fondement (2)

1. La prise en compte de la coutume internationale dans la pratique diplomatique camerounaise au regard de la signification du principe de la relativité des traités

Le principe de la relativité des traités résulte de la maxime bien connue : *« pacta tertiis nec nocent prosunt »* : les accords ne peuvent ni imposer des obligations aux tiers, ni leur conférer des droits[378]. Les aspects de ce principe seront confirmés plus tard dans une jurisprudence abondante et constante.
Ainsi, le premier aspect de ce principe est « pas d'obligation à la charge des Etats tiers ». Dans l'affaire de l'Ile de Palmas relative à un différend entre les Etats-Unis et les Pays-Bas qui se disputaient la souveraineté sur cette ile, l'arbitre Max Huber a déclaré dans sa sentence : « Il semble en outre évident que les traités conclus par l'Espagne avec les tierces puissances et qui reconnaissaient sa souveraineté sur les Philippines ne pourraient lier les Pays-Bas »[379].
En l'espèce, l'Ile de Palmas faisant partie intégrante des Philippines, les Etats-Unis, successeur de l'Espagne aux Philippines après la guerre hispano-américaine de 1898, désiraient opposer lesdits traités aux Pays-Bas[380]. De son côté, la CPJI s'est prononcée dans la même sens dans l'affaire de la juridiction territoriale de la Commission internationale de l'Older

---

[377] CAHIER (P), « Le problème des effets des traités à l'égard des Etats tiers », *RCADI*, 1974-III, vol. 143, pp. 589-735
[378] PREVOST (J-P), *Les effets des traités conclus entre Etats à l'égard des tiers*, Thèse de doctorat, Université de Paris II, 1973, 541 p.
[379] Affaire Ile de Palmas, sentence rendue par l'arbitre Max Huber en 1929, *RSA* II, p. 850
[380] Idem

dans lequel elle a refusé d'admettre qu'un traité multilatéral, la Convention de Barcelone de 1921 sur le régime des voies navigables d'intérêt international, pouvait lier la Pologne qui n'y était pas partie[381].

Par contre, sur le second aspect « pas de droits en faveur des Etats tiers », aucun Etat ne peut se gratifier les dispositions d'un traité auquel il est partie[382]. En effet, dans son différend avec la France relatif à la souveraineté sur l'Ile Clipperton, le Mexique avait vainement tenté d'opposer à la France certaines dispositions de l'Acte de Berlin de 1885 auquel la France était partie mais pas lui[383].

Par ailleurs, l'arbitre aurait purement et simplement rejeté cette prétention[384]. Dans une affaire opposée à celle sus évoquée, l'arbitre aurait également déclaré que le gouvernement hellénique « *n'étant pas signataire du traité de Constantinople n'avait pas de base juridique pour faire une réclamation appuyée sur les stipulations matérielles de ce traité* »[385]

A la lumière de l'analyse faite, la pratique diplomatique camerounaise au regard du principe de l'effet relatif des traités rentre en droite ligne avec la jurisprudence et la pratique des Etats, qui s'accordent à reconnaitre que les traités ne pouvant pas produire les effets à l'égard des Etats tiers. Ainsi, dans son arrêt du 25 mai 1926[386], la CPJI avait dit pour droit : « Un traité ne fait droit qu'entre Etats qui sont parties ». Confirmation a été faite plus tard par la CIJ dans l'arrêt rendu en l'affaire de l'Incident aérien du 27 juillet 1955 entre Israël et la Bulgarie. En effet, la juridiction internationale fait constater au regard de son article 26 § 5, de son Statut que « *aucune force de droit pour les Etats non signataires* »[387]

---

381 CPJI, arret du 10 septembre 1929, série A, n°23, p. 19 à 22

382 PREVOST (J-P), *Les effets des traités conclus entre Etats à l'égard des tiers*, Thèse de doctorat, *op cit.*

383 QUOC DINH (N), DAILLIER (P), FORTEAU (M), PELLET (A), *op. cit.*, p. 266

384 *RSA* II, p. 1105

385 Affaire des Forets du Rhodope central, *RSA*, p. 1405

386 CPJI, affaire de Certains intérêts allemands en Haute Silésie polonaise, arrêt n°7 du 25 mai 1926.

387 CIJ, Rec, 1959, p. 138

Cependant, la pratique des Etats dans ce domaine est illustrée par de nombreuses correspondances diplomatiques et déclarations[388]. A titre d'exemple, le 5 février 1945, au lendemain de l'ouverture de la Conférence de Crimée qui devait aboutir aux accords de Yalta, le Général de Gaulle, en sa qualité de Chef du Gouvernement provisoire de la République française, déclarait dans un discours radiodiffusé : *« quant au règlement de la paix future ou à toute autre disposition qui s'y rapporterait, nous avons fait connaitre à nos alliés et nous avons dit publiquement que la France ne serait, bien entendu, engagée par absolument rien qu'elle n'aurait été à même de discuter et d'approuver au même titre que les autres ».*
En outre, la déclaration de Bonn du 14 octobre 1975 dispose : *« Les gouvernements de la République française, du Royaume-Uni de Grande-Bretagne et d'Irlande du Nord et des Etats-Unis d'Amérique déclarent qu'aucun accord avec un Etat tiers par quelconque des quatre Puissances ne peut affecter en quoi que ce soit les droits et responsabilités des quatre Puissances, ni les accords, décisions et pratiques quadriparties correspondantes qui s'y rattachent. Les droits et responsabilités des quatre Puissances pour Berlin et l'Allemagne dans son ensemble ne sont pas donc pas affectés par le traité d'amitié, d'assistance mutuelle et de coopération conclu le 7 octobre 1975 entre l'URSS et la RDA »*[389].
Après avoir analysé la signification du principe, attardons-nous sur le fondement dudit principe.

2. La prise en compte de la coutume internationale dans la pratique diplomatique camerounaise au regard du fondement du principe de la relativité des traités

Pour rendre fluide notre analyse concernant le fondement du principe de la relativité des traités, il est opportun d'évoquer d'une part, le fondement textuel du principe et, d'autre part, le fondement doctrinal.

---

388 QUOC DINH (N), DAILLIER (P), FORTEAU (M), PELLET (A), *op. cit.*, p. 264
389 RGDIP, 1976, p. 887

Le fondement textuel du principe de la relativité des traités repose sur la Convention de Vienne sur le droit des traités qui affirment : *«Un traité ne crée ni obligations ni droits pour un Etat tiers sans son consentement. »*[390]
Ainsi, à titre illustratif interpréter un accord d'association CE-Israël de telle sorte que les autorités israéliennes seraient investies de compétences douanières à l'égard des produits originaires de Cisjordanie alors qu'un accord d'association CE-OLP prévoit un traitement préférentiel pour l'importation dans l'UE de produits originaires de Cisjordanie reviendrait à imposer aux autorités douanières palestiniennes l'obligation de ne pas exercer les compétences qui leur sont pourtant dévolues par le protocole CE-OLP. Une telle interprétation, ayant pour effet de créer une obligation pour un sujet tiers sans son consentement, irait ainsi à l'encontre du principe de droit international général «*pacta tertiis nec nocent nec prosunt*», tel que codifié à l'article 34 de la convention de Vienne[391].
La prise en compte de la pratique diplomatique de cet aspect vient réaffirmer la particularité de cette attitude quant à la nécessité du Cameroun de mettre en exergue certains usages en matière de conclusion des traités. Autrement dit, un accord (bilatéral ou multilatéral) passé par le Cameroun ou auquel ce dernier a consenti, ne créera ni obligations, ni droits à la charge des Etats tiers du moins dans le principe. C'est également ce sur quoi repose la politique extérieure du Cameroun[392], qui en général consiste aux règlements pacifiques des différends, le respect de la souveraineté des autres puissances et la non-ingérence dans les affaires internes d'un Etat.
En ce qui concerne le fondement doctrinal, deux thèses en principe se posent : la thèse volontariste et la thèse objectiviste.
D'après la théorie volontariste, la relativité des traités est incontestable parce qu'elle est fondée tout à la fois sur la souveraineté, l'indépendance, l'égalité des Etats et la nature contractuelle du traité. Elle n'est d'autre que la transposition au

---

[390] V. l'article 34 de la Convention de Vienne précitée.
[391] CJCE, Aff. C-346/08, Brita, 25 févr. 2010, § 52
[392] V. les excellents ouvrages des Professeurs Narcisse MOUELLE KOMBI et Charles Alexandre CHOUALA sur *La Politique Extérieure du Cameroun.*

droit des traités de la règle traditionnelle de la relativité des traités[393].

Par contre pour la thèse objectiviste, George Scelle propose une autre explication qui aboutit au même résultat dans la pratique. En effet, d'après cet illustre juriste, le traité n'est pas un contrat entre ses parties mais leur loi commune ; cependant, celle-ci et s'applique qu'à la société internationale constituée par elles, à l'exclusion des Etats qui sont étrangers à cette société[394]. Il poursuit en disant que les gouvernants étatiques, agissant en tant que tels, ne peuvent que ce soit par traité ou autrement disposer de la compétence, ni des droits des tiers. De ce fait ; seule l'explication objectiviste est compatible avec certaines exceptions au principe de la relativité des traités[395].

En conclusion, les concepts de souveraineté et d'égalité, comme fondements de la règle de la relativité, sont évidemment à écarter pour les traités conclus par les organisations internationales[396]. Il n'y a cependant pas de raison d'envisager une exception à la règle pour ces traités : les organisations sont des sujets de droit international et, à ce titre, sont soumises au consensualisme conventionnel[397]. Toutefois, s'il est admis qu'un accord ne peut créer ni droits et obligations à l'égard des Etats tiers, il peut arriver que ce principe connaisse quelques fois des dérogations dont il est important d'analyser.

B. La prise en compte de la coutume internationale dans la pratique diplomatique camerounaise au regard des entorses liées au principe de la relativité des traités

De façon générale, la justification des entorses au principe de la relativité des traités varie selon le fondement doctrinal donné au principe. Ainsi, pour le volontarisme, toutes les exceptions se ramènent à des « accords collatéraux »[398] ; pour la doctrine

---

393 QUOC DINH (N), DAILLIER (P), FORTEAU (M), PELLET (A), *op. cit.*, p. 265

394 Idem.

395 Idem.

396 Idem

397 Idem

398 Un accord collatéral est un acte conventionnel conclu entre, d'une part les parties à un traité stipulant des obligations ou des droits à la charge d'un Etat

objectiviste, la stipulation pour autrui est une institution autonome[399].

Le principe de la relativité des traités voudrait qu'un accord international soit censé ne pas créer des droits et obligations aux Etats tiers sans leur approbation. Toutefois, dans la pratique internationale, il est des situations suivant lesquelles un traité s'applique aux Etats tiers avec leur consentement (1) d'une part, et, d'autre part, sans leur consentement (2).

1. La coutume internationale dans la pratique diplomatique camerounaise au regard de l'application des traités aux Etats tiers avec leur consentement

La pratique diplomatique camerounaise au regard de l'application des traités aux Etats tiers avec leur consentement permet d'observer que, le traité crée des obligations à la charge de ces derniers d'une part, et, d'autre part, des droits au profit des Etats tiers.

En ce qui concerne la création des obligations à la charge des Etats tiers, l'article 35 de la Convention de Vienne de 1969 précitée dispose : « *Une obligation naît pour un Etat tiers d'une disposition d'un traité si les parties à ce traité entendent créer l'obligation au moyen de cette disposition et si l'Etat tiers accepte expressément par écrit cette obligation.* »

A la lumière de cette disposition, il appert que l'obligation visée ne s'impose pas à l'Etat tiers en vertu du traité initial auquel il n'est pas partie, mais en vertu de l'accord entre lui d'une part, et le groupe des Etats parties au traité initial, d'autre part[400].

Par ailleurs, dans la pratique diplomatique camerounaise, l'accord auquel le Cameroun étant considéré comme Etat tiers est partie, reconnu par la CDI comme base juridique de l'obligation qui incombe désormais au Cameroun, est qualifié d'accord collatéral[401]. Ceci étant, durant les travaux préparatoires, la CDI a insisté avec véhémence sur l'impossibilité pour un traité de

tiers et, d'autre part cet Etat tiers, et ayant pour objet l'acceptation par ce dernier desdits droits et obligations.

399 QUOC DINH (N), DAILLIER (P), FORTEAU (M), PELLET (A), *op. cit.*, p. 266

400 Idem

401 V. note n°316

créer des obligations à la charge des Etats tiers, en principe qu'elle considérait comme des bastions de l'indépendance de l'égalité des Etats[402].

L'arrêt rendu par la CPJI dans le différend entre la France et la Suisse à propos des *Zones franches*[403] est cependant révélateur de cet état de chose. En effet, dans cette espèce, la France avait voulu opposer à la Suisse l'article 435 du Traité de Versailles qui, d'après sa propre interprétation, devait avoir pour effet de mettre fin aux droits sur les zones franches situées en territoire français qui avaient été conférés à la Suisse par les traités de Vienne de 1815. Or, l'auguste Cour a rejeté cette prétention motif pris de ce que l'article 435 du Traité de Versailles n'est pas opposable à la Suisse, qui n'est pas partie à ce traité, en ce sens où elle l'a elle-même acceptée[404].

En outre, dans son arrêt du 29 octobre 1997, le Tribunal Pénal International (TPI) pour l'ex-Yougoslavie indique sans embarge que les Etats non-membres des Nations Unies peuvent « *en conformité avec l'article (...) s'engager à respecter l'obligation visée à l'article 29 [de son statut] en l'acceptant comme expressément par écrit* »[405].

S'agissant par contre du traité créant des droits au profit des Etats tiers, celui-ci repose essentiellement sur la notion de la clause de la nation la plus favorisée. C'est un concept qu'on retrouve essentiellement en droit international des investissements. La clause de la nation la plus favorisée s'inscrit dans la continuité directe de la clause du traitement national[406] : elle implique l'obligation d'accorder aux investisseurs d'une nationalité

[402] QUOC DINH (N), DAILLIER (P), FORTEAU (M), PELLET (A), *op. cit.*, p. 267

[403] CPJI, affaire des Zones franches, arrêt de 1932

[404] CPJI, 1932, série A/B, n°46, p. 141

[405] QUOC DINH (N), DAILLIER (P), FORTEAU (M), PELLET (A), *op. cit.*, p. 267

[406] Traitement devant être accordé par un Etat à une personne (par exemple à un étranger) ou à une activité (par exemple les investissements) et qui se mesure par rapport à celui accordé par cet Etat à ses nationaux ou aux activités similaires par eux.

étrangère un traitement non moins favorable que celui qui est octroyé aux autres investisseurs étrangers les plus favorisés[407].

Dans le cadre des accords internationaux, l'article 5 du projet d'articles adopté sur ce sujet par la CDI en 1978 dispose : « *Le traitement de la nation la plus favorisée est le traitement accordé par l'Etat concédant à l'Etat bénéficiaire (...), non moins favorable que le traitement conféré par l'Etat concédant un à un tiers...* ».

Dans le différend entre le Royaume-Uni et l'Iran à propos de *l'Anglo-Iranien Oil Company*, la CIJ a expressément déclaré que c'est le traité contenant la clause qui est le « traité de base », du fait que seul, il établit le «lien juridique » entre l'Etat bénéficiaire de cette clause et le traité auquel il est tiers et dont il réclame le bénéfice[408].

En outre, selon la Cour, pour que la clause produise ses effets, il faut en outre que les deux traités portent sur une même matière[409].

A titre de droit comparé, la Cour de cassation française a employé une formule très précise : *« la clause de la nation la plus favorisée ne peut être invoquée que si la matière d'un traité qui la stipule est identique à celle du traité particulièrement favorable dont le bénéfice est réclamé*[410] »

Dans la pratique[411], les Etats ont eu recours à la clause de très bonne heure, avant l'apparition des traités multilatéraux, en vue précisément d'étendre le champ d'application des règles bilatérales. Prévus d'abord dans les traités économiques puis d'autres traités, telles les conventions d'établissement sur les privilèges et immunités consulaires, elle jouait ainsi un rôle d'un procédé d'unification du droit[412].

En conséquence, la CIJ reconnait qu'elle permet d'établir et de maintenir en tout temps l'égalité fondamentale sans

---

407 DE NANTEUIL (A), *Droit international des investissements*, Paris, Pedone, 2014, p.301, 431 p.

408 ROSSILLON (C), « La clause de la nation la plus favorisée dans la jurisprudence de de la CIJ », JDI, 1955, p. 76- 106.

409 Ibidem

410 Cass. Civ. 22 décembre 1913, D. 1915, I, p. 4

411 VIGNES (D), « La clause de la nation la plus favorisée et sa pratique contemporaine », RCADI, 1970-II, vol. 130, p. 207-350.

412 Idem.

discrimination entre tous les pays intéressés[413]. Par ailleurs, si l'application d'un accord international avec le consentement de l'Etat tiers est une limite au principe de la relativité des traités, il en est de même de l'application des traités aux Etats tiers sans leur consentement.

2. La coutume internationale dans la pratique diplomatique au regard de l'application des traités aux Etats tiers sans leur consentement

La contestabilité de l'existence des traités produisant des effets, non seulement à l'égard de quelques Etats tiers, mais encore à l'égard de tous les Etats ne souffre plus d'aucun doute[414]. Ces accords internationaux sont généralement appelés les traités *erga omnes.* Sur le plan littéral, on d'un accord *erga omnes* lorsque tous les Etats ont un intérêt juridique au respect de la norme. Dans son arrêt Barcelona Traction[415], la CIJ a ainsi opéré une distinction fondamentale entre les obligations vis-à-vis des d'Etats particuliers et les obligations envers la coutume internationale dans son ensemble.

Toutefois, c'est la Convention de Vienne de 1969 précitée qui consacre l'application des traités aux Etats tiers sans leur consentement. En effet, l'article 38 dispose : «*Aucune disposition des articles 34 à 37 ne s'oppose à ce qu'une règle énoncée dans un traité devienne obligatoire pour un Etat tiers en tant que règle coutumière de droit international reconnue comme telle.* »

Ainsi, [...] on ne voit aucune raison de penser que, lorsque le droit international coutumier est constitué de règles identiques à celles du droit conventionnel, il se trouve « supplanté » par celui-ci au point de n'avoir plus d'existence propre[416]. Ensuite, [...] même non ratifiée, une disposition d'un traité peut avoir force

---

[413] CIJ, affaire du Droit des ressortissants des Etats-Unis au Maroc, arrêt du 27 août 1952, p. 191-192.

[414] QUOC DINH (N), DAILLIER (P), FORTEAU (M), PELLET (A), *op. cit.*, p. 271.

[415] CIJ, affaire Barcelona Traction Light and Power Company, arrêt du 5 février 1970.

[416] CIJ, affaire des Activités militaires au Nicaragua, arrêt du 27 juin 1986, Rec. 1986, 95-96.

contraignante, en plus des obligations créées pour les parties contractantes, si elle reflète le droit international coutumier, soit qu'elle « codifie » ce dernier, soit qu'elle donne naissance à de nouvelles règles coutumières[417].

Néanmoins, la Convention de Vienne n'a pas résolu dans l'intégralité les normes *erga omnes* d'origine conventionnelle. A titre illustratif, en ce qui concerne les dispositions de la Charte des Nations Unies, il parait plus prudent de déduire leur caractère obligatoire à l'égard des très rares Etats non-membres et des autres sujets du droit international du fait qu'elles sont aujourd'hui devenues des normes coutumières[418]. L'Institut du Droit International (IDI) quant à elle a retenu une conception plus prudente des obligations *erga omnes* en limitant l'acception aux seules obligations de droit international général liant tous les Etats et aux obligations multilatérales opposables aux seuls Etats parties[419].

En revanche, en ce qui concerne la création d'entités dont l'existence est opposable aux tiers, une partie de la doctrine considère que certains Etats sont créés par un traité, ce serait le cas de la Belgique (Traité de Londres du 19 avril 1839) ou de certains Etats issus de la décolonisation (accords d'indépendance)[420]. Par contre, il n'est plus à démontrer que les traités constitutifs d'OI, surtout universelles, créent des situations objectives et posent des normes de comportement éventuellement opposables aux Etats non membres[421].

La CIJ l'a reconnu expressément dans son avis consultatif[422] lorsqu'elle affirme à propos de l'ONU : « *cinquante Etats*

---

[417] Cour EDH, Sabeh el Leill c/ France, 29 juin 2011, § 54

[418] CAHIER (P), « La Charte des Nations Unies et les Etats tiers » *in* A. Cassese, ed., *Current Problems of International Law*, Giuffré, Milan, 1975, p. 81-105 ; V. également M. Forteau, « Le dépassement de l'effet relatif de la Charte » *in* R. Chemain, A. Pellet dir., *La Charte des Nations Unies, Constitution mondiale ?,* Pedone, 2006, p. 121-159.

[419] Résolution du 27 aout 2005, *Les obligations erga omnes en droit international*, article I

[420] QUOC DINH (N), DAILLIER (P), FORTEAU (M), PELLET (A), *op. cit.*, p. 274.

[421] Idem.

[422] CIJ, affaire sur la Réparation des dommages subis au service des Nations Unies, avis consultatif du 11 avril 1949

représentants une très large majorité des membres de la communauté internationale avaient le pouvoir, conformément au droit international, de créer une entité possédant une personnalité internationale objective et non pas simplement une personnalité reconnue par eux seuls »[423].

Il était question dans ce deuxième chapitre, d'analyser la coutume internationale dans la pratique diplomatique camerounaise à travers la validité et l'application des traités internationaux.

Il ressort laconiquement de l'analyse faite que, la coutume internationale dans la pratique diplomatique camerounaise repose sur la validité des traités multilatéraux d'une part, et d'autre part, sur l'application desdits traités.

En ce qui concerne la coutume internationale dans la pratique diplomatique camerounaise au regard de la validité des traités internationaux, une analyse a été faite sur les conditions de validité des accords internationaux et sur le régime de nullité des traités internationaux.

Par ailleurs, s'agissant de la coutume internationale dans la pratique diplomatique camerounaise au regard de l'application des traités internationaux, il a été fait mention de l'exécution des traités par les Etats parties d'une part, et d'autre part, de ressortir la pris en compte de la pratique diplomatique camerounaise au regard du principe de l'effet des traités à l'égard des Etats tiers.

---

[423] Rec. 1949, p. 185

TITRE II : LA COUTUME INTERNATIONALE DANS LA PRATIQUE DIPLOMATIQUE CAMEROUNAISE SOUS LE PRISME DE L'ORGANISATION D'UNE MISSION DIPLOMATIQUE

Jusqu'en 1815, toutes les règles applicables aux relations diplomatiques étaient d'origine coutumière[424]. Puis les monarchies européennes réunies au Congrès de Vienne eurent la brillante idée de leur substituer un droit écrit ; elles ne réussirent à établir qu'un seul texte portant sur la hiérarchie des diplomates : le Règlement de Vienne complété le 21 novembre 1818 par le Protocole d'Aix-la-Chapelle[425].

Pour consolider et cristalliser ce corps de règles, la CDI a entrepris de codifier le droit des relations diplomatiques en élaborant un projet de Convention portant sur les relations diplomatiques[426]. A cet effet, ces dernières apparaissent ainsi comme l'une des branches les plus anciennement et les plus établies du droit international[427].

Par ailleurs, parmi les usages internationaux qui se développent entre les nations, il faut mentionner le droit des ambassades et des consulats, institution d'origine vénitienne qui émerge vers le 13e siècle[428]. Il y aura dans un premier sens, les ambassades courtes et transitoires[429]. Plus tard, vont apparaitre les ambassades dans les grands pays suivi de la création d'un office des affaires étrangères[430].

A la question de savoir comment cerner les manifestations de la preuve d'une pratique étant admise comme le droit dans la manière dont le Cameroun conduit ses relations juridiques internationales, il convient d'y répondre en affirmant que cette

---

424 QUOC DINH (N), DAILLIER (P), FORTEAU (M), PELLET (A), *op.cit.*, p. 826.

425 Ibidem.

426 Convention de Vienne sur les Relations Diplomatiques du 18 avril 1961 entrée en vigueur le 24 avril 1964.

427 Idem

428 KANGUEU EKEUH (R), *Cours de droit diplomatique*, Master I de droit international, Université de Douala, Année académique 2012-2013, inédit.

429 Idem.

430 Idem.

preuve est appréhendée sous le prisme des éléments organiques qui composent une mission diplomatique **(chapitre 3)** d'une part, et d'autre part, sous l'angle des éléments matériels d'une mission diplomatique **(chapitre 4).**

CHAPITRE 3 : LA COUTUME INTERNATIONALE DANS LA PRATIQUE DIPLOMATIQUE CAMEROUNAISE SOUS LE PRISME DES ASPECTS ORGANIQUES D'UNE MISSION DIPLOMATIQUE

L'établissement des relations diplomatiques entre les Etats se fait par voie d'accord[431]. Cet accord mutuel est particulièrement à la base de cette forme actuellement prépondérante et la plus perfectionnée des relations diplomatiques entre Etats, qui consiste pour chacun d'eux à établir une mission diplomatique permanente sur le territoire de l'autre[432].

La pratique diplomatique camerounaise en matière de relations diplomatiques a connu quelques particularités et une trajectoire historique, qui l'a permis de consolider ses relations avec d'autres entités souveraines. Cette évolution ou trajectoire est perceptible dès l'accession du Cameroun à la souveraineté internationale à partir de 1960.

Cependant, l'aspect organisationnel d'une mission diplomatique permet au regard de la pratique diplomatique camerounaise de mettre en exergue les éléments du droit international coutumier.

Ainsi, pour les raisons de clarté, il s'agira d'apprécier les manifestations de la coutume internationale dans la pratique de la diplomatique camerounaise au regard d'une part, du processus de nomination et d'installation d'un CMD (**Section 1**) et d'autre part, au regard de l'entrée et de la cessation des fonctions d'un CMD (**Section 2**)

SECTION 1: LA COUTUME INTERNATIONALE DANS LA PRATIQUE DIPLOMATIQUE CAMEROUNAISE AU REGARD DU PROCESSUS DE NOMINATION ET D'INSTALLATION D'UN CMD

Le processus de nomination **(paragraphe 1)** du Chef de mission diplomatique (ci-après CMD) qui doit lui permettre de prendre en charge la représentation de son pays dans un poste à l'étranger

---

[431] GIULANO (M), « Les relations et immunités diplomatiques », *RCADI*, 1960-II, vol. 100, p. 1, p. 6-128. Voir également l'article 2 de la CVRD du 18 avril 1961.

[432] Idem.

est un vrai cheminement[433]. Dans la pratique diplomatique camerounaise, qui a un ancrage dans la coutume internationale, la nomination d'un CMD relève de la compétence exclusive et du pouvoir discrétionnaire du Président de la République. D'où la nomination de certains CMD qui ne sont pas diplomates de carrière à cette fonction dans le corps de la diplomatie[434]. L'installation d'un CMD **(paragraphe 2)** qui ne peut que s'effectuer qu'après agrément de l'Etat accréditaire, viendra parachever partiellement le cadre juridique des relations diplomatiques partant de la pratique diplomatique camerounaise.

PARAGRAPHE 1 : la coutume internationale dans la pratique diplomatique camerounaise au regard du processus de nomination d'un CMD

La nomination dans une affectation déterminée correspond à un certain nombre de critères (A) qu'il importe d'examiner avant de suivre les étapes successives du processus[435], y compris la désignation du CMD (B).

A. La coutume internationale dans la pratique diplomatique camerounaise au regard des critères d'affectation d'un CMD

On entend par critères d'affectation un ensemble d'actes, de faits et d'agissements au regard desquels le pouvoir exécutif incarné par le Président de la République s'appuie pour la désignation d'un CMD[436]. Cet ensemble d'actes et de faits ou d'agissements relève du pouvoir discrétionnaire du souverain en fonction de la nature des régimes constitutionnels et politiques. Ainsi, nous analyserons tout d'abord la pratique diplomatique comparée des critères d'affectation d'un CMD (1) et ensuite, s'attarder

---

[433] PANCRACIO (J-P), *Droit et Institutions diplomatiques*, Paris, Pedone, 2007, p.124, 268p.

[434] Ce corps est régi par le décret du 18 décembre 1975 portant statut particulier du corps des fonctionnaires de la diplomatie et son modificatif subséquent à savoir le décret N°77-345 du 26/08/1977.

[435] PANCRACIO (J-P), *Droit et institutions diplomatiques*, *op cit.*, p. 124.

[436] V. MOUSSA (F), *Manuel de pratique diplomatique : l'Ambassade*, Bruxelles, Bruylant, 1972, 411 p.

spécifiquement sur la pratique diplomatique camerounaise en matière de critères d'affection d'un CMD (2).

1. La pratique diplomatique comparée des critères d'affectation d'un CMD : cas des USA et la France

D'entrée de jeu, la pratique diplomatique comparée des critères d'affectation d'un CMD va reposer sur deux pays à savoir les Etats-Unis et la France. Ce choix se justifie par le fait que ces deux pays ont respectivement le premier[437] et le troisième réseau diplomatique dans le monde.

Le choix de l'affectation d'un ambassadeur obéit à des considérations relativement nombreuses à travers lesquelles se dessine un plan de carrière plutôt rationnel sur la durée pour les diplomates de métier[438]. A cet effet, entrent en ligne de compte : le niveau dans la hiérarchie, la difficulté ou les facilités relative des postes occupés antérieurement, les spécialisations géographique, linguistique et fonctionnelle de l'ambassadeur, le profil personnel au regard de tel ou tel poste, la disponibilité des postes vacant à l'étranger et la concurrence plus ou moins forte pouvant exister entre ambassadeurs visant le même poste[439]. Considérons particulièrement, la relation personnelle de l'ambassadeur au Chef de l'Etat ainsi que les services rendus à ce dernier dans le passé[440]. C'est par exemple le cas d'André YOUNG nommé ambassadeur des USA aux Nations Unies sous la présidence de Jimmy CARTER. Il a été remercié par ce dernier pour avoir soutenu sa candidature par la diaspora afro-américaine. On peut également évoquer Walter VENON qui a été nommé ambassadeur des USA aux Nations Unies sous Ronald REAGAN.

Au XIXe siècle, les nominations diplomatiques à Washington et aux postes de l'appareil gouvernemental étaient majoritairement

---

[437] Précisons tout de même que la Chine a détrôné en 2020 les USA en devenant le premier réseau diplomatique au monde.

[438] SEYDOUX DE CLAUSONNE (F), *Le Métier de diplomate*, Paris : France-Empire, 1980, 234 p.

[439] PANCRACIO (J-P), *Droit et Institutions diplomatiques*, *op cit.*, p.124.

[440]Ibidem

accordées sous l'influence du clientélisme politique. À chaque administration sa longue file de demandeurs d'emploi. Le président et les membres de son cabinet passaient de nombreuses heures à répondre aux exigences d'un système fondé sur le favoritisme[441].

Pour le cas des Etats-Unis, les critères de désignation ou de nomination d'un ambassadeur sont assez complexes. En effet, l'ambassadeur qui est pressenti par le Président américain doit en outre se soumettre à un processus de double accord. D'une part, l'accord doit être donné par l'Etat accréditaire, et d'autre part, par le Sénat à travers la commission des affaires étrangères. Ce dernier, peut refuser la validation de la nomination du futur ambassadeur, comme il peut décider de la différer[442].

En raison de ces réformes et de l'importance et de la complexité croissante des affaires étrangères, les diplomates américains sont devenus progressivement plus professionnel. En conséquence, le nombre et le pourcentage des ambassadeurs fonctionnaires de carrière s'accrut régulièrement pendant la première moitié du vingtième siècle. À l'époque de l'administration Eisenhower, la professionnalisation était devenue majoritaire au point que seul un tiers des ambassadeurs américains était nommé par clientélisme, tandis que les autres étaient diplomates de carrière[443].

En plus, depuis l'adoption du *Rogers Act*, le ratio de nommés en vertu de faveurs politiques s'est maintenu à environ 30 sur 70 par rapport aux diplomates de carrière, bien que la nomination des ambassadeurs soit toujours largement laissée à la discrétion du président. La seule exception a été constatée sous l'administration Reagan, qui réussit à nommer 38% de ses ambassadeurs par clientélisme. Quel que soit le pourcentage, pour rejoindre les rangs des ambassadeurs, il faut jouir d'une relation économique, politique ou personnelle très étroite avec le président. Bien que ces liens ne s'excluent pas mutuellement, le

---

441JETT (D-C), « *Le choix des ambassadeurs* », ASPJ Afrique & Francophonie - 2e trimestre 2016, p. 85, p. 84-100.

442Ibidem

443 Idem

recrutement et l'affectation du futur ambassadeur sont influencés par la puissance de l'un d'entre eux[444].
Pour autant, le facteur déterminant reste le statut de fonctionnaire de carrière ou de fonctionnaire politique. Ce fait est mis en évidence par la répartition des ambassadeurs politiques ou de carrière dans les grandes régions du monde. Alors que le ratio est globalement de 30 sur 70, il est inversé en Europe occidentale et aux Caraïbes où 72% des ambassadeurs en fonction depuis 1960 sont des fonctionnaires politiques, et 28% seulement fonctionnaires de carrière. Cette proportion tranche nettement avec l'Asie centrale, où sur plus de 50 postes, aucun des ambassadeurs nommés depuis la disparition de l'Union Soviétique n'est fonctionnaire politique[445].
En ce qui concerne la France, les critères ou le choix d'affectation d'un ambassadeur sont lisibles. Ainsi, dans la pratique diplomatique française, l'ambassadeur est nommé solennellement lors d'une séance du Conseil des ministres. Autrement dit, il est investi par le Président de la République sur proposition du Ministre des affaires étrangères et de l'Europe (MAEE)[446]. Une fois son nom mentionné en Conseil des ministres, le futur ambassadeur doit bénéficier l'agrément de son pays d'affectation afin d'être officiellement nommé[447].
En outre, le Chef de l'Etat peut, même en dehors de toute situation de conflit avec le Premier Ministre ou le Ministre des Affaires étrangères, pressentir une personnalité pour occuper un poste d'ambassadeur, sachant que le CMD est, en tout premier lieu, son représentant[448]. Ce poids particulier du Président de la République se manifestera de façon d'autant plus forte pour les postes diplomatiques de premier rang en termes d'activité et d'influence dans la représentation de la France. C'est le cas

---

[444] Idem

[445] Idem

[446] Appellation officielle du département ministérielle français chargé de mettre en application la politique extérieure de la France.

[447] Http// : étudiant.aujourd'hui.fr/metier/fiche-metier/ambassadeur.html. Consulté le 14 avril 2020.

[448] PANCRACIO (J-P), *Droit et institutions diplomatiques*, *op. cit.*, p. 124.

notamment de Washington, Berlin, Londres et quelques autres, sans oublier, pour des raisons qui ne tiennent pas uniquement à l'histoire, le Saint-Siège[449]. Envisageons à présent comment la pratique diplomatique camerounaise dans le choix d'un ambassadeur.

2. La pratique diplomatique camerounaise en matière des critères d'affectation d'un CMD

De prime abord, rappelons que le Cameroun a hérité de la France, quelques aspects de sa pratique diplomatique. Le choix ou les critères d'affectation d'un ambassadeur, relève du pouvoir discrétionnaire du Chef de l'Etat et de sa compétence exclusive. Il ne la partage avec personne. A cet effet, le fait que le choix d'un CMD relève de la « chasse gardée » du Président de la République, la plupart des personnes nommées à ces postes prestigieux ne sont pas nécessairement des diplomates de carrière mais également des fonctionnaires politiques.

Toutefois, on observe que dans la pratique diplomatique camerounaise en matière de critères d'affectation d'un ambassadeur, il faut jouir, d'une part d'une relation politique et d'autre part, d'une relation très étroite avec le Président de la République. Bien que ces liens ne s'excluent pas mutuellement, le recrutement et l'affectation du futur ambassadeur sont influencés par la puissance d'entre eux[450].

Cependant, de manière générale, dans la pratique diplomatique camerounaise, le facteur déterminant reste le statut de fonctionnaire de carrière ou de fonctionnaire politique. En réalité quel que soit le type d'ami du Président, politique ou personnel, il y a très peu de chances pour que l'ambassadeur fonctionnaire politique soit envoyé dans un pays indésirable, difficile ou dangereux.

La meilleure mesure du manque d'intérêt dans ces affectations est le différentiel de rémunération versé aux personnels[451]. La sélection de l'ambassadeur se fait par consultation et la décision

---

[449] Idem.

[450] JETT (D-C), « Le choix des ambassadeurs », ASPJ Afrique & Francophonie - 2 e trimestre 2016, p. 85

[451] Idem p. 88

de nomination d'ambassadeur est concrétisée par un décret. Mais ce décret est consécutif à l'acceptation de la demande d'agrément par l'Etat d'envoi à l'Etat d'accueil[452].
Ainsi, ayant une diplomatie qui se déploie en fonction de son alter ego, le Président de la République dans son choix d'affectation des ambassadeurs, tiendra compte des puissances qui pèsent de tout leur poids sur la scène internationale. A l'instar des Etats-Unis d'Amérique, la Chine, la Russie, la France, la Grande Bretagne, le Japon et l'Italie. A regarder de près, ces pays font partie du G7, c'est-à-dire des pays les plus puissants au monde, lesquels pays déterminent ou influencent la diplomatie internationale. A cet effet, le Président de la République usera comme facteur déterminant du choix d'un ambassadeur nommé auprès de ces puissances, la relation personnelle que ce dernier entretient avec celui qui va pourvoir à ce poste de responsabilité que de la compétence fut-il diplomate de carrière ou fonctionnaire politique. A titre illustratif, les ambassadeurs ou en poste actuellement dans les pays susmentionnés, sont certes pour la plupart des diplomates de carrière, mais sauvegardent une relation très étroite avec le Chef de l'Etat.
En somme, l'omniprésence du Chef de l'Etat dans le choix de nomination des ambassadeurs, se justifie par le fait que la diplomatie reste et demeure le domaine réservé de ce dernier. Raison pour laquelle, les critères d'affectation d'un ambassadeur relèvent plus de la subjectivité que de l'objectivité.
Par ailleurs, il est intéressant d'aborder la coutume internationale dans la pratique diplomatique camerounaise au regard du critère de désignation d'un CMD.

B. La coutume internationale dans la pratique diplomatique camerounaise au regard du critère de désignation d'un CMD

Pour le Professeur Jean-Paul PANCRACIO[453], l'expression désignation s'entend non pas comme la nomination effective d'un ambassadeur, mais plutôt comme un acte discrétionnaire par

---

452 NDZENGUE (P), Cours de Pratiques diplomatiques et Consulaires, Université de Yaoundé II-IRIC, p. 5, 23p. , inédit.
453 PANCRACIO (J-P), *Droit et institutions diplomatiques, op. cit.*, p.125

lequel l'agent est pressenti pour une affectation déterminée en qualité de Chef de mission diplomatique. Autrement dit, la désignation doit être analysée juridiquement comme une simple mesure préparatoire qui ne crée pas par elle-même de situation juridique nouvelle[454]. Ce pouvoir discrétionnaire n'est pas consigné dans aucun texte précis. Il prend cet acte en âme et conscience et selon ses propres choix.

La coutume internationale renchérit la pratique diplomatique camerounaise à cet effet dans ce cadre précis. Car le Président de la République au regard du pouvoir discrétionnaire dont il dispose, prépare l'agent pressenti à une affectation au poste de chef de mission diplomatique. Le conseiller technique pour les affaires diplomatiques du Président de la république joue à cet égard un rôle considérable dans la préparation de cet agent pressenti au poste de Chef de mission diplomatique. Ainsi, ce dernier va instruire le MINREX à déclencher la demande d'agrément auprès des autorités de l'Etat accréditaire en faveur du nouveau Chef de mission[455]. On peut donc constater qu'il se dessine, comme le souligne le Professeur Narcisse MOUELLE KOMBI une espèce de relation triangulaire entre le Président de la République, le Conseiller diplomatique et le MINREX. Ce dernier étant parfois « périphérisé » ou « subsidiarisé » sur certains dossiers, comme les nominations et les mutations d'ambassadeurs, par la centrale diplomatique présidentielle[456].

Cette demande d'agrément est traité au niveau du MINREX notamment à la Direction du Protocole et transmise ensuite au niveau de la Haute Hiérarchie pour approbation. C'est après avoir reçu l'approbation de PRESICAM que le processus est déclenché par le MINREX.

La désignation lance le processus de nomination, tout en permettant au Ministre des Affaires Etrangères de déclencher la demande d'agrément[457] auprès des autorités de l'Etat accréditaire

---

454 PANCRACIO (J-P), *Dictionnaire de la diplomatie*, Paris, Dalloz et de Bussac, 2007, p. 203, 684 p.

455 Entretien accordé par le Directeur du Protocole, du Cérémonial et des Affaires Consulaires au MINREX en date du 15 avril 2019.

456 MOUELLE KOMBI (N), *La politique extérieure du Cameroun*, *op. cit.*, p.23.

457 SALMON (Jean) (dir.), *op. cit.*, p. 51.

en faveur du nouveau chef de mission[458]. Au demeurant, par mesure de prudence, il est à préciser que le Président de la république ne peut procéder à l'acte nomination et à sa publication qu'à réception de l'acte d'agrément[459]. L'effet contraire de cette démarche placerait les autorités de l'Etat accréditaire devant le fait accompli, et constituerait dans ce cas, plus qu'un manque de courtoisie diplomatique, ce qui obligerait pour le Chef de l'Etat au cas où l'agrément était refusé, de revenir immédiatement sur la décision déjà rendue officielle[460].

En outre d'après les réflexions du Professeur Jean-Paul PANCRACIO, la désignation devrait être analysée comme une mesure préparatoire qui ne crée pas par elle-même de situation juridique nouvelle. Elle n'est pas même l'objet d'une annonce publique. Ce n'est qu'après réception de l'agrément qu'intervient la nomination de l'ambassadeur[461].

Cependant, ce dernier ne sera véritablement installé dans ses fonctions qu'à l'issue de l'audience de ses lettres de créances au chef de l'Etat, dans le pays où il aura désormais sa résidence. Mais avant cela, il est tout simplement appelé « ambassadeur agrée »[462]. Examinons à présent la coutume internationale dans la pratique diplomatique camerounaise à travers l'installation d'une mission diplomatique.

PARAGRAPHE 2 : la coutume internationale dans la pratique diplomatique camerounaise à travers l'installation d'un Chef de mission diplomatique

L'installation d'un Chef mission diplomatique ne peut s'effectuer qu'après la procédure d'agrément préalable (A) dont l'hypothèse de refus (B) ne requiert pas de la part de l'Etat accréditant une justification[463].

---

458 PANCRACIO (J-P), *Droit et Institutions diplomatiques, op. cit.*, p.125.

459 Idem.

460 Idem.

461 En France par exemple, un décret pris en Conseil des ministres et publié au Journal officiel. L'annonce en est faite par le porte-parole de la présidence de la République à l'issue du Conseil des ministres.

462 PANCRACIO (J-P), *op. cit.*, p. 125.

463 Voir l'article 4 al.2 de la Convention de Vienne sur les Relations Diplomatiques du 18 avril 1961.

A. La coutume internationale dans la pratique diplomatique camerounaise au regard de la procédure d'agrément

Cette procédure d'agrément concerne particulièrement le chef de mission accrédité au Cameroun (1) et les attachés militaires (2).

1. La coutume internationale dans la pratique diplomatique camerounaise au regard de la procédure d'agréation du Chef de mission diplomatique

La personnalité pressentie pour comme Chef de mission diplomatique est appelée à être l'interlocuteur privilégié d'un gouvernement étranger en qualité de représentant permanent[464]. La Convention de Vienne sur les Relations Diplomatiques a prévu dans ses dispositions que l'Etat accréditant s'assure d'avance que la personne qu'il entend accréditer au Cameroun comme Chef de mission diplomatique, est acceptable par ce dernier[465]. C'est ce qu'on appelle la procédure d'agrément ou d'agréation.

A cet effet, les relations de confiance que cela suppose rendent judicieux le commun accord préalable des deux Etats sur la personnalité qui sera le lien. En conséquence, il serait inutile et fâcheux pour les relations bilatérales que soit accrédité un Chef de mission diplomatique qui ne serait pas le bienvenu (*persona non grata*) au Cameroun où il aurait à exercer ses fonctions. Ainsi, comment l'Etat accréditant procède-t-il pour obtenir l'agréation d'un Chef de mission diplomatique auprès de l'Etat du Cameroun ?

Ainsi, il est d'usage dans la pratique diplomatique camerounaise que la procédure d'agrément soit initiée par l'Etat accréditant qui a pour but d'assurer que la personne qu'il entend accréditer comme Chef de mission est acceptable auprès de l'Etat du Cameroun. La demande d'agrément est transmise au MINREX soit par l'Ambassade du pays accréditant au moyen d'une démarche personnelle ou d'une Note verbale[466] accompagnée du

---

464 PANCRACIO (J-P), *op. cit.*, p.125

465 SALMON (J), *Manuel de droit diplomatique*, ULB, Bruylant, Delta, 1994, pp. 141-142, 678p, V. également la Convention de Vienne sur les Relations Diplomatiques.

466 SALMON (Jean) (dir.), *op. cit.*, p. 758

Curriculum Vitae (CV) de la personne pressentie, soit par l'intermédiaire de l'Ambassade du Cameroun dans le pays concerné.

Une réponse favorable transmise à l'Ambassade permet de continuer la procédure[467] après l'obtention de l'accord préalable de la Présidence du Cameroun (PRESICAM) sur l'agrément demandé. La Direction du Protocole avisera l'Ambassade concernée par une lettre soit à l'ancien Ambassadeur si ce dernier n'a pas encore quitté le pays ; soit au Chargé d'affaires a.i (*ad interim*). Autrement dit, la Direction du Protocole notifiera par courrier officiel la réponse à la demande d'agrément au Chef de la mission diplomatique à Yaoundé. Par l'intermédiaire de l'Ambassade du Cameroun, le Ministère des Affaires étrangères de l'Etat accréditant est également informé.

Raison pour laquelle, la pratique diplomatique camerounaise de la procédure d'agrément comme acte précurseur à l'accréditation est devenue systématique dans les relations diplomatiques. Elle découle du principe de souveraineté lui-même car aucune puissance n'est tenue de recevoir un représentant étranger quel qui soit, s'il ne lui plait pas[468]. C'est pourquoi «*pour éviter un refus public qui aurait un caractère désobligeant, elle est invitée à faire connaitre si elle l'agrée* »[469].

Précisons tout de même que jusqu'à la fin du XIXe siècle, l'usage de l'agrément n'était pas toujours suivi scrupuleusement, notamment par les Républiques d'Amérique latine qui envoyaient leurs représentants sans toutefois avertir l'Etat accréditaire[470]. Ce dernier était parfois prévenu après l'arrivée sur son territoire de personnes porteuses de passeports diplomatiques. Sa liberté de refuser les lettres de créance demeurait entière[471]. Un tel comportement de nos jours serait rare de la part des Etats. Ainsi, recourir à la procédure d'agréation est

---

[467] FOZEIN KWANKE (T), «Le protocole et le diplomate étranger : accueil, gestion et traitements des personnalités », https://www.academia.edu/, p. 3, 17 pages.

[468] PANCRACIO (J-P), *Droit et institutions diplomatiques, op. cit.*, p. 126

[469] DUPUIS (C), *Le droit des gens et les rapports des grandes puissances avec les autres Etats avant la Société des Nations (SDN)*, Paris, Plon, 1921, p. 87.

[470] SALMON (J), *Manuel de droit diplomatique, op. cit.*, p. 142

[471] Idem.

un devoir pour l'Etat accréditant lorsqu'il s'agit du Chef de mission diplomatique.

Selon la pratique édictée par la Direction du Protocole du Ministère des Relations Extérieures du Cameroun, la procédure d'agréation est consubstantielle à la demande d'agrément qui est rédigée comme suit : *« l'Ambassade de la République... à Yaoundé présente ses compliments au Ministère des Relations Extérieures et à l'honneur de lui faire savoir que le Ministère des Affaires étrangères de... à l'intention d'accréditer au Cameroun un Ambassadeur extraordinaire et plénipotentiaire en la personne de Monsieur... »*.

En somme, si l'Etat accréditant insiste pour que soit accepté un Chef de mission diplomatique que n'agrée pas l'Etat du Cameroun, ce dernier prend le risque d'un rejet public de l'agent proposé et une tension bien inutile dans les relations diplomatiques bilatérales puisque, au final, c'est bien la volonté de l'Etat du Cameroun qui prévaudra. Envisageons par la suite la pratique diplomatique camerounaise en ce qui concerne la procédure d'agréation des attachés militaires.

2. La coutume internationale dans la pratique diplomatique camerounaise au regard de la procédure d'agréation des attachés militaires

Au Cameroun trois catégories de personnalités sont soumis à l'approbation avant leur entrée en fonction. Il s'agit entre autres du Chef de mission diplomatique, du Chef de Poste Consulaire (CPC) et de l'Attaché de défense. Pour ce dernier cas, il s'agir de l'attaché de défense, de l'air ou naval.

Bien que cette exigence d'agréation soit conforme à la Convention de Vienne de 1961[472], dans la pratique diplomatique camerounaise, la procédure d'agréation est tout à fait particulière. Laquelle particularité qui sera mise évidence au regard du caractère sensible que possède un pays de façon générale et en particulier le Cameroun, d'abriter sur son sol une force de défense étrangère.

Ainsi, la Mission fait tenir au MINREX une demande d'agrément accompagnée du Curriculum Vitae de la personne pressentie,

---

[472] Cf. article 7 de la Convention de Vienne du 18 avril 1961.

précisant entre autres, sa carrière militaire et ses affectations antérieures[473]. Ensuite le MINREX saisit le Ministère de la Défense à l'effet de lui fournir quelques informations complémentaires et son approbation sur la personne pressentie au poste d'attaché de défense. Généralement le Ministère de la défense (MINDEF) donne son accord par une lettre qu'elle transmet au MINREX.

Le dossier est transmis à la Présidence de la République pour suite à donner. L'approbation éventuelle de la proposition suit la même trajectoire pour l'information de l'Etat accréditant[474]. Autrement dit, lorsque la Présidence de la République se prononce sur la demande d'agrément au regard des éléments qui lui sont fournis, elle répond dans la plupart des cas favorablement à la demande d'agrément. A cet effet, le MINREX saisit par Note Verbale la Mission concernée pour lui transmettre l'information. En outre, l'officier nommé attaché de défense par exemple ne peut l'être qu'une seule fois, sauf exception, alors que la limite n'existe pas nécessairement pour d'autres attachés dont le contrat peut être renouvelé au moins une fois[475]. En plus, lorsque la puissance des forces armées de l'Etat accréditaire ou bien l'importance des accords de coopération militaires entre deux pays le justifient, il peut exister aux côtés de l'attaché de défense, un attaché naval, un attaché de l'air, un attaché terre voire de gendarmerie[476].

Il faudrait préciser qu'au niveau de la Présidence de la République, la personnalité qui est chargée de traiter le dossier d'agrément de l'attaché militaire est le Chef d'Etat-Major Particulier du Président de la République (CEMP). Tout comme la demande d'agrément, le refus d'agrément n'est pas rendu public[477].

---

[473] FOZEIN KWANKE (T), «*Le protocole et le diplomate étranger : accueil, gestion et traitements des personnalités* », *loc. cit.,* p. 4

[474] Idem.

[475] PANCRACIO (J-P), *Dictionnaire de la diplomatie, op.cit.,* p. 85.

[476] Idem p. 86

[477] PANCRACIO (J-P), *Droit et institutions diplomatiques, op. cit.,* p. 126.

B. La coutume internationale dans la pratique diplomatique camerounaise au regard de l'hypothèse de refus d'agrément

L'article 4 al.2 de la Convention de Vienne sur les Relations Diplomatiques dispose : « *L'Etat accréditaire n'est pas tenu de donner à l'Etat accréditant les raisons d'un refus d'agrément* ». Cette disposition met en lumière le caractère discrétionnaire de l'hypothèse de refus d'agrément par un Etat qui appelé à délivrer l'agrément à un autre Etat qui en a fait la demande. Ce caractère discrétionnaire dans la pratique diplomatique camerounaise se traduit par la souveraineté acquise par le Cameroun depuis 1960.

Par ailleurs, la pratique diplomatique camerounaise dans sa manifestation reconnait le refus d'agrément tacite. Celle-ci se manifeste par un long et pesant silence de l'Etat du Cameroun. En réalité c'est une pratique qui n'est pas normale car il y'a atteinte à la dignité d'un diplomate voire de son Etat. Toutefois, cette dernière est quand même usitée et résulte tout de même à un refroidissement des relations diplomatiques bilatérales[478].

A titre illustratif, le Cameroun dans sa pratique diplomatique constante n'a pas encore utilisé ce mode de refus d'agrément.

En outre, le refus tacite d'agrément se manifeste également dans la pratique diplomatique camerounaise par le fait que celui-ci peut intervenir à tout moment tant que la remise de ses lettres de créance par l'ambassadeur n'est pas intervenue. Autrement dit, à partir de la désignation par son Etat, le nouveau chef de mission doit veiller à observer réserve et discrétion afin de ne pas effaroucher, par quelque maladresse, ses futurs interlocuteurs au sein du Gouvernement du Cameroun.

En somme, si les manifestations de la coutume internationale dans la pratique de la diplomatie camerounaise sont appréciables au niveau du processus de nomination et d'installation d'un CMD, elles le sont également au niveau de l'entrée et la cessation de fonctions d'un CMD.

---

[478] Idem.

SECTION 2 : LA COUTUME INTERNATIONALE DANS LA PRATIQUE DIPLOMATIQUE CAMEROUNAISE AU REGARD DE LA PROCEDURE D'ENTREE ET DE CESSATION DE FONCTIONS D'UN CMD

Nous examinerons successivement la procédure d'entrée en fonction d'un Chef de mission diplomatique **(paragraphe 1)** et la cessation de fonctions d'un Chef de mission diplomatique **(paragraphe 2).**

PARAGRAPHE 1 : La coutume internationale dans la pratique diplomatique camerounaise au regard de la procédure d'entrée en fonction d'un Chef de mission diplomatique

La procédure d'entrée en fonction du Chef de mission diplomatique (A) précèdera celle des autres membres de la mission diplomatique (B).

A. La coutume internationale dans la pratique diplomatique camerounaise au regard de la procédure d'entrée en fonction du chef de mission diplomatique

L'entrée en fonction d'un chef de mission diplomatique est consécutive à la délivrance de l'agrément par l'Etat accréditant. Au-delà de ce que prévoit de manière générale la Convention de Vienne sur les Relations Diplomatiques, la pratique diplomatique camerounaise revêt quelques particularités tant au niveau de l'arrivée du nouvel ambassadeur (1) qu'à l'audience de remise des lettres au Chef de l'Etat camerounais (2).

1. La coutume internationale dans la pratique diplomatique camerounaise au regard de l'arrivée du nouvel ambassadeur : le statut de l'incognito

Du latin « *incognitus* » qui signifie inconnu, c'est un terme employé pour désigner le fait qu'un Chef d'Etat ou un personnage de haut rang voyage se retrouve à l'étranger sans invoquer sa qualité officielle ou sans y prétendre aux honneurs qui lui seraient dus[479]. Autrement dit l'incognito est la position

---

[479] SALMON (Jean) (dir), *op. cit.*, p. 567

juridique de l'ambassadeur agrée qui vient d'arriver dans l'Etat accréditaire pour prendre son poste[480].

Il est d'usage au Cameroun que le nouvel ambassadeur soit attendu à sa descente d'avion par un fonctionnaire du Ministère des Relations Extérieures du Cameroun qui est entre autre un cadre de la Direction du Protocole outre les principaux agents diplomatiques de sa nouvelle ambassade. A cet effet, il bénéficie d'un accueil au salon d'honneur de l'aéroport s'il vient en avion. Ensuite, toujours accompagné du cadre du Protocole le nouvel ambassadeur est conduit à son hôtel pour se sacrifier les jours suivants au rituel de la présentation de la copie figurée de ses lettres de créance au MINREX.

Il faudrait préciser que dans la pratique diplomatique camerounaise, le nouvel ambassadeur accueilli, n'est pas encore le représentant actif de son pays et par conséquent n'a pas la possibilité d'exercer officiellement ses fonctions[481]. En général, d'après le Professeur Jean-Paul PANCRACIO, sa qualité de personne privée prévaudra encore quelques jours sur sa qualité d'envoyé. Ainsi ne peut-il faire durant cette période aucune visite à caractère officiel, ni aucun acte de représentation de son Etat[482].

En outre, il est également d'usage dans la pratique diplomatique camerounaise que dès son arrivée, le nouvel ambassadeur transmette une copie figurée[483] de ses lettres de créance dont elle a le double, la copie conforme à la Direction du Protocole du Ministère des Relations Extérieures du Cameroun. Cette formalité est un préliminaire indispensable à l'organisation de l'audience de remise ses lettres de créance au chef de l'Etat, en même temps qu'elle officialise pour le Ministre des Relations Extérieures l'arrivée du nouvel ambassadeur dans son poste[484].

---

[480] PANCRACIO (J-P), *Droit et institutions diplomatiques, op. cit.,* p. 128

[481] Idem p. 129

[482] Idem

[483] Copie de ses lettres de créance que le Chef de mission remet au MINREX, avant même que n'intervienne la cérémonie de remise des lettres de créance au Chef de l'Etat. Elle officialise pour le MINREX l'arrivée d'un nouvel ambassadeur dans son poste, mais elle n'autorise pas ce dernier à procéder à des actes officiels de représentation.

[484] PANCRACIO (J-P), *op. cit.,* p. 129

Par ailleurs, dans certains pays, c'est précisément la date de cette remise de la copie figurée des lettres de créance qui fera rang à l'ambassadeur au tableau de préséance par rapport à ses collègues étrangers[485]. A contrario, dans la pratique diplomatique camerounaise ce n'est que la date de l'audience de remise des lettres de créance au Chef de l'Etat et l'inscription par la suite sur la liste diplomatique.
Cependant, le statut d'incognito du nouvel ambassadeur au regard de la pratique diplomatique camerounaise donne droit à ce dernier et en l'occurrence l'obligation de courtoisie, de se livrer aux visites non officielles aux principaux directeurs du MINREX ainsi qu'à ses collègues du Corps diplomatique[486] en commençant par le doyen. Dans la pratique diplomatique camerounaise également, ce dernier ne peut prétendre assister aux cérémonies officielles ou publiques organisées par le Cameroun. Seule l'audience de remise effective des lettres de créance au Chef de l'Etat le lui permettra.
En somme, la coutume internationale dans la pratique diplomatique camerounaise au regard du statut d'incognito du nouvel ambassadeur astreint ce dernier à certaines obligations qu'il devra respecter afin d'aboutir à la position officielle d'ambassadeur accrédité auprès du Cameroun. De ce fait, il pourra jouir des privilèges et immunités prévus par la Convention de Vienne sur les Relations Diplomatiques.

2. La coutume internationale dans la pratique diplomatique camerounaise au regard de l'audience de remise des lettres de créance au Chef de l'Etat du Cameroun

De prime abord, il faut préciser qu'il ne sera pas question de mettre en exergue le cérémonial qui encadre la remise des lettres de créance au Chef de l'Etat, car celui-ci fera l'objet d'une étude plus approfondie dans la seconde partie de notre travail. Il s'agira plutôt d'analyser les usages en matière de remise des lettres de créance au Chef de l'Etat camerounais.

---

485 Idem

486 Ensemble du personnel étranger en poste dans une capitale et qui a qualité d'agent diplomatique.

Ainsi, il est d'usage dans la pratique diplomatique camerounaise que l'audience de remise des lettres de créance au Chef de l'Etat ne peut se réaliser si et seulement si l'ambassadeur a déjà présenté la copie figurée de ses lettres de créance au MINREX. Dans cette perspective, le MINREX transmet à PRESICAM, une liste actualisée des diplomates en attente de présenter leurs lettres de créance[487]. Ensuite, celui-ci informe la mission diplomatique concernée de la date et l'heure de la remise du créditif au Chef de l'Etat. Les lettres de créance sont remises particulièrement par le Chef de la mission au Chef de l'Etat dans le cadre d'un cérémonial tout à fait particulier[488].

L'accréditation du Chef de mission est un acte authentifiant les pouvoirs de représentation dont celui-ci est investi par son Etat, les lettres de créance demandent au Chef de l'Etat qui les reçoit d'accorder « créance », en d'autres termes de croire, à tout ce que le chef de mission ainsi présenté pourra dire ou écrire au nom de son pays et de son Chef d'Etat[489]. Sans elles, l'ambassadeur ne serait pas reconnu étant leur représentant[490].

Toutefois, le contenu et la formulation des lettres de créance peuvent paraitre désuète, ils correspondent cependant à un des usages diplomatiques les plus anciens et aucun Etat ne s'y soustrait[491]. Relevant de ce que l'on appelle le « cérémonial personnel des chefs d'Etat », les lettres de créance selon la pratique diplomatique camerounaise sont présentées sous la forme particulièrement cérémonieuse des lettres de chancellerie, en format *in folio* (grand format) et revêtues du grand sceau de l'Etat. Ainsi, elles comprennent dans l'ordre d'écriture : les titres des deux chefs d'Etats, puis la *vedette* c'est-à-dire la première qualification donnée au destinataire, le corps, la conclusion et la *réclame* ou rappel du destinataire de la lettre et de sa qualité[492].

En somme, à l'issue de l'audience de remise des lettres au Chef de l'Etat, les lettres de créances ayant été acceptées, le nouvel

---

[487] FOZEIN KWANKE (T), « Le protocole et le diplomate étranger : accueil, gestion et traitements des personnalités », p. 6

[488] Idem

[489] PANCRACIO (J-P), *Droit et Institutions diplomatiques, op. cit.,* p. 129

[490] Idem

[491] Idem

[492] Idem

ambassadeur se trouve, dans l'instant même, accrédité en qualité de représentant officiel de son pays. Il sort de son *incognito* : il est désormais en fonction[493]. Le travail du poste ainsi que de nouvelles visites d'abord au doyen et aux membres du Corps diplomatique l'attendent[494].

L'entrée en fonction d'une mission diplomatique ne dépend pas seulement de celle du chef de mission mais également des autres membres de la mission.

B. La coutume internationale dans la pratique diplomatique camerounaise au regard de la procédure d'entrée en fonction des autres membres de la mission diplomatique

On entend par autres membres de la mission, les membres du personnel de la mission ayant le statut de diplomate, du personnel administratif et technique, du personnel de service[495]. En ce qui concerne la procédure d'entrée en fonction des autres membres de la mission, l'article 10 de la Convention de Vienne n'a prévu conformément à la pratique diplomatique camerounaise qu'une procédure de notification. Cette procédure s'étend, pour des raisons d'informations évidentes, à toutes personnes devant bénéficier des privilèges et immunités[496] :

« *1. Sont notifiés au Ministère des affaires étrangères de l'Etat accréditaire ou à tel autre ministère dont il aura été convenu :*

a) La nomination des membres de la mission, leur arrivée et leur départ définitif ou la cessation de leurs fonctions dans la mission ;

b) L'arrivée et le départ définitif d'une personne appartenant à la famille d'un membre de la mission, et, s'il y a lieu, le fait qu'une personne devient ou cesse d'être membre de la famille d'un membre de la mission ;

c) L'arrivée et le départ définitif de domestiques privés au service des personnes visées à l'alinéa a ci-dessus, et, s'il y a lieu, le fait qu'ils quittent le service desdites personnes;

---

493 Idem

494 Idem

495 Cf. article 1(c) de la Convention de Vienne du 18 avril 1961.

496 SALMON (J), *Manuel de droit diplomatique, op. cit.,* p.164

d) L'engagement et le congédiement de personnes résidant dans l'Etat accréditaire, en tant que membres de la mission ou en tant que domestiques privés ayant droit aux privilèges et immunités.
2. Toutes les fois qu'il est possible, l'arrivée et le départ définitif doivent également faire l'objet »[497].

La procédure de notification dans la pratique diplomatique camerounaise est particulière en ce sens qu'elle permet de se rendre compte que dans certains cas, des abus de qualification par l'Etat accréditant, en particulier lorsque le personnel administratif se voit attribuer la qualité de diplomate, lorsque le soi-disant diplomate ne remplit pas une tache diplomatique (étudiant, enseignant, membre du culte ou commerçant), lorsque également le personnel de service est qualifié d'administratif[498]. En somme, dans la pratique diplomatique camerounaise, la procédure de notification vient clarifier la qualité de chaque membre devant figurer sur la liste diplomatique.

Par ailleurs, cette tendance revêt un intérêt capital dans la pratique diplomatique camerounaise dans la mesure où possibilité est donnée d'obtenir par diverses sources le maximum de renseignements sur les personnes dont le nom est notifié, notamment par la procédure du visa chaque fois qu'elle existe encore[499].

Cependant, au Cameroun, l'arrivée et éventuellement le départ des nouveaux diplomates doit être signalé à la direction du protocole du MINREX, par une note verbale émanant de la mission diplomatique. La direction du protocole leur délivre, ainsi qu'aux membres de leur famille, pendant leur séjour au Cameroun un carte d'identité diplomatique attestant la preuve de la qualité de membre de la mission diplomatique.

Cette preuve est nécessaire pour toute personne qui réclame le statut de membre de la mission diplomatique et en particulier le bénéfice de privilèges et immunités[500]. En effet, si la preuve de la qualité de diplomate dans la pratique diplomatique camerounaise peut se faire par toute voie de droit, encore

---

[497] V. article 10 de la Convention de Vienne précitée
[498] SALMON (J), *Manuel de droit diplomatique*, *op. cit.*, p. 164
[499] Idem
[500] Idem

convient-il de noter que la détention d'un passeport diplomatique dans le contexte camerounais n'est pas forcément probante en ce sens que cela peut n'être que le résultat d'un acte unilatéral de l'Etat d'origine[501].

Ainsi, dans la pratique diplomatique camerounaise, c'est la détention d'une carte diplomatique délivrée par la direction du protocole du MINREX sur présentation d'un bulletin de renseignement, de photos et du passeport diplomatique, et l'inscription du nom sur la liste diplomatique qui attestent la qualité de diplomate d'une personne ; le passeport diplomatique n'étant qu'un titre de voyage et ne confère en tant que tel aucune immunité ni prérogative à son détenteur[502].

Seuls bénéficient de l'immunité diplomatique les fonctionnaires nommés en poste au Cameroun et dont le nom est à ce titre porté sur la liste diplomatique établie au MINREX et communiquée à la Délégation Générale à la Sureté Nationale (DGSN) qui dispose en son sein la Compagnie de Sécurisation des Diplomates (CSD). Cette une unité spéciale au sein de la Police camerounaise qui est chargée de veiller à la sécurité des diplomates accrédités au Cameroun. Au demeurant, lorsqu'une mission diplomatique entre en fonction cette dernière est appelée à cesser dans un délai prévu.

PARAGRAPHE 2 : la coutume internationale dans la pratique diplomatique camerounaise au regard de la cessation des fonctions d'un Chef de mission diplomatique

Les fonctions d'un Chef de mission diplomatique installée au Cameroun peuvent prendre fin de façon normale (A) d'une part, et d'autre part, de manière exceptionnelle (B).

A. La coutume internationale dans la pratique diplomatique camerounaise au regard de la cessation normale des fonctions d'un Chef de mission diplomatique

La cessation normale des fonctions d'un Chef de mission diplomatique est appréhendée par le rappel de l'agent

---

501 Idem p. 167

502 AFDI, 1979, p. 991

diplomatique par l'Etat accréditant (1) et le rapatriement sanitaire ou le décès de l'agent diplomatique (2).

1. La pratique diplomatique camerounaise au regard du rappel de l'agent diplomatique par l'Etat accréditant

Il s'agit dans ce cas précis, des modalités qui s'inscrivent dans le pouvoir qu'à l'Etat accréditant de mettre en mouvement, à sa discrétion, son personnel diplomatique, que ce soit dans le cadre des flux de mutations du personnel ou des motifs spécifiques à l'agent[503]. Il se pose incidemment dans la pratique diplomatique camerounaise l'exigence de mobilité ou de rotation des agents diplomatiques.

En effet, la plupart des Etats mettent en pratique une mobilité systématique de leur personnel diplomatique, mobilité à laquelle peuvent également être incités les membres du personnel administratif et technique[504]. Cela répond à une exigence fonctionnelle de respiration entre les services centraux et les postes à l'étranger. Le principe de mobilité est appliqué à la fois avec rigueur et souplesse[505]. C'est le cas dans la pratique diplomatique camerounaise.

Par ailleurs, dans la pratique diplomatique camerounaise, pour procéder à ces mouvements, l'Etat qui accrédite sa mission diplomatique sur le territoire camerounais utilise la procédure du rappel de l'agent diplomatique concerné. S'agissant du Chef de mission diplomatique, au regard de la pratique diplomatique camerounaise, celui-ci prendra congé de façon solennelle que ses subordonnés.

Un minimum de parallélisme des formes doit nécessairement intervenir par rapport au cérémonial de son entrée en fonctions. La pratique devrait ainsi l'amener à prendre officiellement congé du Chef de l'Etat, lors d'une audience de congé au cours de laquelle l'ambassadeur rappelé remettrait ses lettres de rappel et où lui seraient remises ses lettres de récréance[506]. Autrement dit, le Chef de mission diplomatique qui quitte définitivement son

---

503 PANCRACIO (J-P), *Droit et Institutions diplomatiques, op. cit.,* p.136
504 Idem p. 134
505 Idem
506 Idem

poste peut remettre ses lettres de rappel au Chef de l'Etat lors d'une audience privée ; mais celles-ci peuvent également être remises par son successeur lors d'une cérémonie de présentation des lettres de créances au Chef de l'Etat[507]. A cet effet, la direction du Protocole communique à l'Ambassadeur la liste des personnes auxquelles il doit rendre des visites d'adieu. Les conditions dans lesquelles le Gouvernement peut offrir une réception ou décerner une distinction honorifique à un Ambassadeur qui cesse ses fonctions dans la pratique diplomatique camerounaise font l'objet d'une circulaire présidentielle[508].

Cependant, dans les pays qui reçoivent un grand nombre de missions diplomatiques étrangères, la pratique voudrait que les ambassadeurs arrivant au terme de leur mission ne soient pas reçus par le Chef de l'Etat ni même par le chef du gouvernement[509]. C'est le successeur qui remet à son arrivée dans le pays concerné les lettres de rappel de son prédécesseur qu'il a apporté avec lui. Une exception est possible, lorsque les hautes autorités de l'Etat accréditaire tiennent à manifester des marques particulières de reconnaissance à un ambassadeur étranger qu'ils ont particulièrement apprécié[510].

C'est le cas exemple en France. Ainsi, l'ambassadeur étranger arrivé en fin de mission informe la Direction du Protocole du ministère des Affaires étrangères et de l'Europe (MINAEE) de son départ prochain sous la forme d'une note verbale[511]. Sauf exception, ni le Chef de l'Etat, ni le Premier ministre (PM), ni le MINAEE ne le reçoivent en cette circonstance. Comme à son arrivée, il est salué par un agent de la Direction du Protocole au salon d'honneur de l'aéroport[512].

---

507 V. l'article 72 du décret No 76/424 du 16 septembre 1976 fixant les règles de protocole à observer en matière de Cérémonies Publiques, Préséances, Honneurs Civils et Militaires.

508 Idem

509 PANCRACIO (J-P), *Droit et institutions diplomatiques, op. cit.,* p. 137.

510 Idem.

511 Note rédigée de manière informelle, sans destinataire et sans signature.

512 PANCRACIO (J-P), *op. cit.,* p. 137.

2. La coutume internationale dans la pratique diplomatique camerounaise au regard du rapatriement sanitaire ou décès de l'agent diplomatique

Par le fait qu'il revêt un caractère définitif, le rapatriement sanitaire d'un agent diplomatique dans la pratique diplomatique camerounaise, provoque une nouvelle affectation par conséquent un mouvement diplomatique[513]. Au Cameroun, le rapatriement sanitaire entraine ce que l'on appelle une rupture d'établissement, et en cela même, nécessite l'accord préalable du Ministère des Relations Extérieures.

Ainsi, du rapatriement sanitaire on distinguera dans la pratique diplomatique camerounaise, la simple « évacuation sanitaire » du diplomate vers un lieu plus propice au traitement de sa maladie, avec retour dans son poste à la guérison[514]. Dans ce cas de figure, l'ambassade concernée dépose au MINREX plus précisément à la Direction du Protocole une note verbale précisant de l'évacuation sanitaire du diplomate pour un traitement adéquat vers le lieu indiqué dans ladite note.

Par contre, dans la pratique diplomatique camerounaise, si l'agent diplomatique décède, son corps sera rapatrié dans son pays sans cérémonial particulier, si ce n'est la notification du décès au service du Protocole de l'Etat accréditaire et les hommages personnels que voudront bien lui rendre ses collègues étrangers.

Dans le cas du décès d'un Chef de mission à son poste, un cérémonial est mis en place. D'une manière générale, c'est d'abord à l'ambassade en deuil qu'il appartient d'organiser les cérémonies d'obsèques à Yaoundé et le rapatriement du corps avec le concours de la Direction du Protocole du MINREX.

Concrètement, lorsqu'un ambassadeur décède à son poste, la cérémonie funèbre, en raison du caractère de sa charge, comporte traditionnellement les honneurs militaires. Son ordonnancement doit être réglé par la Direction du Protocole[515]. Les Secrétaires et Attachés de la Mission diplomatique conduisent à leur place les

---

[513] Idem.

[514] Idem

[515] NJILIE (D), *Le protocole dans la république*, Yaoundé, Harmattan, 2008, p. 99, 213p

hautes autorités étrangères et les membres du corps diplomatique. Dans la pratique diplomatique camerounaise, il est de règle qu'un représentant du Chef de l'Etat assiste à la cérémonie, ainsi que le Ministre des Relations Extérieures accompagnés des hauts fonctionnaires de son département[516]. Le Chef de l'Etat, le Gouvernement, le MINREX, le corps diplomatique et la haute autorité locale envoie des couronnes de fleurs[517].

Néanmoins, si le corps doit être accompagné en cortège, des cordons du poêle sont tenus par le Ministre des Relations Extérieures, un collègue de l'Ambassadeur, le Chargé d'Affaires et des notabilités civiles et militaires locales[518]. Lorsque la cérémonie est terminée au niveau de l'ambassade, il est procédé au rapatriement du corps. En effet, il est d'usage que la dépouille mortelle passe par le salon d'honneur de l'aéroport et un registre de condoléances soit ouvert dans le salon de l'ambassade du défunt et le Ministre des Relations Extérieures adresse un message de condoléances à son homologue de l'Etat accréditant[519]. A titre illustratif, on peut mentionner le décès de l'Ambassadeur extraordinaire et plénipotentiaire du Sénégal à Yaoundé. Si le rappel de l'agent diplomatique ou son rapatriement pour cause de décès ou sanitaire constituent le mode de cessation normale d'une mission diplomatique, ne perdons pas de vue qu'il existe également un mode de cessation exceptionnelle d'une mission diplomatique.

B. La coutume internationale dans la pratique diplomatique camerounaise au regard de la cessation exceptionnelle des fonctions d'un agent diplomatique

Au regard du statut des agents diplomatique tel qu'il émane de la Convention de Vienne de 1961 sur les Relations Diplomatiques, il y a une différence entre le fait pour un diplomate étranger d'être

---

516 Idem p. 99

517 Idem

518 Idem

519 PANCRACIO (J-P), *Droit et institutions diplomatiques, op. cit.*, p. 137.

déclaré persona non grata par l'Etat accréditaire et le fait d'être l'objet d'une mesure d'expulsion[520].

La coutume internationale dans la pratique diplomatique camerounaise au regard de la cessation anormale des fonctions d'une mission diplomatique est appréhendée selon qu'il s'agisse du rappel contraint de l'agent par la volonté de l'Etat camerounais (1) et de l'expulsion de l'agent diplomatique (2).

1. La coutume internationale dans la pratique diplomatique camerounaise au regard du rappel contraint de l'agent diplomatique par la volonté de l'Etat camerounais

Le rappel de l'agent diplomatique peut intervenir dans deux hypothèses : le cas du rappel de l'agent diplomatique par l'Etat accréditant et celui du rappel de l'agent par l'Etat accréditaire. Ce qui nous intéresse est le rappel contraint de l'agent diplomatique par l'Etat camerounais.

En effet, dans la pratique diplomatique camerounaise, il est le résultat d'un incident diplomatique, du caractère indésirable acquis par un ou plusieurs personnes, agents diplomatiques de l'Etat accréditant ou bien d'une tension temporaire qui se manifeste entre deux Etats en cause. Ce rappel contraint de l'agent diplomatique par l'Etat camerounais constitue un mode anormal de cessation des fonctions diplomatiques de l'agent. De ce fait, l'agent diplomatique sera déclaré *persona non grata.*

S'il est un Chef de mission, la pratique diplomatique camerounaise indique explicitement la perte de l'agrément initial donnée par le Cameroun ; sa présence comme sa façon d'exercer la représentation de son pays n'agréent plus et cela remet en cause la créance qui lui a été accordée initialement par le Cameroun. S'il est un simple agent diplomatique, celui-ci n'est plus accepté comme membre de la représentation diplomatique de son Etat. Ainsi, le Cameroun cesse unilatéralement de le reconnaitre comme interlocuteur privilégié et le raye, à court délai, de la liste diplomatique[521].

---

520 PANCRACIO (J-P), « Les expulsions d'agents diplomatiques étrangers », www.esprit-ri.fr, consulté le 20 avril 2020.

521 Idem

La conséquence de ce rappel contraint du diplomate par l'Etat camerounais est le rappel obligatoire par son Etat d'envoi. Ce point a été clairement souligné par la Cour Internationale de Justice (CIJ) dans son arrêt du 24 mai 1980 sur l'affaire du personnel diplomatique et consulaire des Etats-Unis à Téhéran : *« si l'Etat accréditant ne rappelle pas sur le champ le membre de la mission visé, la perspective de la perte presque immédiate de ses privilèges et immunités, du fait que l'Etat accréditaire ne le reconnaitra plus comme membre de la mission, aura en pratique pour résultat de l'obliger, dans son propre intérêt, à partir sans tarder »*[522].

Ayant ce pouvoir discrétionnaire d'accepter sur son territoire tout diplomate qui lui est proposé, le Cameroun possède, ne serait-ce qu'en vertu du parallélisme des formes juridiques, le pouvoir discrétionnaire de demander son départ dès lors que les relations de confiance sont rompues. Le pouvoir d'agréer suppose à cet effet le pouvoir de ne plus agréer, quand les circonstances le commandent[523].

A titre illustratif, la pratique diplomatique camerounaise à notre connaissance nous a déjà offert un cas probant d'un rappel contraint d'un diplomate par l'Etat du Cameroun. Il s'agit du rappel contraint de l'Ambassadeur Alfred NGUINI par le Président de la République en 2020. Cependant à titre de pratique diplomatique comparée, les Etats-Unis et la France nous en offre également quelques cas de rappel contraint. En ce qui concerne pour les Etats-Unis, un agent diplomatique de l'ambassade de Russie à Washington a été interpellé par le Bureau Fédéral d'Investigation (FBI) le 8 décembre 1999 pour cause d'espionnage sur des réunions du Département d'Etat. Après vérification de son identité diplomatique, il a été relâché mais a été sommé de quitter définitivement le territoire américain dans un délai de dix jours[524].

Pour la France, il s'agit en 1995 de cinq agents de l'ambassade des Etats-Unis à Paris avaient été convaincus d'appartenance à la Central Intelligence Angency (CIA) et de procéder à des activités

---

[522] CIJ, Rec., p. 40

[523] Idem p. 140

[524] Washington Post, 10 décembre 1999.

d'espionnage économique et de renseignement politique sur le territoire français, sous le couvert de l'immunité diplomatique pour quatre d'entre eux. L'ambassadeur des Etats-Unis à cette époque, Madame Pamela Harriman avait, à l'occasion de cette affaire, été convoquée à deux reprises auprès du Président de la République pour se voir invitée « fermement » à faire rappeler les agents en cause aux Etats-Unis[525].

En outre, dans la pratique diplomatique camerounaise, la déclaration de *persona non grata* ne s'applique qu'aux agents diplomatiques. Les autres membres du personnel de la mission, ceux constituant son personnel administratif, technique et de service, sont l'objet d'une déclaration de « personnel non acceptable » qui, au demeurant, produit les mêmes effets : l'obligation de retour dans le pays d'origine[526]. Entre ne plus être « acceptable » et ne plus être agrée, il y a toute la différence de la confiance que l'on avait placée en la personne du diplomate étranger et que l'on a perdue, mais dont on n'avait pas gratifié l'agent d'exécution d'une ambassade[527].

Si la déclaration désigne un membre de la mission qui possède le statut de personnel de recrutement local ainsi la nationalité de l'Etat du Cameroun, ce dernier n'est évidemment pas banni de son propre pays, mais doit cesser ses fonctions au sein de la mission étrangère qui l'avait recruté[528]. Au regard de ce qui précède, l'Etat accréditant est dans l'obligation de rappeler son diplomate à défaut d'être expulsé par le Cameroun.

2. La coutume internationale dans la pratique diplomatique camerounaise au regard de l'expulsion de l'agent diplomatique

L'expulsion d'un agent diplomatique est une pratique anormale faisant partie de la cessation anormale d'une mission diplomatique, bien que celle-ci en soit ancienne, elle n'est pas pour autant prévue par le droit diplomatique. Ce procédé a connu néanmoins une faveur particulière au cours des trois dernières

---

525 Idem

526 Idem p. 141

527 Idem

528 Idem

décennies, en raison de certains abus flagrants d'immunités commis par des agents de certains pays disposant d'une couverture diplomatique[529].

Dans la pratique diplomatique camerounaise, le recours à l'expulsion d'un agent diplomatique à l'avantage d'avoir une portée politique beaucoup plus forte auprès de son opinion publique que ne l'aurait la procédure diplomatique, et plus discrète, de la déclaration de *persona non grata*[530]. A cet égard, force est de considérer l'expulsion d'un agent dans la pratique diplomatique camerounaise comme une démonstration de politique internationale en complète tradition avec l'essence de la culture diplomatique. Mais elle a l'avantage de pouvoir être utilisée collectivement à l'encontre d'un nombre important d'agents en mission au Cameroun et de permettre parfois de ramener brutalement les effectifs de celle-ci à des dimensions plus conformes à ce qui nécessite l'état réel des relations entre deux pays.

Cependant, n'étant pas un acte licite dans la panoplie des mesures réactives que l'on puisse prendre contre des diplomates ayant des activités non conformes à leur statut, l'expulsion a souvent l'inconvénient de déclencher une mesure de réciprocité tout à fait arbitraire de l'Etat accréditant, qui n'est autre alors qu'une expulsion de représailles[531].

Par ailleurs, il est d'usage dans la pratique diplomatique camerounaise que le procédé d'expulsion d'un agent diplomatique demeure très exceptionnel qu'en raison de son caractère infamant, qui porte nécessairement atteinte à la dignité de l'agent diplomatique, et donc à l'esprit de l'article 29 de la Convention de Vienne sur les Relations Diplomatiques. Ainsi, n'est-il pas inutile de méditer à ce propos la phrase d'un auteur de l'entre-deux-guerres pour qui : « *l'expulsion est une mesure qui ne se justifiera jamais, même dans les cas extrêmes (...). L'histoire diplomatique est là pour nous montrer qu'un renvoi brutal d'agent diplomatique a toujours provoqué des demandes*

---

529 PANCRACIO (J-P), *Dictionnaire de la diplomatie*, *op.cit.*, p. 262.

530 Idem p. 263

531 Idem

de réparation, des voies de rétorsion, ou une situation internationale malaisée à rétablir »[532].

Toutefois, l'effet pervers que pourrait engendrer l'expulsion d'un agent dans la pratique diplomatique camerounaise est la rupture des relations diplomatiques. En effet, bien qu'il s'agisse d'un mode de cessation de relations officielles quelque peu brutal, il n'en est pas moins un mode normal en ce qu'il est la conséquence simplement logique d'une décision de nature politique. Cette dernière est destinée à marquer un désaccord fondamental entre deux Etats qui conduit l'un d'eux à la mesure extrême qu'est la fermeture des ambassades[533]. Elle peut aussi être due à la survenance d'un état de conflit armé entre ces deux pays.

Par ailleurs, les raisons de la rupture dans la pratique diplomatique camerounaise peuvent s'envisager sous deux angles : les cas d'automaticité de la rupture et le cas générique de tension politique entre Etats[534].

En ce qui concerne le cas d'automaticité de la rupture, la pratique diplomatique camerounaise reconnait, la rupture des relations diplomatiques lorsque cela survient entre le Cameroun et un autre pays ou un état de guerre. Ainsi, le déclenchement d'un conflit armé international entraine *ipso facto,* sans qu'une déclaration sot nécessaire en ce sens. Il n'est d'ailleurs pas nécessaire non plus que le conflit en question se traduise par une déclaration de guerre, ni par un usage collectif des armes[535].

Quant au cas générique de tension politique entre le Cameroun et un autre pays qui est d'ailleurs le plus fréquent de nos jours, la pratique diplomatique camerounaise relève une rupture des relations diplomatiques entre le Cameroun et l'Etat mis en cause. A titre illustratif, on peut évoquer les tensions politiques entre le Cameroun et le Nigeria au sujet de la péninsule de Bakassi.

La conséquence immédiate en cas de rupture des relations diplomatiques entre le Cameroun et le pays en crise est la fermeture des locaux diplomatiques. L'Etat mis en cause doit alors confier la représentation de ses intérêts, sur le territoire de

---

532 GENET (R), *Traité de diplomatie et de droit diplomatique*, T. II, p. 452,

533 PANCRACIO (J-P), *Dictionnaire de la diplomatie*, *op.cit.,* p. 555.

534 Idem

535 Idem

l'Etat adverse, à ce que l'on appelle un « Etat tiers acceptable »[536], apprécié comme tel par le Cameroun. Dans la pratique diplomatique camerounaise, ce transfert de représentation nécessite que de chaque côté soit conclu avec un Etat tiers, qui demeure en relation avec l'Etat du Cameroun, un accord particulier que le Professeur Jean-Paul PANCRACIO a nommé « accord de puissance protectrice »

En somme, l'expulsion d'un agent diplomatique dans la pratique diplomatique camerounaise, intervient en dernier recours lorsque l'Etat, accréditant son agent sur le territoire camerounais n'a pris la peine de le rappeler lorsqu'il a déclaré *persona non grata* suite à un incident diplomatique ou du caractère indésirable de la personne de l'agent diplomatique. Autrement dit, il y a dans toute mesure d'expulsion d'agents diplomatiques étrangers, une forme d'auto-sanction[537].

En définitive, il était question dans ce troisième chapitre, d'analyser la coutume internationale dans la pratique diplomatique camerounaise sous le prisme des éléments organiques d'une mission diplomatique

Il ressort brièvement de l'analyse faite que, la coutume internationale dans la pratique diplomatique dans ce domaine repose sur le processus de nomination et d'installation d'une mission diplomatique d'une part, et d'autre part, sur la procédure d'entrée et de cessation de fonctions d'une mission diplomatique.

En ce qui concerne la coutume internationale dans la pratique diplomatique au regard du processus de nomination et d'installation d'une mission diplomatique, il a été question de s'arrêter de manière majeure sur la pratique diplomatique camerounaise au regard des critères d'affection et de désignation d'un Chef de mission diplomatique, ensuite sur la procédure d'agrément et l'hypothèse de refus d'agrément d'une mission diplomatique.

Par ailleurs, s'agissant de la coutume internationale dans la pratique diplomatique camerounaise au regard de la procédure

---

536 PANCRACIO (J-P), *Droit et institutions diplomatiques, op. cit.*, p. 143

537 PANCRACIO (J-P), « Les expulsions d'agents diplomatiques étrangers », www.esprit-ri.fr, 20 avril 2018.

d'entrée et de cessation de fonctions d'une mission diplomatique, notre analyse s'est attardée sur la pratique diplomatique camerounaise de la procédure d'entrée en fonction d'un nouvel ambassadeur et des autres membres de la mission de la mission, ensuite du processus de cessation normale et anormale d'une mission diplomatique.

Toutefois, il sera judicieux pour une analyse plus optimale d'aborder la coutume internationale dans la pratique diplomatique sous l'angle des éléments matérielles d'une mission diplomatique.

CHAPITRE 4 : LA COUTUME INTERNATIONALE DANS LA PRATIQUE DIPLOMATIQUE CAMEROUNAISE SOUS L'ANGLE DES ASPECTS MATERIELS D'UNE MISSION DIPLOMATIQUE

L'expression institutions diplomatiques peut s'appréhender comme étant les missions entre autres les missions diplomatiques permanentes, les missions spéciales et enfin les dans la représentation des entités auprès des organisations internationales à caractère universelle[538]. Font également partie des institutions diplomatiques, le personnel diplomatique voire le personnel administratif et technique de la mission[539].

Analyser le domaine de la pratique diplomatique au regard des aspects matériels d'une mission diplomatique revient à mettre en lumière les usages ou les manifestations de cette pratique au regard du droit international coutumier. En d'autres termes, il s'agira d'apprécier les manifestions ou usages de la coutume internationale dans la pratique diplomatique camerounaise au regard des locaux et biens de la mission diplomatique **(Section 1)** d'une part, et d'autre part, au regard du personnel de ladite mission **(Section 2).**

SECTION 1: LA COUTUME INTERNATIONALE DANS LA PRATIQUE DIPLOMATIQUE CAMEROUNAISE S'AGISSANT DES LOCAUX ET BIENS DE LA MISSION DIPLOMATIQUE

La coutume internationale dans la pratique diplomatique camerounaise s'agissant des locaux et biens de la mission diplomatique exige tout au moins un travail de terrain. En d'autres termes, il s'agira de mener les enquêtes, ou toucher du doigt la réalité ambiante tout en mettant en exergue comment peut-on appréhender les usages du Cameroun en ce qui concerne les locaux **(paragraphe 1)** et les biens de la mission diplomatique **(paragraphe 2).**

---

[538] V. KANGUEU EKEUH (R), *Cours de droit diplomatique*, Master 1 de droit international public, Université de Douala, 2012-2103, inédit.

[539] Idem

PARAGRAPHE 1: la coutume internationale dans la pratique diplomatique camerounaise s'agissant les locaux de la mission diplomatique

En droit diplomatique, les missions diplomatiques en tant que représentations permanentes sont composées d'une part des éléments matériels et d'autre part des éléments organiques[540]. Parmi les éléments matériels, un intérêt particulier est porté en ce qui concerne la pratique diplomatique camerounaise les locaux du Chef de mission diplomatique (A) et les locaux de la mission proprement dite (B).

A. La coutume internationale dans la pratique diplomatique camerounaise au regard de la résidence du Chef de mission

De prime à bord, il faudrait rappeler que les « locaux de la mission », aux termes des dispositions de la Convention de Vienne, sont constitués « *des bâtiments ou des parties de bâtiment et du terrain attenant qui, quel qu'en soit le propriétaire, sont utilisés aux fins de la mission, y compris la résidence du chef de la mission* [541]». Ce qui nous intéresse dans cette définition proposée par la Convention de 1961 est la résidence du Chef de la mission. Notre réflexion portera dans un premier temps du lieu de résidence sur son siège (1) et dans un second temps sur l'acquisition de la résidence du Chef de mission diplomatique (2).

1. La coutume internationale dans la pratique diplomatique camerounaise au regard de l'acquisition des locaux de la résidence du Chef de mission diplomatique

La problématique du lieu de résidence d'un Chef de mission accrédité dans un pays étranger n'a pas été réglée explicitement par la Convention de Vienne de 1961. Il revient donc à la pratique diplomatique de chaque pays d'y apporter une solution à cette question. Autrement dit le Cameroun a-t-il le choix de déterminer

---

[540] Idem

[541] V. l'article 1(i) Convention de Vienne du 18 avril 1961 entrée en vigueur le 24 avril 1964.

le lieu où devrait s'établir le lieu de résidence du Chef de mission ? Une telle liberté semble limitée par les obligations[542]. Il est d'usage dans la pratique diplomatique camerounaise que le lieu de résidence du Chef de mission diplomatique soit dans la ville où se trouvent les institutions de la république. A cet effet, Yaoundé est considéré comme le siège des institutions au regard de la loi fondamentale du Cameroun[543]. A titre de pratique diplomatique comparée, le cas des Pays-Bas est frappant. Ainsi, bien que la capitale soit Amsterdam, c'est à La Haye que se situent la plupart des résidences des ambassadeurs accrédités dans ce pays[544].

Toutefois, faudrait-il préciser que si l'Etat du Cameroun vienne à délocaliser de capitale, les chefs de mission accrédités devraient en principe le suivre si la demande en est faite. Ce cas n'étant pas encore arrivé au Cameroun. Mais l'histoire diplomatique est édifiante à ce sujet. En effet, lors de la révolution romaine en de 1848, l'ambassadeur belge à cette époque auprès du Saint-Siège, le prince de Ligne, suivit le Pape à Gaete. Dans la même veine, le gouvernement brésilien a rappelé l'obligation due aux chefs de mission d'aller s'installer à Brasilia, siège du gouvernement, lorsque ce dernier décida de quitter Rio de Janeiro[545].

En Afrique de l'Ouest, notamment en Côte-d'Ivoire, le transfert de la capitale ivoirienne volonté du Président Houphouët-Boigny, a été voté par l'Assemblée Nationale et formalisé la loi n° 83-242 du 21 mars 1983, rendue applicable par le décret n° 97-177 du 19 mars 1997 signé par Henri Konan Bédié. Le but étant de transférer l'administration d'Abidjan à Yamoussoukro[546]. Il en est également le cas pour le Nigeria. En effet, Lagos était la capitale du Nigeria depuis son indépendance en 1960 et celle-ci a été transférée à Abuja officiellement le 12 décembre 1991, remplaçant ainsi la mégapole côtière Lagos[547]. La conséquence qui découle de ces transferts des différentes capitales est la déportation des missions diplomatiques dans la nouvelle capitale.

---

542 SALMON (J), *Manuel de droit diplomatique*, *op. cit.*, p. 188.
543 V. l'article 2 al. 8 de la Constitution du 18 janvier 1996.
544 *International Law in the Netherlands* (*ILN*), p. 249.
545 V. *RGDIP*, 1970, n°4
546 https://fr.wikipedia.org/wiki/Tranfert.
547 Idem.

Par ailleurs, l'Etat du Cameroun peut regrouper les lieux de résidence des chefs de mission diplomatique dans un même quartier. Généralement ces lieux de résidence se trouvent à Bastos à Yaoundé. Ceci lui facilite grandement la tâche en matière de protection. Cette protection revient en principe à la Compagnie de Sécurisation des Diplomates (CSD). En somme, celle-ci est chargée de protéger les diplomates accrédités au Cameroun en tout temps et en tout lieu.

2. La coutume internationale dans la pratique diplomatique camerounaise au regard du lieu de résidence du Chef de mission diplomatique

Une fois arrivée au Cameroun pour prendre fonction, le Chef de mission diplomatique doit avoir un lieu où résider et l'Etat du Cameroun doit lui faciliter les démarches pour l'acquisition des locaux de sa résidence. C'est ce qui est rappelé succinctement par la Convention de Vienne de 1961 :

« *1. L'Etat accréditaire doit, soit faciliter l'acquisition sur son territoire, dans le cadre de sa législation, par l'Etat accréditant des locaux nécessaires à sa mission, soit aider l'Etat accréditant à se procurer des locaux d'une autre manière.*

2. Il doit également, s'il en est besoin, aider les missions à obtenir des logements convenables pour leurs membres. »[548]

Toutefois si l'Etat du Cameroun doit aider le Chef de mission de l'Etat accréditant à trouver les locaux pour sa résidence[549], il n'en demeure pas moins que dans la pratique diplomatique camerounaise, le mode juridique d'acquisition n'est pas précisé : s'il ne peut s'agir d'un droit réel de propriété, il convient à tout le moins d'envisager le prêt sinon la location[550]. Néanmoins, la non précision du mode juridique pourrait constituer une entorse à l'acquisition de la résidence par le CMD en ce sens que la porte est laissée aux autorités locales d'y surfacturer les prix des loyers. De ce fait, il est judicieux que le législateur encadre ce domaine pour éviter les dérapages. Car il y va du rayonnement du Cameroun à l'international.

---

[548] V. l'article 21 de la Convention de Vienne du 18 avril 1961

[549] SALMON (J), *Manuel de droit diplomatique*, *op.cit.*, p. 187

[550] Idem

Cependant, par une enquête minutieusement menée en ce qui concerne l'acquisition des locaux de la résidence du Chef de mission diplomatique, il ressort brièvement dans la pratique diplomatique camerounaise que, la quasi-totalité des résidences des chefs de mission diplomatique accrédités au Cameroun sont sous le coût d'une location.

Ceci s'explique par le fait que le Cameroun interdit l'acquisition des droits réels sur les immeubles voire les droits de location par les Etats étrangers[551]. Il convient de préciser tout de même la nécessité dans certains cas l'intervention de l'Etat du Cameroun pour résoudre les problèmes qui pourraient se poser.

Concrètement, il est d'usage que le Chef de mission diplomatique pour acquérir les locaux de sa résidence, saisisse le Ministère des Relations Extérieures par Note Verbale, à l'effet de lui signifier son désir d'acquérir une résidence personnelle. Dès réception de sa demande, le MINREX va saisir les autorités compétentes et y donner suite aux doléances de l'Ambassadeur. L'autorisation d'acquisition de la résidence de l'ambassadeur devra à cet effet être soumis en tout temps et en toutes circonstances aux prescriptions des règles de droit privé et public en vigueur au en ce qui concerne l'accès des étrangers à la propriété foncière au Cameroun[552].

Après avoir acquis le local pour résidence, il reste à régler la question complexe de son siège. Autrement dit le Chef de mission diplomatique devrait avoir pour lieu de résidence où ?

B. La coutume internationale dans la pratique diplomatique camerounaise s'agissant des locaux de la mission diplomatique

En reprenant *mutatis mutandis* la définition des locaux de la mission diplomatique telle qu'affirmée par la Convention de 1961 précitée, il est intéressant de s'arrêter sur les « *bâtiments ou des parties de bâtiment et du terrain attenant qui, quel qu'en soit le propriétaire, sont utilisés aux fins de la mission* ». Etant l'une des principales applications du principe d'octroi des facilités

---

551 Idem

552 MOUANGUE KOBILA (J), « L'accès des étrangers à la propriété foncière au Cameroun », *AADI*, vol 14, 2006, pp 245-312.

concernant les locaux de la mission, différentes réflexions peuvent se poser selon qu'il s'agit de l'acquisition des locaux de la mission (1), du siège et de l'extension de la qualité des locaux de la mission diplomatique (2)

1. La coutume internationale dans la pratique diplomatique camerounaise au regard de l'acquisition des locaux de la mission diplomatique

Après l'accord d'agrément d'ouverture d'un poste diplomatique entre le Cameroun et une puissance étrangère, il s'applique le principe de réciprocité. Le Cameroun propose au Chef de mission accrédité une parcelle de terrain sur lequel il va établir son poste diplomatique. Autrement dit, dans la pratique diplomatique camerounaise, il ne revient pas à l'Etat accréditant de choisir où il devrait installer sa mission diplomatique, c'est plutôt le Cameroun qui choisit le site qui, généralement est réputé être sécurisé.

Par ailleurs, s'il est admis que l'Etat du Cameroun a l'obligation d'aider un Chef de mission diplomatique à trouver des locaux pour sa mission et des logements convenables pour les membres de cette mission[553], il n'en demeure pas que dans la pratique diplomatique camerounaise, le mode d'acquisition de ces locaux n'est pas précisé. S'il ne peut s'agir d'un droit réel de propriété, il convient à tout le moins d'envisager le prêt sinon la location[554]. Par ailleurs, il convenait de tenir compte de divers systèmes nationaux dont certains interdisent l'acquisition de droits réels sur les immeubles, voire de droits de location par les Etats étrangers[555]. En outre, à titre de pratique comparée, les conditions de logements sont défavorables ou très onéreuses. Toutes ces circonstances justifient effectivement la nécessité pour l'Etat du Cameroun de se résoudre ses problèmes.

La finalité étant de mettre sur pied un cadre légal et réglementaire de l'Etat du Cameroun ou des subdivisions de celui-ci, sur les conditions d'acquisition, permis de lotir, permis de bâtir, des règles d'urbanisme et servitudes diverses.

---

553 V. l'article 21 de la Convention de Vienne de 1961 précitée.

554 Idem

555 Idem

Dans cette optique d'idées, plusieurs départements ministériels rentrent dans la réalisation de cette œuvre. Il s'agit entre autres du Ministère du cadastre et des affaires foncières pour l'obtention du permis de bâtir ou de lotir et du Ministère de l'urbanisme et de l'habitat pour les règles d'urbanisme et servitudes diverses. Tout ceci traduisant de la part du Cameroun de la réciprocité dans les relations diplomatiques.
En outre et à titre de pratique diplomatique comparée, en Suisse, l'autorisation d'acquisition d'un immeuble par une mission diplomatique dans le canton de Berne est subordonnée à deux conditions :
« 1. *L'immeuble en question est soumis en tout temps et en toutes circonstances aux prescriptions de droit privé et de droit public en vigueur dans le canton de Berne en ce qui concerne la propriété foncière (...)*
2. *En particulier, le for du bien-fonds sera l'unique for compétent pour tous les rapports de droit concernant l'immeuble en question (...)* »[556].
Après l'acquisition des locaux de mission diplomatique par l'Etat accréditant, il convient de s'interroger sur le lieu et l'extension de la qualité des locaux.

2. La coutume internationale dans la pratique diplomatique camerounaise au regard du siège et l'extension de la qualité des locaux de la mission diplomatique

Il est d'usage dans la pratique diplomatique camerounaise que le siège des locaux d'une ambassade ou l'hôtel diplomatique doit être situé dans la capitale politique du Cameroun dont Yaoundé, là même où se trouve le siège de la Présidence de la République et en particulier le siège du gouvernement.
En revisitant l'histoire de la diplomatie, les premières ambassades permanentes, il était de règle que les ambassadeurs suivent même dans tous ses déplacements, le monarque auprès duquel ils étaient affectés. On en a conservé le témoignage grâce aux précieuses « relations » écrites que faisaient les ambassadeurs de Venise à leur retour, devant le Sénat de la

[556] *Revue Suisse de Droit International Public* (*RSDIP*), vol. III, § 7, p. 74 ; *YIL* 1966, p. 278 ; *AJIL*, 1985, p. 1050

Sérénissime[557]. Les ambassadeurs de Venise auprès du roi Henri III ou de François Ier se plaignaient du caractère nomade de la Cour allant d'un château à l'autre. A chaque fois ils devaient organiser eux-mêmes leur déplacement de leurs effets : « *Le souverain se rendait-il à Fontainebleau, à Amboise, à Blois, l'Orateur vénitien aussitôt commandait son carrosse ou sa litière. Le Roi organisait-il une chasse, un ballet, l'Ambassadeur de la Sérénissime était là, au milieu des princes et des princesses* »[558].

Au regard de ce qui précède, il convient de préciser que d'une certaine façon c'est l'équivalent de nos jours d'un Etat quelconque qui décide de délocaliser de capitale ou lorsqu'il en en a plusieurs, ce qui heureusement, est assez rare. Quand cela se produit, le choix d'une nouvelle capitale par l'Etat accréditaire n'est toujours pas aisément accepté par le corps diplomatique et les Etats dont il est l'émanation[559].

Par ailleurs, un autre aspect qui n'est pas précisé dans la Convention de Vienne de 1961 est l'extension de la qualité des locaux de la mission diplomatique. Une procédure de notification, analogue à celle de l'article 11 pour les personnes, n'a pas été prévue pour les locaux[560]. C'est ainsi que dans la pratique diplomatique camerounaise par exemple, un immeuble ou un terrain acheté par un Etat pour y établir une ambassade, mais non encore affecté à celle-ci, l'immunité de juridiction de l'Etat à propos de cette acquisition n'est pas reconnue par les juridictions de l'Etat du Cameroun.

Après avoir analysé la coutume internationale dans la pratique diplomatique camerounaise s'agissant des locaux de la mission diplomatique, il importe de s'attarder sur l'inviolabilité des biens de la mission diplomatique.

---

557 PANCRACIO (J-P), *Dictionnaire de la diplomatie*, Paris, Dalloz et de Bussac, 2007, p.115, 684 p.

558 AMIGUET (P), *L'Age d'or de la diplomatie, Machiavel et les Vénitiens*, Paris, Albin Michel, 1963, p. 199.

559 PANCRACIO (J-P), *Dictionnaire de la diplomatie*, *op. cit.* p. 115.

560 V. DENZA, op. cit., p. 87.

PARAGRAPHE 2 : la coutume internationale dans la pratique diplomatique camerounaise s'agissant de la protection des biens de la mission diplomatique

Qu'ils soient mobiliers ou immobiliers, ils permettent à la mission diplomatique d'exercer sa fonction de représentation en toute indépendance[561]. Ainsi dans la pratique diplomatique camerounaise, les biens à caractère diplomatique bénéficient d'une protection renforcée. Ils sont généralement les moyens matériels qui permettent aux agents diplomatiques d'assurer leurs fonctions[562].

Le principe d'inviolabilité au regard de la pratique diplomatique camerounaise porte sur les deux types de biens que sont les meubles (A) et les immeubles de la mission (B).

A. La coutume internationale dans la pratique diplomatique camerounaise au regard de la protection accordée aux biens meubles de la mission

L'art. 528 du code civil camerounais[563] dispose que : *« Sont meubles par leur nature, les corps qui peuvent se transporter d'un lieu à un autre(...), comme les choses inanimées »*. Autrement dit les biens meubles sont caractérisés par leur mobilité.

En droit diplomatique les biens meubles de la mission sont constitués entre autres des véhicules diplomatiques, la valise diplomatique, le courrier diplomatique, les archives et objets d'art[564]. Toutefois, la pratique diplomatique camerounaise, on constate une relative démarcation avec les instruments internationaux quant au régime juridique des véhicules diplomatiques (1) et de la valise diplomatique (2).

---

561 PANCRACIO (J-P), *Dictionnaire de la diplomatie*, *op. cit.*, p. 99.

562 Idem

563 V. Code Civil camerounais, p. 95

564 AYMARD LANDRY (N), *La protection des institutions diplomatiques en période de conflits internes et internationalisés*, Mémoire de Master II droit international public, Université de Douala, 2013-2014, p. 23, 129p.

1. La coutume internationale dans la pratique diplomatique camerounaise s'agissant du régime juridique des véhicules diplomatiques

Les véhicules appartiennent à la catégorie juridique des biens meubles de la mission diplomatique. Dans la pratique diplomatique camerounaise, les véhicules diplomatiques sont dotés d'une plaque d'immatriculation diplomatique verte et sont, de ce fait, répertoriés par la Direction du Protocole du MINREX notamment par le Service des Privilèges et Immunités Diplomatiques (SPID). Dans ce cadre, ils revêtent le sceau de l'inviolabilité[565]. Ce caractère peut être aussi reconnu au véhicule personnel de l'agent diplomatique, à la condition qu'il obtienne ce signe de reconnaissance extérieur qu'est la plaque d'immatriculation[566]. Cette inviolabilité dans la pratique diplomatique camerounaise connait toutefois quelques atténuations. Lesquelles limites peuvent provenir soit de la méconnaissance des règles de droit international qui encadrent l'inviolabilité des véhicules diplomatiques par les acteurs qui gravitent autour de cet environnement, soit de la méconnaissance desdites règles par la population. Ainsi, le MINREX a fait l'objet de plusieurs interpellations de la part des missions diplomatiques sur la violation flagrante du principe de l'inviolabilité des véhicules diplomatiques.

En principe, le véhicule clairement identifié en tant que véhicule diplomatique ne saurait être déplacé sans l'accord exprès de l'ambassade en cas de stationnement gênant et illégal y compris en cas de panne sur la chaussée[567]. Toutefois, la pratique diplomatique camerounaise nous fait remarquer que, pour des raisons tenant à la sécurité et au respect de l'ordre public sur la voie publique, certains Etats parmi lesquels le Cameroun passe outre cet interdit. Dans ce cas particulier, le cas de l'agent diplomatique et de son véhicule automobile sont étroitement liés. Par ailleurs, face aux atteintes portées aux règles générales de la circulation par les agents diplomatiques accrédités au Cameroun, il faut reconnaitre qu'il est d'usage d'appliquer des

---

565 PANCRACIO (J-P), *Droit et institutions diplomatiques*, *op. cit.*, p. 235
566 Idem
567 Idem

contraventions de police aux véhicules diplomatiques et exiger le paiement en faveur du trésor public[568]. La question s'est donc posée de savoir l'immunité des agents diplomatiques, d'une part, et l'exclusion de toute mesure d'exécution envers les véhicules diplomatiques, d'autre part, instituait à leur avantage une exonération envers les contraventions et procès-verbaux d'infraction aux règles du stationnement et de la circulation dressés par les autorités de la police camerounaise.

En effet, pour ce qui a trait aux infractions routières, une pratique diplomatique restrictive en matière d'immunités semble cependant autorisée par la Convention de Vienne de 1961. Il est clair que l'on ne peut ni réquisitionner, ni saisir un véhicule diplomatique en vue de faire l'objet d'exécution d'une décision de justice[569]. Cependant la pratique diplomatique camerounaise considère que ne sont pas inclus dans le champ de cette immunité la notion de voie d'exécution, les procès-verbaux de contraventions et les amendes qui ont cependant pour base le véhicule au moyen duquel l'infraction a été commise[570].

En d'autres termes, la pratique diplomatique camerounaise considère les excès de vitesse, la conduite en état d'ivresse comme infractions portant atteinte à l'ordre et la sécurité publique. Par conséquent, l'agent diplomatique en cause pourrait se voir infliger une amende. Car celui-ci ayant l'obligation de respecter les lois et règlements du Cameroun en matière d'ordre et de sécurité publique[571].

Au Royaume-Uni par exemple, où le respect de la loi est un devoir absolu du citoyen, a mis en place à l'encontre des agents diplomatiques étrangers un dispositif particulièrement contraignant de répression de ces abus notamment l'enlèvement des véhicules diplomatiques dont le stationnement irrégulier cause une entrave ou un danger pour la circulation, avec paiement des frais de fourrière et de l'amende et la possibilité de

---

568 Entretien accordé par le chef SPID à la Direction du Protocole du MINREX en date du 15 janvier 2020.

569 PANCRACIO (J-P), *Droit et institutions diplomatiques*, *op. cit.*, p. 235

570 Entretien accordé par le chef SPID à la Direction du Protocole du MINREX en date du 15 janvier 2020.

571 Idem.

demander le rappel des agents diplomatiques indisciplinés ainsi que celui de leur conducteur[572].

En outre, au cours des dernières années, le Canada a prévenu les chancelleries qu'il sanctionnerait sévèrement les agents diplomatiques étrangers indélicats. Cela signifie que les autorités canadiennes estiment que les agents diplomatiques étrangers ont l'obligation de se soumettre aux alcootests pratiqués sur la voie publique. Les dispositions prises étant les suivantes : « *un diplomate perdra son privilège de conduire un véhicule dans le cas de la première infraction de conduite avec facultés affaiblies [...]. Dans la plupart des cas, le privilège de conduire le véhicule sera suspendu pour une durée d'un an* ». En cas de récidive ou si les lésions corporelles ou en encore la mort ont été occasionnées à une tierce personne, l'agent diplomatique sera déclaré *persona non grata* ou expulsé[573].

Cependant, une préoccupation qui parait anodine mais pertinente est le droit de péage des véhicules ayant une plaque diplomatique. Le problème s'est posé avec acuité au point où les agents des finances exigeaient aux véhicules diplomatiques de payer les taxes pour la circonstance. Or, la Convention de Vienne de 1961 énonce clairement que : « *l'agent diplomatique est exempt de tous taxes et impôts, personnels ou réels, nationaux, régionaux au communaux* »[574]. Par contre la Loi Fédérale du Cameroun[575] sur le droit de péage, encore en vigueur stipule que tous les véhicules sont astreints au droit de péage routier y compris les véhicules diplomatiques.

En somme, même si la Convention de Vienne prescrit l'exemption des taxes ou impôts à l'agent diplomatique, il est d'usage dans la pratique diplomatique camerounaise que les péages des autoroutes doivent être acquittés par les véhicules

---

[572] PANCRACIO (J-P), *Droit et institutions diplomatiques*, *op. cit.*, pp. 236-237.

[573] Ministère des Affaires étrangères et du Commerce international du Canada, Bureau du Protocole, Guide diplomatique virtuel, Site internet, consulté en Janvier 2020, p. 1.

[574] V. l'article 34 de la Convention de Vienne de 1961 précité.

[575] V. la loi LF 62 de 1962.

diplomatiques[576]. Autrement dit, pour le Professeur Jean-Paul PANCRACIO, il ne s'agit pas d'une contribution ayant une nature de taxe, mais bien d'une vraie redevance pour service rendu[577].
Après avoir analysé la coutume internationale dans la pratique diplomatique camerounaise s'agissant des véhicules diplomatiques, il appert de s'attarder sur la valise diplomatique.

2. La coutume internationale dans la pratique diplomatique camerounaise s'agissant de la valise diplomatique

La notion de valise diplomatique est entendue dans un sens particulièrement large par les usages qui se sont établis entre les Etats, alors même que le droit international public contemporain[578]. Une pratique très ancienne a imposé cette conception extensive puisque déjà, au XVIIe siècle, on considérait qu'une malle ou une multiplicité de colis pouvaient être revêtus[579] du sceau diplomatique.
Dès lors, il n'est pas question dans cette étude d'analyser le statut et le régime juridique de la valise diplomatique ; analyse ayant fait l'objet de plusieurs études[580] mais plutôt de confronter les instruments internationaux à la pratique diplomatique camerounaise, tout en insistant sur les abus constatés dans l'usage de la valise diplomatique soit par les diplomates, soit par les agents des services de la douane dans les aéroports faisant fi des prescriptions des instruments internationaux.
La définition de la valise diplomatique est donnée par le projet de la CDI à son article 3 :

---

576 Entretien accordé par le chef SPID à la Direction du Protocole du MINREX en date du 11 mars 2020.
577 PANCRACIO (J-P), *op. cit.*, p. 239.
578 PANCRACIO (J-P), *Dictionnaire de la diplomatie*, *op. cit.*, p. 617.
579 Idem.
580 V. par exemple CAPILUPPI (M), « L'inviolabilita della valigia diplomatica nella prassi internazionale », *Communita internationale*, 1983, pp. 20-33. Voir également CHAPAL (P), « Le courrier diplomatique et la valise diplomatique », *Aspects récents du droit des relations diplomatiques,* Paris, Pedone, 1989, pp. 243-288. Voir aussi le rapport de la CDI sur le « Statut du courrier diplomatique et de la valise diplomatique non accompagnée par un courrier diplomatique », Annuaire de la Commission de Droit International (ACDI), 1989, pp. 25-123.

« l'expression valise diplomatique s'entend des colis contenant de la correspondance officielle, ainsi que des documents ou objets destinés exclusivement à un usage officiel, qu'ils soient ou non accompagnés par un courrier diplomatique, qui sont utilisés pour les communications officielles visées à l'article premier et qui portent des marques extérieures visibles de leur caractère de valise diplomatique... »

Ainsi, le concept de « Valise » peut signifier un emballage quelconque contenant des documents ou des objets à des fins officielles pourvu qu'il porte les marques extérieures visibles qui consisteront normalement eu un sceau officiel de cire ou de plomb attestant la qualité de l'expéditeur[581]. Il est souhaitable, en cas de perte, qu'elle indique aussi clairement sa destination et son destinataire[582].

Cependant la pratique diplomatique camerounaise en matière de valise diplomatique a donné lieu à toutes sortes de situations étranges où les règles fixées par la Convention de Vienne sont carrément ignorées. Ainsi, ce que l'on place ou décide de considérer comme valise diplomatique ne relève jamais d'une faute d'inattention, mais de la volonté d'user d'un procédé aberrant, comme le fait de présenter un piano, un camion ou un conteneur comme étant des valises diplomatiques[583]. Aussi, comme on peut le constater les diplomates accrédités au Cameroun profitent de la brèche ouverte par la Convention de Vienne sur la non prise en compte du poids ou du volume de la valise diplomatique pour débarquer les colis de façon disproportionnée comme étant valise diplomatique.

Cependant, en cas de silence de la Convention de Vienne, il reviendra dans la pratique diplomatique camerounaise que la taille ou le poids maximal autorisé de la valise diplomatique soit fixé d'un commun accord par le Cameroun et les missions diplomatiques installées sur son territoire. A cet effet, une Note Verbale émise par le MINREX a été ventilée aux missions diplomatiques et représentations des organisations

---

581 SALMON (J), *Manuel de droit diplomatique*, *op. cit.*, p. 244.

582 Idem.

583 PANCRACIO (J-P), *Droit et institutions diplomatiques*, *op. cit.*, p. 248.

internationales installées au Cameroun[584] pour déterminer la taille et le poids maximal autorisé de la valise diplomatique.
Par ailleurs, une autre situation qui devrait faire l'objet d'une attention particulière est l'attitude observée des agents de la douane camerounaise face au contrôle ou non de la valise diplomatique au niveau des aéroports. En effet, d'après la Convention de Vienne de 1961 précitée : « la valise diplomatique ne doit être ni ouverte ni retenue »[585]. Autrement dit elle ne doit faire l'objet d'aucun contrôle par les agents de la douane.
En l'espèce, eu égard du constat fait dans la pratique diplomatique camerounaise, certains agents de la douane bien qu'ayant pris connaissance qu'ils ont en face une valise diplomatique, ceux-ci ont tendance à l'ouvrir au mépris des règles fixées par la Convention de Vienne de 1961 en la matière.
A ce propos, au cours de l'année 2018 plusieurs incidents diplomatiques[586] ont étés causés par des agents de la douane soit pour ouverture ou retenue de la valise diplomatique. Le MINREX interpellé à ce sujet, a instruit aux commandants des douanes des aéroports de Yaoundé et Douala de prendre des mesures adéquates pour que la situation ne se reproduise guère.
A cet effet, pour pallier ce problème, il a été demandé aux responsables concernés de recycler leurs agents en ce qui concerne l'inviolabilité de la valise diplomatique.
Ainsi, l'une des recommandations de ce séminaire de mise à niveau, était pour les agents de douane de se référer en dressant un rapport à leurs supérieurs hiérarchiques lorsqu'ils ont des sérieux motifs que la valise diplomatique contient d'autres objets autres que les documents diplomatiques ou des objets à usage officiel[587]. Toutefois, il est à préciser que, pour que la valise diplomatique soit ouverte, il faudrait au préalable l'autorisation

---

[584] Entretien accordé par le chef SPID à la Direction du Protocole du MINREX en date du 15 février 2020.
[585] Article 27 al. 3 de la Convention de Vienne de 1961 sur les Relations diplomatiques.
[586] Cas de tension que l'on pourrait qualifier de faible intensité dans les relations bilatérales entre deux Etas. Il se situe en toutes hypothèses en dessous du casus belli. Il peut s'agir par exemple d'un incident de nature protocolaire.
[587] Article 3 al. 4 de la Convienne de Vienne de 1961 précitée.

du MINREX et en présence et avec l'accord du représentant de la mission en cause qui généralement est le Chef de la mission diplomatique.
Cependant, si une protection est accordée aux biens meubles de la mission diplomatique, il en est de même pour les biens immeubles de la mission diplomatique.

B. La coutume internationale dans la pratique diplomatique camerounaise s'agissant de la protection accordée aux biens immeubles de la mission

L'art. 517 du code civil précité dispose que les biens sont immeubles, ou par leur nature ou leur destination, ou par l'objet auquel ils s'appliquent. En d'autres termes, un bien immeuble est caractérisé par sa fixité au sol en principe. L'art. 518 du même code apporte des précisions pour ce qui est des immeubles par nature[588].
En droit diplomatique, les biens immeubles par nature de la mission sont constitués des terrains, des bâtiments et voire la résidence du chef de mission diplomatique. Ces biens immeubles (par nature) sont appelés les biens matériels de la mission[589].
La protection accordée aux biens immeubles de la mission signifie que l'immeuble dans lequel se trouve la mission diplomatique est totalement soustrait à quelque forme de contrainte que ce soit[590]. Or, la pratique diplomatique camerounaise va plus loin en interdisant aux ressortissants camerounais d'implanter des stands de commerce ou des buvettes autour des missions diplomatiques.
Ce fut l'objet des plaintes adressées par l'ambassade du Soudan à Yaoundé. En effet, l'ambassade du Soudan a saisi le MINREX par Note Verbale à l'effet de lui demander d'interpeller les commerçants qui vendaient autour de l'ambassade de déguerpir, motif pris de ce que ces derniers troublent la tranquillité de la mission diplomatique. Cette saisine de l'ambassade du Soudan a permis au MINREX de saisir les autorités compétentes dans le domaine afin de rétablir la situation.

---

588 Cf. Code Civil Camerounais précité, p. 95
589 PANCRACIO (J-P), *Droit et institutions diplomatiques*, *op. cit.*, p. 230.
590 PANCRACIO (J-P), *Dictionnaire de la diplomatie*, *op. cit.*, p. 99.

Il en va de même pour la résidence du Chef de mission diplomatique. Ainsi, même s'il est prévu au regard des instruments internationaux, l'interdiction faite aux autorités camerounaises de pénétrer dans les locaux de la mission diplomatique[591], excepté en cas d'appel exprès ou d'une autorisation émanant du chef lui-même, il est d'usage également dans la pratique diplomatique camerounaise l'interdiction faite aux commerçants d'implanter des stands de commerce ou des buvettes autour des résidences des Chefs de mission accrédités au Cameroun. Toutefois, cette interdiction n'étant pas toujours suivie, certains commerçants bravent cela, soit par ignorance, soit par tolérance de l'administration[592].

En somme, il est observé que dans la pratique diplomatique camerounaise, la protection accordée aux biens immeubles de la mission va au-delà voire est plus étendue eu égard des règles prévue par le droit diplomatique. Il y va du souci pour l'Etat du Cameroun à travers le MINREX, de préserver et consolider ses relations diplomatiques avec ses partenaires bilatéraux. Abordons à présent la coutume internationale dans la pratique diplomatique camerounaise s'agissant du personnel de la mission diplomatique.

SECTION 2: LA COUTUME INTERNATIONALE DANS LA PRATIQUE DIPLOMATIQUE CAMEROUNAISE S'AGISSANT DU PERSONNEL DE LA MISSION DIPLOMATIQUE

L'expression «personnel de la mission» s'entend des membres du personnel diplomatique, du personnel administratif et technique et du personnel de la mission[593]. Dans le cadre de cette étude, un accent sera mis sur le personnel diplomatique en ce sens que celui-ci renseigne à suffisance l'idée qui sous tendra notre démonstration.

Autrement dit, analyser la coutume internationale dans la pratique diplomatique camerounaise s'agissant du personnel de

---

[591] CIJ, affaire sur le personnel diplomatique et consulaire américain à Téhéran du 24 mai 1980.

[592] Entretien accordé par le Directeur du Protocole du MINREX en date du 20 février 2020.

[593] Article 1.c de la Convention de Vienne de 1961 précitée.

la mission revient dans un premier temps de s'attarder sur la protection dudit personnel **(paragraphe 1)** et dans un second temps sur le contentieux pouvant impliquer une mission diplomatique et l'Etat du Cameroun **(paragraphe 2).**

PARAGRAPHE 1 : la coutume internationale dans la pratique diplomatique camerounaise en ce qui concerne la protection du personnel diplomatique de la mission

La problématique majeure de la protection du personnel diplomatique repose sur l'idée de l'inviolabilité. En d'autres termes, il s'agit d'analyser concrètement ce qui est observé dans la pratique diplomatique camerounaise en ce qui concerne l'inviolabilité des agents diplomatiques (A) et la pratique diplomatique camerounaise s'agissant des privilèges et immunités diplomatiques (B).

A. La coutume internationale dans la pratique diplomatique camerounaise en ce qui concerne l'inviolabilité des agents diplomatiques

De prime abord, il faut entendre par « agent diplomatique » le chef de la mission ou un membre du personnel ayant la qualité de diplomate[594]. L'inviolabilité de la personne des agents diplomatiques est une règle universellement reconnue qui fait d'ailleurs partie du droit coutumier international[595].

Par inviolabilité, on entend que l'agent diplomatique ne peut faire l'objet de mesures qui constitueraient une coercition : aucune atteinte ne peut être portée à sa liberté par les autorités ou les citoyens de l'Etat auprès duquel il est accrédité ; il ne peut faire l'objet ni de contrainte, ni d'arrestation, ni de détention, d'extradition ou d'expulsion[596]. D'ailleurs, Vattel le rappelait sans ambages lorsqu'il affirmait : « *Quiconque fait violence à un ambassadeur ou à tout autre ministre public ne fait pas seulement injure au souverain que ce ministre représente; il blesse la sûreté commune et le salut des nations...* »[597].

---

[594] Article 1.e de la Convention de Vienne de 1961 précitée.

[595] SALMON (J), *Manuel de droit diplomatique*, *op. cit.*, p. 281.

[596] Article 29 de la Convention de Vienne de 1961 précitée.

[597] VATTEL, *Droit des gens*, Vol. IV, chap. VII, p. 81, classics, III, 371.

La pratique diplomatique camerounaise au regard du constat fait en la matière, déroge quelques fois à cette obligation du fait de l'acte des organes de l'Etat du Cameroun (1) et de l'acte des particuliers (2).

1. La dérogation au principe de l'inviolabilité des agents diplomatiques par les voies de fait administrative au Cameroun

L'Etat du Cameroun est responsable des actes de voies de fait des policiers, gendarmes, militaires, douaniers, fonctionnaires, etc.[598]. En d'autres termes, parmi les organes qui participent le plus souvent à la violation des droits agents diplomatiques accrédités en territoire camerounais, on peut mentionner les policiers et les gendarmes. Car ceux-ci participent directement dans le processus de protection des agents diplomatiques. Comme on peut le constater, la détention et l'arrestation d'un agent diplomatique sont clairement prohibées par le droit diplomatique[599]. Pourrait-on aller plus loin en affirmant l'atteinte à la personne physique du diplomate c'est-à-dire la fouille corporelle au sortie de l'aéroport est interdite.
Mais l'observation faite dans la pratique diplomatique camerounaise est le non-respect de cette prescription. En effet, force est de constater que les agents de sécurité en faction aux aéroports (Yaoundé et Douala) se livrent aux fouilles systématiques des diplomates accrédités ou venant rejoindre leur poste d'affectation au Cameroun. Ceci, dans l'indifférence quelques fois des responsables qui sont en charge de ses agents de sécurité. A cet instant la responsabilité de l'Etat du Cameroun pourrait être engagée pour violation du droit international.
Ainsi, au cours de ces dernières années, des cas de violations des droits des agents diplomatiques par les agents de sécurité ont été enregistrés au niveau du MINREX, ce qui a valu des excuses officielles de la part du Gouvernement camerounais aux missions diplomatiques concernées. Notons tout de même qu'au niveau de

---

[598] SALMON (J), *op. cit.*, p. 283.

[599] V. les chroniques du Professeur Charles ROUSSEAU à la *Revue Générale de Droit International Public* (RGDIP)

l'administration centrale camerounaise, les sanctions seront prises à l'égard des agents coupables.
Dans le même ordre d'idées, un autre aspect de l'analyse à évoquer est l'utilisation dans la pratique diplomatique camerounaise, des appareils de détection des métaux dans les aéroports pour inspecter si ces derniers ne portent pas des armes offensives, soulève quelques difficultés. En effet, le principe voudrait qu'on ne puisse pas forcer un agent diplomatique à s'y soumettre. Mais au regard du contexte actuel que traverse le Cameroun, il pourrait être appelé à s'y soumettre.
Fort de tous ces incidents, le Doyen du Corps diplomatique au Cameroun a saisi le MINREX à l'effet de trouver une issue à ce problème qui devenait préoccupant. Cet ainsi, au cours du mois de février 2020, le MINREX a reçu en audience le Doyen du Corps diplomatique, le Chef de la délégation de l'Union Européenne (UE) et le responsable de la sécurité à l'aéroport international de Nsimalen-Yaoundé. Au sortir de cette audience, il ressort succinctement de la sensibilisation des agents de sécurité en faction dans les aéroports des règles prévues par les instruments internationaux en la matière[600]. Cette sensibilisation devrait passer par l'introduction et le renforcement dans la formation desdits agents de sécurité des modules de droit diplomatique et consulaire. Ce qui pourrait à l'avenir atténuer les cas de violations des droits des agents diplomatiques accrédités ou mise en route[601] au Cameroun. En outre, si la violation des droits des agents diplomatiques peut être faite par les agents des organes de l'Etat, elle peut également l'être par l'acte des particuliers.

[600] On peut citer entre autres la Convention de Vienne du 18 avril 1961 sur les relations diplomatiques et la résolution 3166 (XXVIII) : Convention sur la prévention et la répression des infractions contre les personnes jouissant d'une protection internationale, y compris les agents diplomatiques du 14 décembre 1973.
[601] Action pour un agent diplomatique ou un chef de mission de partir prendre son affectation dans le poste auquel il vient d'être affecté à l'étranger. On parle à cet effet de la mise en route d'un agent diplomatique.

2. L'inviolabilité des droits des agents diplomatiques mis en échec par l'acte des particuliers

Il s'agit ici de l'offense commise par des particuliers envers les agents diplomatiques[602]. Une façon simpliste d'affirmer que certains particuliers portent atteinte au principe de l'inviolabilité des agents diplomatiques accrédités. La conséquence de l'inviolabilité est alors double pour le gouvernement camerounais : il doit réprimer les injures, offenses ou violences dont les diplomates peuvent faire l'objet et il doit prendre des mesures particulières afin d'éviter que celles-ci ne se produisent[603]. A cet effet, l'inviolabilité s'appréhende sous une double obligation : la prévention et la répression.

En ce qui concerne les mesures de prévention, le degré de protection à accorder est sans doute plus élevé que celui à accorder à des simples particuliers, mais il est aussi impossible de mettre un policier derrière tout diplomate qui se déplace[604]. Ainsi, la protection variera selon qu'il y a un soupçon ou si l'on peut raisonnablement prévoir qu'un diplomate est en danger, des mesures de protection à cet effet doivent être prises. Celles-ci sont donc modulées en fonction des risques encourus, des menaces pesant sur les personnes de la conjecture internationale[605]. Toutefois, l'obligation de prévention prise par l'Etat du Cameroun peut s'avérer complexe lorsqu'il s'agit des actes de harcèlement des diplomates[606] ou ceux des enlèvements des diplomates[607].

En effet, certains font valoir qu'il faut céder aux ravisseurs pour sauver les diplomates qu'on a le devoir de protéger, par contre d'autres estiment que l'on ne peut céder au chantage sans s'exposer à une recrudescence même de cette forme de « lutte »

---

602 HURST (C), « Les immunités diplomatiques », *RCADI*, Vol. 12 (1926-II), p. 128, pp. 115-245.

603 SALMON (J), *Manuel de droit diplomatique*, *op. cit.*, p. 286.

604 Idem.

605 V. AFDI, 1982, p. 1099 ; ASDI, 1969-1970, p. 170.

606 CAHIER (P), « Les actes de harcèlements des diplomates peuvent engager la responsabilité internationale des Etats », Le Monde diplomatique, février 1971.

607 JUILLARD (P), « Les enlèvements des diplomates », *AFDI,* 1971, pp. 205-231.

ou de « terrorisme »[608]. Toutefois, dans la pratique diplomatique camerounaise, il n'est pas d'usage à admettre n'importe quoi pour obtenir la libération des diplomates.

En ce qui concerne les mesures de répression, certains Etats à l'instar des Etats-Unis, de la Suisse, la Suède et la Belgique ont pris des lois spéciales pour protéger les diplomates contre les offenses faites à leur égard. Dans la pratique diplomatique camerounaise, il convient plutôt de noter que la Convention sur la prévention et la répression des infractions contre les personnes jouissant d'une protection internationale, y compris les diplomates sert de socle de protection des diplomates accrédités au Cameroun. Autrement dit, il n'existe pas encore au Cameroun une loi spéciale qui protège les diplomates accrédités. Il serait judicieux à cet effet pour le Cameroun d'insérer dans son arsenal juridique, des dispositions encadrant la protection des diplomates contre les offenses.

Après avoir évoqué la coutume internationale dans la pratique diplomatique camerounaise en ce qui concerne l'inviolabilité des agents diplomatiques, attardons-nous sur les privilèges diplomatiques.

B. La coutume internationale dans la pratique diplomatique camerounaise en ce qui concerne les privilèges diplomatiques

De prime abord un distinguo doit être fait entre les privilèges et les immunités diplomatiques. En effet, les immunités diplomatiques[609] sont les privilèges accordés aux représentants d'un Etat étranger et les locaux qui les abritent les exemptant totalement ou partiellement des compétences normatives et opérationnelles de l'Etat hôte. Tandis que les privilèges sont des mesures de courtoisie que les Etats s'accordent réciproquement et discrétionnairement.

Autrement dit, ce sont les facilités diverses accordées aux agents diplomatiques étrangers[610]. En outre, pendant que pour les immunités diplomatiques le droit international s'exprime à leur

---

608 SALMON (J), *op. cit.*, p. 288.

609 V. HURST (C), « Les immunités diplomatiques », *RCADI*, Vol. 12 (1926-II), pp.115-245; GUILIANO (M), « Les relations et immunités diplomatiques », *RCADI*, Vol. 100 (1960-II), pp. 75-202.

610 PANCRACIO (J-P), *Droit et institutions diplomatiques*, *op. cit.*, p. 218.

sujet en terme impératifs, pour les privilèges diplomatiques, celui-ci s'exprime à leur égard en termes seulement permissifs. Ils dépendent entièrement du droit interne de chaque Etat.
Dès lors, un accent particulier sera mis sur les privilèges diplomatiques en ce sens que l'Etat du Cameroun au regard de son instruction interministérielle[611] a une pratique diplomatique s'agissant des privilèges diplomatiques en matière fiscale (1) et en matière douanière (2).

1. La coutume internationale dans la pratique diplomatique camerounaise s'agissant des privilèges diplomatiques en matière fiscale

De façon générale, dans tous les pays les agents diplomatiques sont traditionnellement exemptés de certains impôts et taxes, mais l'étendue de ces exemptions est variable[612]. Raison pour laquelle, les privilèges en matière fiscale encore appelés privilèges de courtoisie, sont un avantage accordé à la personne plus qu'à la mission diplomatique[613].
Ainsi, lesdits privilèges peuvent varier selon les bénéficiaires en fonction du jeu de la réciprocité de traitement, en considérant toutefois qu'un Etat peut fort bien décider d'accorder des privilèges sans exiger de réciprocité, s'il estime que cela correspond à sa propre tradition diplomatique et à un souci particulier d'hospitalité au regard des diplomates étrangers[614].
Au-delà des privilèges normés c'est-à-dire ceux par la Convention de Vienne de 1961[615] en matière fiscale, le Cameroun a développé une pratique diplomatique en la matière. Celle-ci dans ce domaine est fixée par une instruction interministérielle portant sur l'application des privilèges diplomatiques en matière fiscale et douanière sous réserve de réciprocité. Cette instruction interministérielle sert de boussole à la Direction du protocole du MINREX quant à l'application des

---

[611] V. l'Instruction Interministérielle N°0060/MINFI/DIPL relative à l'application des privilèges diplomatiques en matière fiscale et douanière du 26 mars 2010.
[612] SALMON (J), *Manuel de droit diplomatique*, *op. cit.*, p. 359.
[613] PANCRACIO (J-P), *op. cit.*, p. 221.
[614] Idem.
[615] V. article 34 de la Convention de Vienne de 1961 précité.

mesures relative aux privilèges diplomatiques en matière fiscale et douanière.

A cet effet, le Cameroun pour sa part, accorde aux agents et aux missions diplomatiques étrangères en poste à Yaoundé sous réserve de réciprocité, des facilités fiscales suivantes : d'abord sur l'Impôt sur le Revenu des Personnes Physiques (IRPP), les personnels exempts de ladite taxe au regard de l'instruction interministérielle sont le Chef de mission et les agents diplomatiques titulaire d'une carte diplomatique délivrée par le MINREX[616].

Ensuite, de la Taxe sur la Valeur Ajoutée (TVA). En effet, la mission diplomatique installée et les agents diplomatiques accrédités au Cameroun sont exonérés du paiement de la TVA pour les achats de biens mobiliers et immobiliers effectués pour l'équipement de ces locaux[617]. Cette exonération porte également sur les dépenses d'entretien des véhicules administratifs et de fonction, l'acquisition des tenues de travail pour les agents d'entretien, les prestations d'eau, d'électricité, de gaz, de télédistribution et télécommunication, ainsi que les biens et services acquis à l'occasion des circonstances exceptionnelles telles que la célébration des journées internationales et des fêtes officielles des missions diplomatiques et postes consulaires[618].

Dans le même ordre d'idées, le Chef de mission et les membres du personnel diplomatique bénéficient de l'exonération de la TVA sur les achats de biens mobiliers destinés à l'équipement de leurs résidences respectives, les dépenses d'entretien et de réparation des véhicules administratifs ou de fonction, ainsi que les prestations d'eau, d'électricité, de gaz, de télécommunication et de télédistribution.

Cette exonération s'étend également aux achats trimestriels de biens à usage personnel dans les limites des quotas fixés aux annexes 1 et 2 de la présente instruction interministérielle[619]. Toutefois, conformément aux dispositions de l'article 149 du Code Général des Impôts (CGI), les missions diplomatiques

---

[616] V. Chapitre 2 Section 1 de l'Instruction Interministérielle précitée.

[617] V. Section 2 du Chapitre 2 précité.

[618] Idem

[619] Idem

peuvent formuler une demande visant à récupérer la TVA ayant grevé les achats de biens et prestations éligibles au remboursement.

Enfin, la mission diplomatique et leurs agents sont exonérés de la Taxe Spéciale sur les Produits Pétroliers (TSPP) et sur les droits d'enregistrement, de timbre et de la taxe sur la propriété foncière. En effet dans la pratique diplomatique camerounaise, en matière du droit d'enregistrement, de timbre et de taxe sur la propriété foncière, les missions diplomatiques bénéficient de l'enregistrement gratis des actes dont l'exemption de la formalité d'enregistrement des actes établis par les missions diplomatiques étrangères à la CEMAC, sous réserve de réciprocité[620].

En somme, la pratique camerounaise s'agissant des privilèges diplomatiques en matière fiscale sont tout simplement des mesures de courtoisie que l'Etat du Cameroun accorde aux missions diplomatiques installées sur son territoire sous réserve de réciprocité. Autrement dit, l'Etat du Cameroun n'est pas tenu d'accorder lesdits privilèges aux agents diplomatiques, ni d'accorder les mêmes aux agents de tous les Etats étranges avec lesquels ils entretiennent des relations diplomatiques ou consulaires. Néanmoins, en marge des privilèges diplomatiques en matière fiscale, on peut évoquer ceux en matière douanière.

2. La coutume internationale dans la pratique diplomatique camerounaise s'agissant des privilèges diplomatiques en matière douanière

Les privilèges diplomatiques en matière douanière dont la plupart ont été cristallisés par la Convention de Vienne de 1961[621] sont des avantages que le Cameroun accorde sous réserve de réciprocité aux missions et à leurs agents accrédités. Pour le Cameroun, sa pratique diplomatique a été fixée par un arrêté interministériel relatif à l'application des privilèges diplomatiques en matière douanière.

En d'autres termes, cette mesure vient préciser de façon concrète les privilèges qu'ont droit les diplomates ou des ambassades en République du Cameroun, dérogeant ainsi quelques fois ce qui a

620 V. Section 4 du Chapitre 2 précité.

621 V. l'article 36 de la Convention de Vienne de 1961 précitée.

été prescrit par les instruments internationaux en la matière. Ceci étant dû au fait que le droit international s'exprime en leur sujet en termes seulement permissifs. C'est-à-dire que l'Etat du Cameroun dans sa pratique diplomatique n'est pas tenu d'accorder des privilèges diplomatiques, ni d'accorder les mêmes aux agents de tous les Etats étrangers avec lesquels ils entretiennent des relations diplomatiques ou consulaires[622].

A cet effet, le Cameroun pour sa part, accorde aux agents et aux missions diplomatiques étrangères en poste à Yaoundé des facilités douanières ci-après : d'abord l'exonération des droits de douane sur voiture immatriculée en Corps Diplomatique (CD) ou Corps Consulaire (CC). Autrement dit, le bénéfice de l'importation des véhicules concernant le personnel diplomatique est limité à deux véhicules par famille en rapport avec la taille de celle-ci, et un véhicule par famille pour le personnel administratif et technique. Le bénéfice de l'importation en franchise est accordé pour une durée renouvelable d'un an[623].

Ensuite l'agent diplomatique ou la mission bénéficie de l'exemption des droits de douane des marchandises importées notamment du matériel et des matériaux de construction à usage officiel. Autrement dit, seule le matériel et les matériaux destinés à la construction de la chancellerie de la mission diplomatique peuvent bénéficier de la franchise ou du remboursement de la taxe acquittée[624]. L'instruction interministérielle précise que les marchandises exonérées doivent être livrées au seul bénéficiaire du titre d'exonération ou à son représentant dûment mandaté[625]. En outre, la réexportation des objets et des véhicules admis en franchise diplomatique[626] doit être constatée par les services de Douane et une copie des documents pertinents doit être transmise

622 Entretien accordé par le chef SPID à la Direction du Protocole du MINREX en date du 10 mars 2020.

623 V. Titre II section 1 de l'Instruction Interministérielle.

624 V. Section II du Titre II de l'Instruction Interministérielle

625 V. Titre III de l'Instruction Interministérielle précitée.

626 Au sens de l'Instruction Interministérielle, la franchise diplomatique est le privilège reconnu aux missions diplomatiques accréditées ainsi qu'aux membres de leur personnel jouissant des privilèges et immunités diplomatiques.

au MINREX pour la mise à jour du fichier de la mission concernée[627].

Enfin, la mission diplomatique ou l'agent bénéficie de l'exonération des droits de douane d'un quota trimestriel des provisions de ménage et biens de consommation durable[628]. Il s'agit entre autres des champagnes et vins (120 litres pour les CMD et 80 litres pour les autres diplomates) ; des spiritueux (60 litres pour les CMD et 30 litres pour les autres diplomates) ; des bières et boissons non alcoolisées (80 cartons de 24 bouteilles de 33 cl ou équivalent pour les CMD et 60 cartons de 24 bouteilles de 33 cl pour les autres diplomates) ; des cigarettes (2000 cigarettes pour les CMD et 1600 cigarettes pour les autres diplomates. Enfin le tabac (10 paquets pour les CMD et 8 paquets pour les autres diplomates)[629].

Au regard de ce qui précède, les privilèges diplomatiques en matière douanière sont des facilités que le Cameroun accorde aux missions diplomatiques et à leur personnel pour un souci d'hospitalité. Même si ce souci d'hospitalité est quelques fois assorti de réciprocité. Toutefois, un contentieux pourrait naitre entre le Cameroun et une mission diplomatique pour non-respect des obligations de tout un chacun.

PARAGRAPHE 2 : la coutume internationale dans la pratique diplomatique camerounaise s'agissant d'une immunité de procédure impliquant une mission diplomatique étrangère et l'Etat du Cameroun

La pratique diplomatique camerounaise relative au contentieux impliquant une mission diplomatique étrangère et le Cameroun peut s'envisager dans deux sens opposés : il s'agira parfois d'un différend généré par l'attitude d'un agent diplomatique étranger en délicatesse avec la loi et l'ordre public de l'Etat du Cameroun. Mais compte tenu de la puissance du régime des immunités qui protège un tel agent, le traitement effectif du contentieux nécessitera d'abord que soit réglée une question : celle de la levée de son immunité juridictionnelle (A).

---

[627] V. § 6 du Titre III de l'Instruction Interministérielle précitée.

[628] V. annexe 1 de l'Instruction Interministérielle précitée.

[629] Idem.

En second lieu, il s'agira parfois d'un litige s'élevant entre une mission diplomatique accréditée et l'un des membres de son personnel qui entend assigner celui-ci devant un juge de l'Etat du Cameroun (B).

A. La coutume internationale dans la pratique diplomatique camerounaise s'agissant de la levée de l'immunité diplomatique

La problématique de la levée de l'immunité diplomatique dans la pratique diplomatique camerounaise met en scène une personne physique susceptible d'être mise en cause, au sens du contentieux de ce terme, pour une affaire relevant d'un domaine juridique dans lequel la Convention de Vienne n'a pas prévu d'exception à l'immunité juridictionnelle[630].

En effet, l'agent diplomatique ne pouvant de lui-même renoncer à son immunité en vue de se laisser traduire devant un tribunal de l'Etat du Cameroun, la levée de ses immunités juridictionnelles est une décision appartenant uniquement à l'Etat accréditant[631]. Par principe, une immunité n'est pas faite pour être levée. Il est par conséquent dans l'ordre des choses que la levée d'immunité diplomatique demeure un fait relativement exceptionnel. Encore faudrait-il qu'en contrepartie, l'Etat accréditant accepte lui-même et honnêtement d'assumer la fonction juridictionnelle au cas d'espèce qui a échappée à celle-ci au niveau de l'Etat du Cameroun[632].

Par ailleurs, il est d'usage dans la pratique diplomatique camerounaise que l'agent diplomatique impliqué dans une affaire d'une particulière gravité aura la possibilité de démissionner de ses fonctions pour venir de lui-même se soumettre à la juridiction de l'Etat du Cameroun. Encore faut-il que l'Etat accréditant puisse lever l'immunité diplomatique en question. Mais une telle attitude, fort méritoire et responsable, est plutôt rare dans la pratique[633]. Elle nécessite tout au contraire et cela vaut également

---

[630] Sur ces exceptions, on reportera à l'article 31 de la Convention de Vienne de 1961 précitée.

[631] PANCRACIO (J-P), *Droit et institutions diplomatiques*, *op. cit.*, p. 250.

[632] Entretien accordé par le Directeur des Affaires Juridiques et des Engagements Internationaux de l'Etat du MINREX en date du 10 mars 2020.

[633] Idem.

dans l'hypothèse d'une demande de levée de l'immunité diplomatique, que le système juridictionnel du Cameroun soit démocratique et présentant toutes les garanties de bon fonctionnement, donc l'impartialité[634]. De fait, cela réduit d'emblée le champ d'application possible de la levée de l'immunité juridictionnelle d'un agent diplomatique que le Cameroun souhaiterait soumettre à ses juridictions[635].

Même s'il y'a pas encore d'illustrations probantes concernant le cas du Cameroun, la pratique diplomatique française nous en donne un exemple concret. En effet, en 1996, l'ambassadeur du Zaïre en France a été reconnu coupable pour homicide involontaire de flagrant d'excès de vitesse après avoir renversé deux adolescents. Après le refus de lever son immunité, l'ambassadeur avait démissionné de ses fonctions afin de soumettre à la juridiction française qui l'a condamné à deux ans de prison avec sursis et 50 000 francs d'amende.

Néanmoins, il serait judicieux de prévoir que certaines dispositions puissent intervenir dans le droit international public aux fins de réduire, à l'égard des comportements gravement délictuels ou criminels d'agents diplomatiques étrangers, le champ d'application des immunités diplomatiques[636]. Ainsi, il pourrait simplement relever du respect des droits de l'homme des droits de l'homme que de pouvoir, pour tout citoyen, bénéficier du droit à obtenir répression et réparation du préjudice physique, moral ou financier, quand bien même aurait-il été occasionné par un agent diplomatique étranger en poste au Cameroun[637].

La société mondiale évolue, ses conceptions également et sans que cela le remette fondamentalement en cause, le système des immunités diplomatiques pourrait être amené à le faire également, pour les cas les plus flagrants d'atteinte à la situation juridique patrimoniale des personnes ainsi qu'au droit et à l'ordre public de l'Etat accréditaire[638]. La difficulté sera toutefois dans

---

[634] PANCRACIO (J-P), *op. cit.*, p. 250.

[635] Entretien accordé par le Directeur des Affaires Juridiques et des Engagements Internationaux de l'Etat du MINREX en date du 10 mars 2020.

[636] PANCRACIO (J-P), *Droit et institutions diplomatiques*, *op. cit*, p. 251.

[637] Entretien accordé par le Directeur des Affaires Juridiques et des Engagements Internationaux de l'Etat du MINREX en date du 10 mars 2020.

[638] PANCRACIO (J-P), *op. cit.*, p. 251.

la conception du système de garanties protégeant les agents diplomatiques de poursuites arbitraires, non fondées sur des faits avérés[639]. Cependant, abordons le cas où une immunité de procédure du personnel non diplomatique de la mission est impliquée dans le contentieux.

B. La coutume internationale dans la pratique diplomatique camerounaise s'agissant du traitement des contentieux relatifs au personnel non diplomatique de l'ambassade

Une question essentielle en ce domaine est celle de la portée des immunités de juridiction civile dont une ambassade étrangère installée au Cameroun pourrit se réclamer dans le cadre d'un conflit du travail qui l'oppose à un de ses agents. En d'autres termes, il s'agit d'un domaine dans lequel la plus grande attention doit être portée au statut des personnels concernés. Des solutions très différentes quant à l'application ou non de l'immunité et quant à la compétence des tribunaux de l'Etat accréditaire en découlent[640].

Ainsi, dans la pratique diplomatique camerounaise, les agents titulaires et contractuels formant le personnel diplomatique de l'Etat accréditant en poste à la mission conservent leur statut juridique de droit interne conféré à cet Etat. Toutefois, le personnel contractuel de recrutement local n'ayant pas la nationalité de l'Etat accréditant doit être recruté en revanche selon les dispositions du code du travail en vigueur dans l'Etat du Cameroun[641]. A cet effet, l'immunité de juridiction civile du personnel non diplomatique de la mission ayant procédé audit recrutement ne jouera pas au cas où l'application de ce contrat génèrerait un litige entre elle et son agent. En effet, si l'on devait admettre la solution inverse, un tel agent contractuel ne pourrait bénéficier d'aucun recours juridictionnel, ce qui serait inacceptable. Cela serait au surplus contraire aux droits de l'homme et aux standards internationaux de civilisation[642].

---

639 Idem.

640 PANCRACIO (J-P), *op. cit.*, pp. 251-252.

641 Entretien accordé par le Directeur des Affaires Juridiques et des Engagements Internationaux de l'Etat du MINREX en date du 15 mars 2020.

642 PANCRACIO (J-P), *op. cit.*, p. 252.

Par ailleurs, dans la pratique diplomatique camerounaise, l'exercice du pouvoir de juridiction de l'Etat du Cameroun nécessitera que l'emploi de l'agent contractuel ne le fasse pas participer directement à ce que l'on appellera le service public diplomatique, c'est-à-dire à l'activité «de souveraineté», celle qui est directement liée à la représentation de l'Etat souverain qu'assume la mission[643].

Dans la pratique diplomatique camerounaise, le jeu de l'immunité de juridiction civile du personnel non diplomatique de la mission s'ordonnera selon le schéma suivant : Pour un employé, engagé par un acte privé ou ne faisant pas partie du personnel de carrière de l'Etat accréditant ou ne participant pas, par ses fonctions, au domaine d'activité souveraine de l'Etat, c'est-à-dire n'exerçant pas de fonctions de niveau diplomatique, l'immunité de juridiction civile ne joue pas. L'ambassade ne peut l'invoquer et relève, pour tout litige avec son employé survenant dans ce cadre, de la compétence des juridictions sociales de l'Etat du Cameroun[644]. Selon cette catégorie de personnel, le droit du travail en vigueur au Cameroun s'applique au sein de ladite ambassade. Cela concerne non seulement les conditions de passation des contrats de travail mais également les conditions générales du travail dans l'ambassade, entre autres le respect de la législation contre les discriminations, de la législation sur les congés, sur les droits à la retraite, etc.[645]. Il est d'usage que l'employé concerné sera un agent recruté sur place par l'ambassade, donc un agent contractuel de recrutement local[646].

Dans le second schéma, il s'agit d'un employé, faisant partie du personnel de carrière de l'Etat du Cameroun mais non diplomatique ou étant de ce fait placé dans les rapports de travail couverts par le droit public en vigueur au Cameroun ou un agent dans une situation statutaire réglée par le droit administratif du Cameroun. Dans ce cas, l'immunité de juridiction du personnel non diplomatique de l'ambassade porte tous ses effets[647].

643 Idem.

644 Entretien accordé par le Directeur des Affaires Juridiques et des Engagements Internationaux de l'Etat du MINREX en date du 15 mars 2020.

645 PANCRACIO (J-P), *op. cit.*, p. 252.

646 Idem.

647 Idem.

Autrement dit, le litige devient administratif et non civil. Les juridictions en matière de travail de l'Etat du Cameroun seront incompétentes pour connaitre d'un litige qui s'élèverait entre un agent de cette catégorie et l'Etat qui l'emploie au sein de sa mission diplomatique[648].

Au demeurant, il était question dans ce quatrième chapitre, d'analyser la coutume internationale dans la pratique diplomatique camerounaise sous l'angle des aspects matériels d'une mission diplomatique.

Il ressort brièvement de l'analyse faite que, la coutume internationale dans la pratique diplomatique dans ce domaine repose sur les locaux et biens de la mission diplomatique d'une part, et d'autre part, sur le personnel de ladite mission.

En ce qui concerne la coutume internationale dans la pratique diplomatique camerounaise au regard des locaux et biens de la mission diplomatique, il a été question d'analyser la pratique diplomatique camerounaise s'agissant la résidence du Chef de mission diplomatique et des locaux de la mission diplomatique proprement dite d'une part, et d'autre part, une analyse a été faite sur la pratique diplomatique camerounaise s'agissant de la protection des biens de la mission. A cet effet, nous sommes attardés sur la coutume internationale dans la pratique diplomatique camerounaise sous l'angle des biens meubles et des biens immeubles de la mission.

Par ailleurs, s'agissant de la coutume internationale dans la pratique diplomatique camerounaise au regard du personnel diplomatique, un arrêt majeur a été fait sur la pratique diplomatique camerounaise en ce qui concerne l'inviolabilité des agents diplomatiques accrédités d'une part, et d'autre part, une analyse a été faite sur la pratique diplomatique camerounaise sous l'angle d'une immunité de procédure impliquant une mission diplomatique et l'Etat du Cameroun. Sous cet aspect, nous nous sommes attardés sur la coutume internationale dans la pratique diplomatique camerounaise sous l'angle de la levée de l'immunité diplomatique et sous l'angle du traitement des contentieux relatifs au personnel diplomatique de l'ambassade.

---

[648] Entretien accordé par le Directeur des Affaires Juridiques et des Engagements Internationaux de l'Etat du MINREX en date du 15 mars 2020.

IIème PARTIE : LA COUTUME INTERNATIONALE DANS LA PRATIQUE DIPLOMATIQUE CAMEREROUNAISE A LA LUMIERE DU PROTOCOLE ET CEREMONIAL DIPLOMATIQUES

Dans toutes les sociétés, l'observation de règles de courtoisie est nécessaire aux relations humaines. Ces règles ont leur source ultime dans le respect d'autrui[649]. Dans les relations entre interétatiques, ces règles de courtoisie sont principalement celles du protocole[650]. A cet égard, une tâche aussi complexe ne peut s'accomplir que dans un bon climat moral et des conditions matérielles idéales, qui n'empêchent pas son libre déroulement. Tel est l'objet du cérémonial et protocole diplomatiques. Cérémonial et protocole imposant à cet effet la courtoisie qui doit présider aux rapports entre hommes de bonne foi[651].

Cependant, la pratique diplomatique camerounaise à la lumière du protocole et du cérémonial diplomatique s'enracine dans l'histoire de la diplomatie ancienne. En effet, les actes diplomatiques ont été retracés dès l'époque de la Grèce antique, dans l'empire romain et byzantin, puis au Moyen Age[652]. Ainsi, dans la pratique diplomatique camerounaise, le protocole et le cérémonial sont intimement liés à la diplomatie d'essence aristocratique, et constituante à cet égard un aspect ritualiste, par conséquent relevant du « domaine réservé » du Prince[653]. C'est-à-dire qu'il consacre l'exclusivité de celui-ci sur la diplomatie.

C'est dans cette perspective que le Professeur Narcisse MOUELLE KOMBI relevait pertinemment que « le portefeuille du MINREX est d'autant plus sensible qu'il se localise dans l'aire matérielle du domaine réservé du Président. Les empiètements jugés intempestifs dans ce domaine [...] les

---

[649] SERRES (J), *Manuel pratique de protocole*, Paris, La Bièvre, 2005, p. 1, 464p.

[650] Idem.

[651] Idem p. 19

[652] NJILIE (D), *Le protocole dans la république*, Paris, Harmattan, 2008, p. 39, 214p.

[653] BAZOUNI (Y), *Le métier de diplomate*, Paris, Harmattan, 2005, p. 70, 294p.

initiatives diplomatiques audacieuses et les gaffes politiques ont souvent pu être sanctionnés par limogeage du ministre fautif »[654]. Pour autant, la dualité des règles du protocole et cérémonial qui procèdent, les unes, des us et coutumes internationales codifiés et, les autres, des législations nationales plus ou moins élaborées peuvent être source de difficultés, notamment dans le cadre de la participation de diplomates étrangers dans des manifestations locales[655].

Aussi, à la lumière de cet éclairage, notre étude s'articulera sur deux axes majeurs : dans un premier temps, une analyse sera faite sur la coutume internationale dans la pratique diplomatique camerounaise au regard du protocole diplomatique **(Titre III)** et dans un second temps envisager la pratique diplomatique camerounaise à la lumière du cérémonial diplomatique **(Titre IV).**

---

[654] MOUELLE KOMBI (N), *La politique étrangère du Cameroun*, Paris, Harmattan, 1996, pp. 33-34, 233p.

[655] FOZEIN KWANKE (T), « Le protocole et le diplomate étranger : accueil, gestion et traitements des personnalités », https://www.academia.edu/, p. 1, 17 pages.

TITRE III : LE PROTOCOLE DIPLOMATIQUE SOUS LE PRISME DE LA COUTUME INTERNATIONALE

Au sens strict du terme, le protocole diplomatique est le corps de règles qui procède à l'agencement des préséances, c'est-à-dire le placement des personnes lors des cérémonies nationales et des repas officiels au sein de l'Etat[656]. Dans la pratique diplomatique camerounaise, celui-ci doit être distinct du cérémonial diplomatique dont l'objet est de régler non seulement le déroulement de l'ensemble des cérémonies et commémorations ayant lieu sur le territoire national, mais aussi tous les aspects des relations officielles avec les autres puissances[657]. C'est aspect sera évoqué dans le second titre de notre travail.

Ainsi, l'histoire diplomatique classique a fait du protocole une pierre de touche de la règle de l'égalité souveraine des Etats[658]. C'est pourquoi, dans la pratique diplomatique camerounaise, le protocole diplomatique est considéré comme le sel de la diplomatie des relations formelles entre sujets égaux de la communauté internationale[659].

En marge du protocole avec « p » minuscule, il est à noter le Protocole avec « P » majuscule qui se rapporte à l'entité administrative responsable du cérémonial d'Etat, des missions officielles à l'étranger du chef du Gouvernement et des visites officielles auprès du Gouvernement[660]. Nous emploierons concomitamment les deux expressions pour rendre compte l'idée qui est sous-tendue dans notre travail.

Pour des raisons de clarté, il sera question d'examiner dans un premier temps, comment est mis en œuvre le protocole dans la pratique diplomatique camerounaise **(chapitre 5)** et dans un second temps, de décliner la coutume internationale dans la pratique diplomatique camerounaise au regard de la gestion des visites d'Etat et des réceptions officielles et privées **(chapitre 6).**

---

656 PANCRACIO (J-P), *Dictionnaire de la diplomatie*, Paris, Dalloz et de Bussac, 2007, p. 494, 684 p.

657 Idem.

658 BASDEVANT (J), *Dictionnaire de terminologie du droit international*, Paris, Sirey, 1960, p. 150.

659 NJILIE (D), *Le protocole dans la république*, Paris, Harmattan, 2008, p. 26.

660 Idem pp. 28-29.

CHAPITRE 5 : LA MISE EN ŒUVRE DU PROTOCOLE DANS LA PRATIQUE DIPLOMATIQUE CAMEROUNAISE

On entend par mise en œuvre du protocole dans la pratique diplomatique camerounaise, la traduction dans le réel de l'ensemble des éléments permettant d'implémenter le protocole dans la pratique diplomatique camerounaise. Autrement dit, il s'agit de cerner les éléments essentiels et simples du protocole dans la pratique diplomatique camerounaise. Il faut souligner que les règles protocolaires participent de la sociabilité diplomatique, mais la rupture des relations diplomatiques n'y met pas fin. Le protocole subsiste malgré la rupture de celles-ci[661].

A la lumière de ce qui précède, l'analyse de ces éléments essentiels et simples repose d'une part, sur les préséances officielles **(section 1)** et, d'autre part, sur le protocole dans la pratique diplomatique camerounaise relatif aux missions diplomatiques **(section 2).**

SECTION 1: LE PROTOCOLE DANS LA PRATIQUE DIPLOMATIQUE CAMEROUNAISE S'AGISSANT DES PRESEANCES OFFICIELLES

On entend par préséances officielles, le rang protocolaire dans les cérémonies officielles de l'Etat accréditaire à un agent diplomatique par rapport à un autre, en considération de sa fonction et de son classement hiérarchique dans la fonction[662]. C'est en d'autres termes, la primauté de rang, le droit d'occuper la première place, c'est-à-dire la place qui, entre plusieurs, est considérée comme la plus honorable[663]. De ce fait, deux règles fondamentales et complémentaires l'une de l'autre régissent les préséances dans le protocole : elles sont institutionnelles et non individuelles ensuite elles ne peuvent pas être déléguées[664].

---

661 NDZENGUE (P), *Cours de pratiques diplomatiques et consulaires*, 2014, p. 17, 45p, inédit.

662 PANCRACIO (J-P), *Dictionnaire de la diplomatie*, *op. cit.*, p. 474.

663 PRADIER-FODERE, *Cours de droit diplomatique*, Tome 1, p. 77.

664 PANCRACIO (J-P), GUIGNARD (P-H), *Protocole et Cérémonial* : « L'ordre de la République », Paris, Pedone, 2012, p. 42, 220 p

Ainsi, ces préséances seront appréhendées tant au niveau du corps diplomatique **(paragraphe 1)** qu'au niveau du corps consulaire **(paragraphe 2).**

PARAGRAPHE 1 : le protocole dans la pratique diplomatique camerounaise s'agissant des préséances du corps diplomatique

L'un des objets du protocole est de déterminer l'ordre hiérarchique suivant lequel doivent être disposés les autorités d'un Etat, d'un organisme ou de tout autre corps organisé en groupe social[665]. Car les règles afférentes aux préséances doivent être observées avec rigueur et, avec discernement en ce sens qu'elles tiennent au positionnement des personnalités et des corps ou institutions qu'elles représentent lors des cérémonies, repas et réceptions publiques[666].

Par conséquent, dans la pratique diplomatique camerounaise, le protocole apparait particulièrement indispensable dans l'administration, dont l'objet essentiel est l'exercice de la puissance publique, à plus forte raison en est-il ainsi dans les relations entre les gouvernements et les représentants étranges qui sont accrédités au Cameroun[667].

Le protocole dans la pratique diplomatique camerounaise au regard des préséances collectives et individuelles (A) précèdera le protocole dans les préséances entre les missions diplomatiques (B).

A. Le protocole dans la pratique diplomatique camerounaise s'agissant des préséances collectives et individuelles

Une analyse sera faite successivement sur le protocole dans la pratique diplomatique camerounaise au regard des préséances individuelles (1) et au regard des préséances collectives (2).

---

665 SERRES (J), *Manuel pratique de protocole*, *op. cit.*, p. 84.

666 PANCRACIO (J-P), GUIGNARD (P-H), *Protocole et Cérémonial* : « L'ordre de la République », *op. cit.*, p. 41.

667 Idem.

1. Le protocole dans la pratique diplomatique camerounaise s'agissant des préséances individuelles

Il convient de préciser d'emblée que dans la pratique diplomatique camerounaise le protocole est régi par le décret n° 76/424 du 16 septembre 1976 qui fixe les règles à observer dans les cérémonies publiques, honneurs civils et militaires. Le décret devrait faire l'objet d'un embellissement tant dans la forme que dans le fond, car il ne correspond pas au contexte politico-diplomatique actuel du Cameroun.

Ceci étant dit, la pratique diplomatique camerounaise en matière de préséances individuelles est marquée par les cérémonies où le Corps diplomatique est invité à titre individuel dans une cérémonie officielle dans un premier temps, et dans un second temps, la catégorie dans laquelle entrent en jeu successivement le grade de l'agent diplomatique, son ancienneté relative, et, en cas d'égalité de ces deux éléments, l'âge[668].

En d'autres termes, lorsque des membres du corps diplomatique sont invités à des cérémonies diplomatiques, ils sont placés selon l'ordre de priorité ci-dessus, qui est ensuite appliqué par l'officier du protocole chargé de les accueillir et de les placer. , La priorité personnelle est requise lors de la cérémonie de prestation de serment au corps diplomatique, marquée par l'installation des diplomates reconnus sur le territoire camerounais par ordre de priorité. Le but est de ne pas heurter la sensibilité de l'hôte et de respecter les priorités établies.

Ainsi, lorsqu'ils sont invités dans une cérémonie diplomatique, la pratique diplomatique camerounaise prévoit l'ordre de préséance individuel suivant : le Doyen du Corps diplomatique est préséant, prend le pas sur les autres Chefs de mission diplomatique. Ensuite les ambassadeurs et les hauts commissaires suivent, après ces derniers, ce sont les Envoyés extraordinaires et les ministres plénipotentiaires accrédités auprès du Chef de l'Etat du Cameroun enfin le Chargé d'affaires

[668] Idem, p. 86.

en pied[669] et le Chargé d'affaires a. i (*ad intérim*) ferment la marche[670].

Il reviendra à cet effet à la Direction du Protocole du MINREX d'établir la liste diplomatique tout en mentionnant l'ordre de préséance avec les titres et fonctions de chaque ambassadeur accrédité.

En marge du protocole dans la pratique diplomatique s'agissant des préséances individuelles, on peut évoquer le protocole dans les préséances collectives.

2. Le protocole dans la pratique diplomatique camerounaise s'agissant des préséances collectives

A la différence de la pratique protocolaire en matière de préséances individuelles, la pratique en matière de préséances collectives est celle dans laquelle le Corps diplomatique est invité à titre collectif et dans ce cas de figure, celui-ci doit avoir la place de choix[671]. L'unité du Corps diplomatique doit en tout état de cause être respectée, et on ne peut séparer, dans une cérémonie officielle, les ambassadeurs des ministres et des Chargés d'affaires[672].

En d'autres termes, dans la pratique diplomatique camerounaise lorsque les missions diplomatiques assistent au complet à une cérémonie officielle, les membres du Corps diplomatique s'asseyent par ordre de préséance tel qu'établi par la Direction du Protocole.

Cependant, il faudrait préciser que lors des cérémonies officielles où la présence des membres du Corps diplomatique est requise, la Direction du Protocole du MINREX travaille en collégialité ou

---

[669] A l'opposé du Chargé d'affaires a. i, le Chargé d'affaires en pied est nommé en tant que tel à titre permanent comme Chef de mission diplomatique, lorsque son Etat accréditaire désire placer ou maintenir à ce niveau de classe, ses relations diplomatiques avec l'Etat accréditaire. Cela peut être le cas lors de l'établissement de relations diplomatiques entre deux Etats quand l'Etat accréditant ne souhaite pas d'emblée placer les échanges au niveau d'une ambassade.

[670] SERRES (J), *Manuel pratique de protocole*, *op. cit.* , p. 87.

[671] Idem p. 87.

[672] Idem.

en symbiose avec le Protocole d'Etat[673] pour une meilleure réussite de la Cérémonie.

Concrètement, dans la pratique diplomatique camerounaise, lorsque le Corps diplomatique est invité à une cérémonie officielle notamment la fête nationale, la configuration de la tribune officielle est présentée comme suit : en premier rang le Président de la République et les corps Constitués, à droite de ces derniers, les Membres du Gouvernement (MG), et enfin à gauche l'ensemble du Corps diplomatique. Ceci démontre à suffisance la place de choix que le Corps diplomatique possède lors d'une cérémonie officielle en territoire camerounais.

Le protocole dans la pratique diplomatique camerounaise en matière de préséances collectives permet en effet au service du Protocole de faire preuve en toute circonstance de la plus grande courtoisie, car le protocole dit-on commence par la politesse et, par-dessus tout, le respect de l'Etat et par conséquent de l'Hôte[674].

En marge de l'analyse sur le protocole dans la pratique diplomatique camerounaise au regard des préséances collectives et individuelles, il est judicieux de s'attarder sur le protocole dans la pratique diplomatique camerounaise s'agissant des préséances entre les missions diplomatiques.

B. Le protocole dans la pratique diplomatique camerounaise s'agissant des préséances à l'intérieur des ambassades et les missions extraordinaires

Il est d'usage qu'à l'intérieur de chaque ambassade installée en territoire camerounais, une préséance est établie (1). C'est également le cas des missions extraordinaires (2) qui sont envoyés auprès du Cameroun pour une mission précise.

---

673 Jusqu'à un moment dans la pratique diplomatique camerounaise, le protocole d'Etat était monocéphale et se logeait au Minrex. C'est le décret N° 98-273 du 22 octobre 1998 portant réorganisation de la Présidence de la République qui modifie cet état des choses. C'est ainsi la naissance du bicéphalisme dans la pratique diplomatique relative au protocole.

674 NJILIE (D), *Le protocole dans la république*, *op. cit.*, p. 73.

1. Le protocole dans la pratique diplomatique camerounaise s'agissant des préséances à l'intérieur des ambassades

Dès l'installation d'une mission diplomatique au Cameroun, la Direction du protocole s'assure de l'effectivité de l'inscription de ses membres dans la liste diplomatique. Cette liste permettra d'établir au sein de la mission une préséance en fonction du rang de chacun.

Ainsi, en raison du caractère de la représentation de l'Etat au Cameroun, le Chef de mission a toujours une assimilation diplomatique[675]. Une manière de dire que la fonction du CMD est toujours diplomatique même si ce dernier n'est pas un diplomate de carrière. Car peut-on relever qu'il revient au Chef de l'Etat le pouvoir discrétionnaire de nommer qui il veut comme ambassadeur fut-il diplomate ou pas.

Cependant le protocole dans ses usages prévoit que l'autorité de l'agent appelé à remplacer le Chef de mission en cas d'absence doit absolument avoir le grade de Ministre Plénipotentiaire. C'est généralement le cas des conseillers des ambassades qui détiennent ce garde. En revanche, la pratique diplomatique camerounaise prévoit que si le conseiller n'est pas ministre, il doit céder le pas à l'attaché militaire si ce dernier a le grade de général[676].

Ensuite viennent les attachés techniques. Ceux-ci sont classés dans la pratique diplomatique camerounaise suivant la date de création de leur emploi voire la date de prise de fonction au sein de la mission diplomatique concernée. Toutefois, l'usage a prévalu de donner la première place au groupe militaire (terre, marine, air) ; dans ce groupe le classement se fait suivant les traditions nationales, soit suivant l'ordre d'ancienneté de la création des emplois[677].

Pour ainsi dire, l'ordre protocolaire dans une mission diplomatique accrédité au Cameroun se présente comme suit : en premier lieu, nous avons le Chef de mission, ensuite l'agent de carrière qui le remplacerait en cas d'absence, en l'espèce le

---

675 SERRES (J), *Manuel pratique de protocole*, *op. cit.*, p. 87.

676 Entretien accordé par le Directeur du Protocole, Cérémonial et des Affaires Consulaires eu MINREX en date du 15 mai 2020.

677 SERRES (J), *op. cit.*, p. 87.

Ministre conseiller ; suivi du groupe des attachés militaires et enfin les secrétaires d'ambassade et d'autres attachés suivant leur grade. Cette préséance une fois établie au sein de l'ambassade, est directement transmise à la Direction du protocole du MINREX à l'effet de l'inscription sur la liste diplomatique. Le bien-fondé de cette inscription sur la liste diplomatique est de permettre aux agents du protocole de prendre les dispositions nécessaires lors des cérémonies officielles ou diplomatiques.
Par ailleurs, cet usage est également appréciable au sein de la mission diplomatique proprement dite. En effet, lorsqu'une réunion officielle est organisée au sein d'une ambassade et par exemple ayant un caractère technique, le Chef de mission peut donner la première place dans le groupe des attachés techniques, à celui en charge de la spécialité traitée pendant la réunion ; les autres membres de la mission conservant leurs préséances régulières[678].
On peut donc constater au regard de ce qui précède l'importance des règles protocolaires au sein d'une mission diplomatique, gage d'un meilleur fonctionnement et du respect de la préséance établie. Envisageons à présent le protocole dans la pratique diplomatique camerounaise s'agissant des missions extraordinaires.

2. Le protocole dans la pratique diplomatique camerounaise s'agissant des missions extraordinaires

De prime abord, une mission extraordinaire voire spéciale est une mission diplomatique *ad hoc* constituée pour les besoins de circonstances spécifiques ou extraordinaires d'une affaire avec un autre Etat[679]. En d'autres termes, les missions extraordinaires ont pour finalité l'accomplissement d'une tache ponctuelle dans le cadre d'un protocole bien élaborée par le pays d'accueil de la mission.
En l'espèce, lorsqu'une mission extraordinaire est envoyée au Cameroun le plus souvent pour assister aux fêtes ou cérémonies exceptionnelles à Yaoundé, capitale du Cameroun, la Direction protocole de commun accord avec le protocole d'Etat se charge

[678] Idem p. 88
[679] PANCRACIO (J-P), *Dictionnaire de la diplomatie*, *op. cit.*, p. 400.

de l'organisation du cérémonial. En revanche, l'omniprésence du protocole d'Etat dans la mise en œuvre du protocole dans ces circonstances viendrait du fait que celui-ci tend à outrepasser ces compétences dans le domaine. Quand on sait que la direction du protocole du MINREX est celle qui est chargée de mettre en application et veiller aux règles du protocole au sein de l'Etat du Cameroun.

Par ailleurs, la pratique diplomatique camerounaise au regard du protocole mis en place prévoit que si un ambassadeur a été désigné comme chef de la mission extraordinaire envoyé par son pays, il prendra place parmi les délégués venus de l'étranger. Par contre si la représentation de son pays est confiée à un membre du gouvernement, l'ambassadeur prendra la seconde place dans la délégation. Enfin, si la représentation de son pays est confiée à tout autre personnage qui ne soit pas un représentant personnel du Chef de l'Etat, ou un autre membre du gouvernement, l'ambassadeur a le pas sur lui[680]. Toutefois, si elle est confiée à un agent de carrière du Ministère des Affaires Etrangères d'un grade ou d'une ancienneté supérieure à la sienne, il doit, par courtoisie, lui céder la première place[681] et en préciser les raisons à la Direction du protocole du MINREX.

Pour ainși dire, dans la pratique diplomatique camerounaise, lorsqu'une mission extraordinaire ou spéciale est envoyée au Cameroun, la Direction du protocole se met en branle à l'effet de prendre tous les renseignements possibles sur la mission qui arrive. Ces renseignements portent généralement sur le nombre de personnes que contient la mission, le nom, le titre ou le rang du Chef de la mission, leur préséance respective. Dans ce cas d'espèce, l'agent du protocole en charge du dossier, rentre en contact avec le point focal de la mission afin de requérir les informations sur leur préséance respective et d'en donner également au regard de la particularité de notre protocole suite à ce type d'évènement. A titre illustratif, on peut évoquer la mission extraordinaire envoyée par le Président chinois pour rencontrer le Président camerounais en mars 2019.

---

680 Idem

681 Idem

La précision étant faite, si la mission est envoyée pour assister à une cérémonie exceptionnelle, la préséance telle que plus haut sera respectée au regard de la pratique diplomatique camerounaise. Par contre si la mission extraordinaire est envoyée auprès du Chef de l'Etat du Cameroun, le protocole d'Etat est souvent sollicité pour prendre des dispositions pratiques pour faciliter le séjour de la mission au Cameroun.
La finalité de ces modalités pratiques du protocole est d'éviter tout différend et de créer un climat favorable pendant le séjour de la mission extraordinaire au Cameroun.
En marge du protocole dans la pratique diplomatique camerounaise s'agissant des préséances du corps diplomatique, nous avons également la pratique diplomatique des préséances du corps consulaire.

PARAGRAPHE 2 : le protocole dans la pratique diplomatique camerounaise s'agissant des préséances du corps consulaire

Par corrélation avec la notion de Corps diplomatique, le Corps consulaire est constitué de l'ensemble des consuls étrangers ou nationaux en poste dans une ville. L'expression ne s'emploie pas s'emploie pas à l'échelle nationale car le Corps consulaire n'exerce pas d'activités à ce niveau et s'efface de toute façon derrière le Corps diplomatique[682].
Précision étant faite sur la notion du Corps consulaire, celui-ci comme le Corps diplomatique dispose d'un protocole tant sur les préséances individuelles (A) que dans les préséances entre les missions consulaires (B).

A. Le protocole dans la pratique diplomatique camerounaise s'agissant des préséances individuelles dans le Corps consulaire

Le protocole dans la pratique diplomatique camerounaise s'agissant des préséances dans le Corps consulaire n'est pas suivi avec une attention particulière comme les préséances individuelles dans le Corps diplomatique. La raison de cette

---

682 PANCRACIO (J-P), *Dictionnaire de la diplomatie*, *op. cit.*, p. 185.

relative attention est due au fait que le Corps consulaire dans la pratique diplomatique camerounaise est moins visible dans la vie diplomatique camerounaise d'une part, et d'autre part, on ne peut pas nier le caractère administratif que revêt les missions assignées aux consulats présents en territoire camerounais.

C'est pourquoi dans de nombreuses villes par exemple, les consuls se regroupent généralement en Corps consulaire, ceux-ci sont constitués en association de droit privé et ne pouvant prétendre par la même occasion à aucune reconnaissance officielle de droit international, et les autorités locales conservent toute liberté à leur égard[683]. Ainsi, poursuivant la défense en commun des intérêts professionnels de ses membres, le Corps consulaire doit se limiter à l'interprétation des coutumes et usages locaux[684].

Il est d'usage dans la pratique diplomatique camerounaise qu'à la tête du Corps consulaire se trouve un doyen. Contrairement au doyen du Corps diplomatique, celui du Corps consulaire a des missions particulières. En effet, il doit assurer la mise à jour de la liste consulaire qui devrait être logée à la Direction du protocole du MINREX, ensuite avec l'aide de la Direction du protocole connaître les préséances, les privilèges et les immunités du Cameroun, enfin il doit faire à ses collègues de toute communication des autorités locales les intéressant collectivement[685].

De manière simpliste, le protocole requis dans les préséances individuelles prévoit que les archives du décanat doivent contenir : la composition du Corps consulaire y compris les consuls honoraires et les agents consulaires, l'ordre de préséance local, l'indication des immunités et privilèges accordés aux consuls dans la circonscription afin la liste des cérémonies officielles auxquelles ils devraient assister[686].

En marge du protocole dans la pratique diplomatique camerounaise au regard des préséances individuelles dans le

---

683 SERRES (J), *Manuel pratique de protocole, op. cit.*, p. 90.

684 Idem p. 91.

685 Idem p. 91.

686 Idem

Corps consulaire, analysons à présent le protocole entre les missions consulaires.

B. Le protocole dans la pratique diplomatique camerounaise concernant les préséances entre les missions consulaires

En général, lorsqu'il n'existe pas de dispositions internes de protocole concernant les honneurs et préséances qu'il convient d'attribuer aux consuls dans les fêtes et cérémonies officielles, ainsi que les attentions particulières dont ils doivent être l'objet, ce sont les convenances et les usages locaux qui régissent cette matière[687].

Ainsi, dans la pratique diplomatique camerounaise, les préséances entre les missions consulaires notamment en ce qui concerne le corps consulaire sont traitées avec une importance moindre contrairement aux membres du corps diplomatique. C'est pourquoi dans les règles du protocole à observer en matière de cérémonies publiques, préséances, honneurs civils et militaires[688], la préséance entre les missions consulaires est quasi inexistante. En d'autres termes, il n'est pas fait mention du corps consulaire dans les règles du protocole à observer en matière de cérémonies publiques et préséances.

A cet effet, ce sont les convenances et usages locaux de la pratique diplomatique camerounaise qui régissent cette matière. Concrètement, dans les cérémonies officielles, on s'abstient généralement de mettre les consuls en occurrence avec les fonctionnaires locaux afin d'éviter toute interprétation erronée sur la place d'honneur qui leur est dévolue[689]. Raison pour laquelle dans la pratique diplomatique camerounaise, les consuls ne figurent pas dans les cortèges ou les défilés d'une part, et d'autre part, s'ils doivent assister à une telle cérémonie, il est d'usage dans la pratique diplomatique camerounaise de les réunir en groupe dans un salon spécial et de leur réserver des places de part. Le plus souvent, lorsque les consuls de carrière et des consuls honoraires se trouvent réunis dans les mêmes

---

[687] Idem p. 89

[688] Décret N°76-424 du 16 septembre 1976 fixant les règles de protocole à observer en matière de Cérémonies Publiques, Préséances, Honneurs Civils et Militaires.

[689] SERRES (J), *Manuel pratique de protocole*, *op. cit.*, p. 89.

cérémonies, les consuls de carrière sont préséants sur les consuls honoraires[690].

De manière générale, la préséance entre les missions consulaires dans la pratique diplomatique camerounaise est comme suit : selon la catégorie de leur poste, les titulaires de consulats généraux sont suivis des titulaires de consulats, puis de vice-consulats, puis d'agences consulaires.

Par ailleurs, précisons que dans les capitales, les consuls étrangers n'appartiennent pas au Corps diplomatique. A cet effet, ils ne peuvent prétendre à être invités ni à figurer dans les Cérémonies auxquelles participe le Corps diplomatique, à moins que, ainsi que le font certains Etats, le consulat ne soit érigé en section consulaire de l'Ambassade, auquel cas son personnel figure sur la liste diplomatique[691].

En marge du protocole dans la pratique diplomatique camerounaise s'agissant des préséances du Corps diplomatique ; abordons à présent celles relatifs aux activités des missions diplomatiques.

SECTION 2 : LE PROTOCOLE DANS LA PRATIQUE DIPLOMATIQUE CAMEROUNAISE RELATIF AUX ACTIVITES DES MISSIONS DIPLOMATIQUES

On entend par activités des missions diplomatiques un ensemble de diligences portées à l'actif des missions diplomatiques accréditées sur le sol d'un pays étranger. En d'autres termes, les activités des missions diplomatiques participent de la bonne marche et du développement harmonieux des relations diplomatiques entre l'Etat accréditant et l'Etat accréditaire.

Ceci étant dit, analyser le protocole dans la pratique diplomatique camerounaise relatif aux acticités des missions diplomatiques revient à cerner dans un premier temps le protocole dans la pratique diplomatique camerounaise relatif au port du pavillon national et honneurs funèbres dus aux CMD **(paragraphe 1)** et, dans un second temps le protocole dans la pratique diplomatique

690 Idem.

691 Idem.

camerounaise relatif aux correspondances diplomatiques **(paragraphe 2).**

Paragraphe 1 : le protocole dans la pratique diplomatique camerounaise relatif au port du pavillon national et honneurs funèbres dus aux CMD

L'analyse du protocole dans la pratique diplomatique camerounaise relatif au port du pavillon par les missions diplomatiques accréditées au Cameroun (A) précèdera celle des honneurs funèbres dus aux CMD (B).

A. Le protocole dans la pratique diplomatique camerounaise relatif au port du pavillon national par les missions diplomatiques accréditées au Cameroun

Une analyse des règles du protocole relatif au port du pavillon national sur l'immeuble siège et la résidence du Chef de mission (1) précèdera celle du port du pavillon national sur leurs véhicules (2).

1. Le protocole dans la pratique diplomatique camerounaise relatif au port du pavillon national sur l'immeuble siège et la résidence du Chef de mission

Globalement, les missions diplomatiques ont le droit d'arborer le pavillon national où elles siègent ainsi que celui de la résidence du Chef de mission[692]. Toutefois, les usages protocolaires dans la pratique diplomatique camerounaise déterminent les conditions dans lesquelles le port du pavillon national est arboré sur les hôtels et les chancelleries diplomatiques.
En effet, dans la pratique diplomatique camerounaise en ce qui concerne les règles du protocole relatif au part du pavillon national, celui-ci est hissé à 8h du matin dans le strict respect de la réglementation en matière de la levée des couleurs au Cameroun, ensuite est ramené au coucher du soleil c'est-à-dire en soirée à 17h.

---

692 NJILIE (D), *Le protocole dans la république*, *op. cit.*, p. 123.

Toutefois, lors de deuil national, il est d'usage dans la pratique diplomatique camerounaise que le pavillon des missions diplomatiques ou consulaires soit mis en berne pendant le temps fixé par les instructions de la Direction du protocole du MINREX[693].

Par ailleurs, il est judicieux de préciser que de manière générale lorsque le Chef de l'Etat se rend officiellement par exemple à une cérémonie extraordinaire, l'usage permet, par courtoisie et suivant les usages locaux, d'arborer le pavillon personnel du Chef de l'Etat[694]. Les usages locaux déterminent si les deux pavillons seront arborés simultanément ou celui du chef de l'Etat le sera seul[695]. Cependant, au regard du décret N°76-426 précité, lorsque le Chef de l'Etat camerounais se rend officiellement à l'hôtel d'une mission diplomatique à l'occasion d'une cérémonie extraordinaire par exemple, le pavillon camerounais est arboré en même temps que le pavillon national de cette mission[696]. Dans le cas d'espèce, celui-ci est hissé au moment du Chef de l'Etat et amené à son départ[697].

A contrario, il est d'usage dans la pratique diplomatique camerounaise que, lorsqu'un Chef d'Etat est hôte du Président de la République du Cameroun, seul son pavillon personnel flotte sur le Palais. De ce fait, les honneurs du pavillon sont rendus en dehors des heures où les honneurs militaires sont normalement rendus en ce qui concerne la réception des hôtes de marque.

En outre, si les circonstances amènent une mission diplomatique à arborer les pavillons nationaux de plusieurs pays, il est d'usage dans la pratique diplomatique camerounaise que ceux-ci doivent être, suivant l'ordre de préséance locale des missions diplomatiques, la place d'honneur appartenant au pavillon national de la mission[698].

---

[693] Voir l'article 102 du Décret N°76-424 du 16 septembre 1976 fixant les règles de protocole à observer en matière de Cérémonies Publiques, Préséances, Honneurs Civils et Militaires.

[694] SERRES (J), *op. cit.*, p. 235

[695] Idem.

[696] Voir l'article 103 du décret précité.

[697] V. l'article 103 § 2 du décret précité.

[698] Article 104 du décret précité.

En marge des règles protocolaires relatives au port du pavillon national sur l'immeuble et la résidence, il convient d'examiner les règles protocolaires relatives au port du pavillon sur les véhicules diplomatiques.

2. Le protocole dans la pratique diplomatique camerounaise relatif au port du pavillon national sur les véhicules diplomatiques

En général, comme pour l'immeuble ou la résidence du CMD, il est reconnu à celui-ci d'arborer un fanion aux couleurs de leur pays sur leur véhicule, dans leurs déplacements officiels. Tout en précisant de même que seuls les véhicules estampillés « CMD » sur leur plaque minéralogique ont le droit d'arborer le pavillon national.

Toutefois, les usages protocolaires dans la pratique diplomatique camerounaise viennent préciser les dimensions exactes du fanion et l'emplacement de ce dernier sur les véhicules diplomatiques.

En effet, les fanions aux couleurs nationales, de 0 m × 0 m 40, sont placés sur la hampe démontable de 0 m 50 environ terminée par un fer de lance, placée sur l'aile avant droite de la voiture[699].

Précisons tout de même que dans les pays où le chauffeur est à droite, la hampe est placée sur l'aile avant gauche[700]. La plupart desdits pays sont à majorité les pays anglo-saxons. Car la configuration de leurs véhicules place leur chauffeur à droite.

Cette disposition particulière aura une incidente sur la place d'honneur ou de choix que doit occuper le CMD lorsqu'il prend place dans le véhicule. En effet, il est d'usage dans le protocole appliqué au Cameroun que le CMD prend place derrière le siège passager, c'est-à-dire à la droite du chauffeur. Or, dans la majorité des pays anglo-saxons, la place d'honneur dans les véhicules des CMD est plutôt à gauche du chauffeur.

Par ailleurs, le cas du port du pavillon national concernant les véhicules des consuls, soit-il consul général ou honoraire, est tout à fait particulier. En effet, il est d'usage dans la pratique diplomatique camerounaise que les consuls (généraux ou

---

[699] Idem p. 236.

[700] Idem.

honoraires) n'arborent pas en permanence sur leur voiture un fanion aux couleurs de leur Etat : ce privilège est exclusivement réservé aux CMD[701].

Toutefois, la Convention de Vienne sur les Relations Consulaires autorise dans certains cas les consuls à placer un fanion aux couleurs nationales sur leur voiture lorsqu'ils se déplacent pour les besoins de service[702]. Dans le même ordre d'idées, l'agent consulaire devrait respecter les usages protocolaires de la localité ou du pays de résidence du consulat.

Par ailleurs, un autre aspect de l'analyse s'agissant du protocole dans la pratique diplomatique camerounaise est celui des honneurs funèbres dus aux CMD.

B. Le protocole dans la pratique diplomatique camerounaise relatif aux honneurs funèbres dus aux CMD

En règle générale, on entend par honneurs funèbres une cérémonie en l'honneur du Chef de l'Etat ou d'un CMD décédé en mission à l'étranger et à laquelle assiste le Corps diplomatique[703]. Dans le cas d'espèce, c'est l'honneur funèbre rendu au CMD qui retiendra notre attention. Autrement dit, il reviendra d'analyser comment le protocole se déploie concrètement lors de la cérémonie funèbre lorsqu'un CMD décède en poste au Cameroun.

Dans la pratique diplomatique camerounaise, deux tendances sont observées : une cérémonie non religieuse c'est-à-dire avec honneurs civils et religieux (1) et une cérémonie religieuse (2).

1. Le protocole relatif aux honneurs funèbres dus aux CMD en cas de cérémonie non religieuse

Le protocole en cas de cérémonie non religieuse se veut simpliste. En effet, c'est à la Direction du protocole du MINREX que revient la lourde tâche de mettre sur pied l'ordonnancement de la cérémonie lorsqu'un ambassadeur décède en poste à

---

[701] Idem.

[702] Voir l'article 29 § 2 de la Convention de Vienne sur les relations consulaires du 24 avril 1963.

[703] PANCRACIO (J-P), *Dictionnaire de la diplomatie*, *op. cit.*, p. 298.

Yaoundé[704]. Ainsi, la cérémonie en raison du caractère de sa charge, comporte les honneurs civils et militaires.

Les honneurs civils comportent un hommage rendu par les corps constitués de la République du Cameroun. Dans ce cas de figure, on peut évoquer dans leur ordre de préséance, le Président du Sénat (PSEN), suivi du Président de l'Assemblée Nationale (PAN), le Président du Conseil Economique (PCE), le Président du Conseil Constitutionnel (PCC), de la Cour Suprême (PCS), ensuite le Premier Ministre (PM) enfin les membres du gouvernement dans leur ordre de préséance respectif.

Quant aux honneurs militaires, le cérémonial est constitué par le battement des tambours et la sonnerie des clairons[705] ainsi que la présentation des armes par les détachements de la garde présidentielle ou des forces armées[706].

2. Le protocole relatif aux honneurs funèbres dus aux CMD en cas de cérémonie religieuse

En cas de cérémonie religieuse, les règles protocolaires dus aux honneurs funèbres aux CMD sont distinctes en cas de cérémonie non religieuse.

Ainsi, il est d'usage dans la pratique diplomatique camerounaise qu'en cas de cérémonie religieuse, le chargé d'affaires par intérim (a.i) de l'ambassade concernée assisté d'un agent du protocole du MINREX accueille à la porte de l'église les personnalités officielles et les Chefs des missions diplomatiques qui sont accompagnés à leur place par les agents du protocole et les membres de la mission diplomatique de l'ambassadeur du défunt[707].

Concrètement, le dispositif protocolaire prévu en cas de cérémonie religieuse est comme suit : les agents du protocole postés à la porte de l'église accueillent les personnalités officielles et les ambassadeurs en poste à Yaoundé, ensuite ceux-ci sont acheminés à leurs places respectives qui par ailleurs ont fait l'objet d'un étiquetage ou d'une matérialisation préalable,

---

704 NJILIE (D), *Le protocole dans la république*, *op. cit.*, p. 124.

705 Instrument de musique à vent.

706 NJILIE (D), *op. cit.*, p. 124

707 Idem.

conformément à la préséance des membres du Corps diplomatique voire des membres du gouvernement. Enfin, un autre groupe d'agents du protocolaire prend le relai pour l'installation des officiels.

Ce triptyque accueil, ensuite acheminement ou relai enfin installation des officiels lors des cérémonies participent de la sociabilité diplomatique et du caractère sensible du respect de la préséance des membres du Corps diplomatique accrédité à Yaoundé. Car le protocole se veut comme support et expression de l'ordre diplomatique[708].

En outre, il est à préciser dans la pratique diplomatique camerounaise que les membres du gouvernement et le Corps diplomatique présent à la cérémonie religieuse ne s'asseyent pas de manière disloquée. En effet, la configuration d'une église fait ressortir une nef[709], qui permettra aux agents du protocole de disposer les membres du Corps diplomatique et les membres du gouvernement. Ainsi, peut-on remarquer que du côté droit de la nef est disposé les membres du gouvernement et assimilés et enfin du côté opposé, les membres du Corps diplomatique.

Dans le même ordre d'idées, il est d'usage qu'un représentant du Chef de l'Etat assiste également à la cérémonie ainsi que le MINREX et les hauts fonctionnaires de son département. Le gouvernement et le Corps diplomatique par le truchement de son Doyen envoient des couronnes de fleurs[710].

Par contre les règles protocolaires lorsqu'il s'agit de la cérémonie funèbre d'un chef de mission consulaire décédant à son poste seront amoindries. En effet, la Direction du protocole du MINREX représente le gouvernement à la cérémonie funèbre, l'ordonnancement de la cérémonie étant défini par la Direction du protocole conformément aux règles camerounaises[711]. Ce qui se traduit le plus souvent par un détachement de la garde présidentielle et des forces armées pour les honneurs dus en son rang.

---

708 BALZACQ (T), CHARILLON (F), RAMEL (F), *Manuel de diplomatie*, Paris, Presses de Sciences Po, 2018, 400p.

709 Partie intérieure d'une église qui va du seuil de l'église au pied de l'autel. Autrement dit, c'est la partie centrale de l'église.

710 NJILIE (D), *op. cit.*, p. 124.

711 Idem.

En marge du port du pavillon national et aux honneurs funèbres dus aux CMD, il est judicieux de s'attarder sur le protocole dans la pratique diplomatique camerounaise relatif aux correspondances diplomatiques.

PARAGRAPHE 2 : le protocole dans la pratique diplomatique camerounaise relatif aux correspondances diplomatiques

Encore appelée «correspondance officielle», la correspondance diplomatique est constituée par l'ensemble de la correspondance émanant de la mission et élaborée dans le cadre de ses fonctions de représentation[712]. Ainsi, font partie de la correspondance diplomatique, les lettres, dépêches, notes, etc.[713]. Les usages et le protocole camerounais en la matière président aux règles de la correspondance diplomatique. C'est ainsi, comme partout ailleurs, il est répondu dans la forme utilisée par l'autre correspondant[714].

Par ailleurs, le protocole relatif à la correspondance diplomatique nécessite certaines exigences quant à sa mise en œuvre. Pour une meilleure compréhension, il reviendra d'analyser d'une part, le protocole relatif aux correspondances diplomatiques entre le MINREX et les missions accréditées au Cameroun (A) et d'autre part, le protocole relatif aux correspondances diplomatiques entre le MINREX et ses agents à l'étranger (B).

A. Le protocole dans la pratique diplomatique camerounaise relatif aux correspondances entre le MINREX et les missions accréditées au Cameroun

Le protocole relatif aux correspondances entre le MINREX et les missions diplomatiques accréditées au Cameroun obéissent aux règles de la pratique administrative courante. Ainsi, la qualité et le titre de l'expéditeur sont mis en exergue et soulignés : Le Ministre des Relations Extérieures à.... L'objet de la lettre est clairement indiqué et commence par généralement par la

---

712 PANCRACIO (J-P), *Dictionnaire de la diplomatie*, *op. cit.*, p. 186.

713 Idem.

714 NJILIE (D), *op. cit.*, p. 134.

formule : « J'ai l'honneur » et se termine sans formule de politesse[715].

Ainsi, le protocole relatif aux correspondances entre le MINREX et les missions diplomatiques accréditées au Cameroun est adossé sur les «notes», qui de manière générale sont des correspondances échangées entre le MINREX et les missions diplomatiques accréditées au Cameroun[716]. Il est d'usage dans la pratique diplomatique camerounaise que les notes soient écrites sous la forme impersonnelle.

A cet effet, le protocole de la terminologie de la correspondance diplomatique entre le MINREX et les missions diplomatiques accréditées au Cameroun est rédigée à la troisième personne, ce qui la fait paraitre une plus sèche qu'une lettre[717]. De manière générale, elle commence par une formule de politesse dont la teneur est la suivante : L'Ambassade de… à Yaoundé présente ses compliments au Ministère des Relations Extérieures de la République du Cameroun et à l'honneur de… Elle se termine par une formule de courtoisie : L'Ambassade… à Yaoundé saisit cette occasion pour adresser au Ministère des Relations Extérieures de la République du Cameroun les assurances de sa haute considération. Le sceau du poste est apposé[718]. Comme on peut le constater, il s'agit du protocole relatif à une correspondance diplomatique écrite par une mission diplomatique accréditée à l'endroit du MINREX.

Cependant, lorsque que le MINREX saisit une mission diplomatique par note verbale, le protocole reste le même à l'exception de quelques éléments de la formule d'entrée et de sortie qui varient. Aussi, aura-t-on : Le Ministère des Relations Extérieures de la République du Cameroun présente ses compliments à l'Ambassade/Consulat de… à Yaoundé et à l'honneur… La formule de sortie étant : Le Ministère des Relations Extérieures de la République du Cameroun remercie d'avance l'Ambassade/Consulat de… à Yaoundé, et saisit cette

---

[715] Idem.

[716] Idem.

[717] SERRES (J), *op. cit.*, p. 272.

[718] Idem.

occasion pour lui renouveler les assurances de sa Haute considération.
Par ailleurs, il est d'usage dans la pratique diplomatique camerounaise que les notes verbales soient rédigées dans la langue de l'expéditeur c'est-à-dire celle de la mission diplomatique accréditée et qui saisit à cet effet le MINREX. Toutefois, si une mission préfère pour des raisons dont elle seule juge, employer une autre langue, l'usage général est qu'elle écrive en français et le MINREX à son tour, lui répondra dans la même langue. Ce d'autant plus que, le MINREX comporte en son sein une division de la traduction et de l'interprétation pour pallier tout problème qui se poserait dans ce domaine précis.
En marge du protocole relatif aux notes verbales entre le MINREX et les missions diplomatiques accréditées au Cameroun, il est judicieux de s'attarder sur le protocole relatif aux correspondances entre le MINREX et ses agents à l'étranger.

B. Le protocole dans la pratique diplomatique camerounaise au regard des correspondances entre le MINREX et ses agents à l'étranger

De manière générale, la pratique administrative camerounaise fait état de ce que les lettres officielles se distinguent par leur présentation. Ainsi, peut-on relever que la qualité administrative de l'expéditeur et celle du destinataire sont en vedette et nettement séparées en tête : Le Ministre des Relations Extérieures à Monsieur le Ministre… à… Puis suit l'objet de la lettre, formant une rubrique distincte, ou énoncé en marge. Enfin vient le corps de la lettre, où la formule ci-après j'ai l'honneur est employée[719].
Le protocole relatif aux correspondances entre le MINREX et ses agents à l'étranger en ce qui concerne les correspondances officielles apporte des précisions quant à la signature de l'auteur de l'acte. En effet, lorsque la formule j'ai l'honneur est employée, la lettre peut être signée pour un supérieur. A contrario, et c'est généralement le cas le signataire n'est pas le Ministre, mais un fonctionnaire qui a reçu délégation de signature, en raison de ses attributions, sa signature est précédée

---

[719] Idem p. 274.

du cachet : Pour le Ministre et par autorisation, le Directeur… Ce qui sous-entend que le fonctionnaire qui doit signer cette lettre devrait de rang approximativement égal à celui du destinataire[720]. Par ailleurs, les correspondances échangées entre le MINREX et ses agents à l'étranger prennent l'appellation de dépêches. Ce vocable couvre l'ensemble des lettres officielles, qu'il s'agisse d'instruction du Ministre ou de rapports des agents[721]. Il est d'usage dans la pratique diplomatique camerounaise en matière de protocole de faire figurer dans la formule d'appel le nom du MINREX et celui du Chef de mission auquel la lettre est adressée. Il faut relever que la dépêche ne revêt pas en principe un caractère urgent à l'inverse du télégramme qui, peut en avoir, ce dernier étant en outre chiffré[722].

La pratique protocolaire de la correspondance entre le MINREX et les missions diplomatiques au regard de ce précède participe de la catégorie d'usages qu'il est essentiel de connaitre dès lors qu'on veut adresser une correspondance à une autorité en charge des fonctions officielles, d'une mission spirituelle ou possédant un titre voire une dignité[723]. En d'autres termes, ce sont les règles qui président au respect de la bienséance relationnelle au même titre et peut-être plus encore que dans la relation orale[724].

Au demeurant, il était question dans ce chapitre d'analyser la mise en œuvre du protocole dans la pratique diplomatique camerounaise.

Il ressort brièvement de l'analyse faite que, cette mise en œuvre du protocole dans la pratique diplomatique camerounaise peut s'apprécier sous deux angles : à savoir le protocole dans la pratique diplomatique camerounaise relatif aux préséances officielles, d'une part, et, d'autre part, le protocole dans la pratique diplomatique camerounaise s'agissant des activités des missions diplomatiques.

---

720 Idem.

721 Idem p. 275

722 PANCRACIO (J-P), *Dictionnaire de la diplomatie*, *op. cit.*, p. 202.

723 PANCRACIO (J-P), GUIGNARD (P-H), *Protocole et Cérémonial* : « L'ordre de la République », *op.cit.*

724 Idem.

En ce qui concerne le protocole dans la pratique diplomatique camerounaise relatif aux préséances officielles, il a été fait mention du protocole s'agissant des préséances du corps diplomatique et des préséances du corps consulaire accrédités au Cameroun.
Par ailleurs, s'agissant du protocole dans la pratique diplomatique camerounaise relatif aux activités des missions diplomatiques, nous nous sommes attardés principalement dans un premier temps sur le protocole relatif au port du pavillon nation et aux honneurs funèbres dus aux ambassadeurs et dans un second temps, il a été question d'analyser le protocole dans la pratique diplomatique camerounaise relatif aux correspondances diplomatiques.
A présent, il importe d'aborder un autre aspect du protocole dans la pratique diplomatique camerounaise qui est celui de la gestion des visites et réceptions officielles et privées.

CHAPITRE 6 : LA COUTUME INTERNATIONALE DANS LA PRATIQUE DIPLOMATIQUE CAMEROUNAISE SOUS LE PRISME DE LA GESTION DES VISITES ET DES RECEPTIONS

L'un des pans de la coutume internationale dans la pratique diplomatique camerounaise qui nécessite l'intervention des usages protocolaires est la gestion des visites, réceptions officielles et privées. Ce sont des domaines qui demandent une extrême rigueur et beaucoup de tact de la part les agents du protocole.

Napoléon l'affirmait opportunément : «*c'est principalement par la table que l'on gouverne* »[725]. Une manière de marquer l'importance et l'extrême sensibilité que revêtent les repas tant officielles que privées dans les relations diplomatiques de nous jours. C'est ce qui a conduit certains auteurs à évoquer la « diplomatie par la table », qui participe de la bonne marche des relations diplomatiques entre les Etats et pour parler comme Raoul GENET, éviter de heurter des prétentions voire froisser les sensibilités[726].

En marge des réceptions officielles et privées, les visites dont la pratique diplomatique camerounaise ne fait pas de distinguo selon qu'elle est officielle ou d'Etat ; sont également un moment de communion et d'échanges avec les Chefs d'Etat et qui nécessite également une organisation minutieuse dont le cérémonial est réglé généralement par les services du protocole des deux Etas.

Pour une meilleure compréhension, notre analyse se penchera d'une part, sur la coutume internationale dans la pratique diplomatique camerounaise eu égard à la gestion des visites **(Section 1)** et d'autre part, aux les réceptions **(Section 2).**

---

[725] GANDOUIN (J), *Guide du protocole et des bonnes manières en Europe*, Paris, éd. Fixot, 1989, p. 80

[726] GENET (R), *Traité de diplomatie et de droit diplomatique*, Paris, Pedone, 1931, p. 528.

SECTION 1: LA COUTUME INTERNATIONALE DANS LA PRATIQUE DIPLOMATIQUE CAMEROUNAISE EU EGARD A LA GESTION DES VISITES

La pratique diplomatique camerounaise identifie dans le détail près quatre types de visites : les visites d'Etat, officielles, de travail et privées. Ces différentes visites sont encadrées par un protocole qui diffère quant à la nature de la visite. En d'autres termes, quel que soit le type visite, c'est un outil diplomatique essentiel destiné à asseoir la politique internationale poursuivie par le Chef de l'Etat camerounais.

Dans le cadre de notre étude, nous allons nous attarder sur la pratique diplomatique camerounaise au regard de la gestion des visites d'Etat (paragraphe 1) d'une part, et d'autre part au regard de la gestion des visites privées (paragraphe 2). Le choix étant marqué par le fait que la pratique diplomatique camerounaise encadre ou prend en compte dans sa mise en œuvre la gestion des visites d'Etat et privées que les visites officielles et de travail.

PARAGRAPHE 1 : la pratique diplomatique camerounaise s'agissant de la gestion des visites d'Etat

A la différence d'une visite officielle qui concerne ou implique les Chefs de gouvernement, ministres ou diplomates, la visite d'Etat est un rendez-vous symbolique au protocole millimétré[727] et qui ne s'effectue qu'entre Chefs d'Etat. Cette visite est dans le protocole camerounais, le degré le plus élevé des visites à l'étranger d'un Chef d'Etat, devant le voyage officiel, de travail et privée[728]. C'est la forme la plus solennelle des visites que puisse faire un Chef d'Etat à une puissance étrangère[729]

C'est une visite que l'on qualifie de prestige, car elle tend surtout à montrer à la face du monde en quelle haute estime se tiennent deux Etats et deux peuples[730]. Autrement dit si les visites officielles ou privées se succèdent à bon rythme, les visites d'Etat

---

727 Blandine le CAIN, www.le figaro.fr du 31 janvier 2016. Consulté le 27 mai 2020.

728 Entretien accordé par le Directeur du Protocole, du Cérémonial et des Affaires Consulaires au MINREX en date du 15 mai 2020.

729 PANCRACIO (J-P), GUIGNARD (P-H), *Protocole et Cérémonial* : « L'ordre de la République », *op. cit.*, p. 109.

730 PANCRACIO (J-P), *Dictionnaire de la diplomatie*, Paris, Dalloz et de Bussac, *op. cit.,* 629 p.

au sommet de l'art protocolaire et celui de la mise en scène du pouvoir restent relativement rares. Dans les usages diplomatiques camerounais, on en compte en moyenne une visite d'Etat par an, ou pas du tout.
La pratique diplomatique camerounaise s'agissant de la gestion des visites d'Etat au Cameroun consiste pour le protocole de mettre en œuvre un ensemble d'usages et de rites qui encadrent la visite des Chefs d'Etat étrangers au Cameroun. C'est ensemble de rites tournent autour de l'accueil à l'aéroport par le Chef de l'Etat du Cameroun de son homologue (A) et du départ pour la résidence du Chef de l'Etat en visite d'Etat au Cameroun (B).

A. La pratique diplomatique camerounaise au regard de l'accueil à l'aéroport par le Chef de l'Etat du Cameroun de son homologue

Par souci du principe d'égalité entre les Chefs d'Etat[731], les visites des souverains dans la pratique diplomatique camerounaise obéissent à un protocole bien structuré. Lequel protocole dans les usages et rites doit être arrêté d'un commun accord par les services du protocole des deux Etats. Ce qui suppose en filigrane une mission avancée de la part des services du protocole du pays hôte pour s'enquérir des subtilités et des usages de la pratique protocolaire en vigueur au Cameroun. Une manière de dire qu'une visite d'Etat est essentiellement marquée par son contenu protocolaire et politique.
Ainsi, les usages protocolaires de l'accueil à l'aéroport par le Chef de l'Etat du Cameroun de son homologue prévoient d'une part, l'accueil par le Chef de l'Etat et de sa suite de son homologue au perron de l'avion (1) et d'autre part, l'exécution des hymnes nationaux et le passage en revue des troupes et honneurs militaires accordés au Chef d'Etat hôte (2).

1. Les usages protocolaires quant à l'accueil par le Chef de l'Etat camerounais de son homologue au perron de l'avion

La pratique diplomatique camerounaise une fois de plus se démarque par rapport à ce qui est observé dans d'autres pays. En effet, lorsqu'un Chef d'Etat arrive en visite au Cameroun,

---

[731] NJILIE (D), *Le protocole dans la république*, *op. cit.*, p. 194.

certaines règles protocolaires encadrent son accueil à l'aéroport, qui généralement est l'aéroport international de NSIMALEN.
De manière générale, les mesures prises lorsqu'un Chef d'Etat est en visite au Cameroun s'appréhendent comme suit : le Chef de l'Etat du Cameroun, son épouse et sa suite officielle composée des homologues des membres de la suite du Chef de l'Etat hôte ensuite l'aide de camp et un médecin sont affectés audit Chef d'Etat[732]. Faudrait-il préciser que ce sont les préalables requis lorsqu'un Chef d'Etat est en visite au Cameroun. L'aide de camp lui sert en principe de secrétaire particulier plus en profondeur, de courroie de transmission entre les deux souverains. Quant au médecin particulier à lui affecter, c'est pour régler les soucis de santé au cas où ceux-ci se présenteraient. La finalité de ce traitement à l'égard du Chef de l'Etat en visite est de lui donner les honneurs dus en son rang et de consolider les relations diplomatiques entre les deux pays. Les règles protocolaires participent à cet effet de cette consolidation desdits relations diplomatiques.
Ainsi, dès que l'avion ayant à son bord le Chef de l'Etat hôte atterri, il est de coutume que se trouve au pied de l'avion, le Chef de l'Etat du Cameroun accompagnée de sa suite qui est généralement constituée du Président de l'Assemblée Nationale, du Premier Ministre, du Ministre des Relations Extérieures, du Directeur du Cabinet civil, de l'Ambassadeur du Chef de l'Etat accrédité auprès du Chef de l'Etat du Cameroun et de l'Ambassadeur du Cameroun accrédité auprès de ce Chef d'Etat étranger[733].
Toutefois, il faut préciser avec véhémence que la mise en place effective du Sénat en 2013 est venue bousculer l'ordre de préséance au niveau des hautes personnalités de la République. D'où l'intérêt de toiletter ledit décret qui date du 16 septembre 1976. Ainsi, le Président du Sénat est désormais la deuxième personnalité de la République et lors de l'accueil d'un Chef d'Etat étranger, il passe juste après le Chef de l'Etat. Cette préséance a fait l'objet d'un respect scrupuleux lors de la visite

---

[732] Cf. art 55 du décret portant sur les règles du protocole à observer en matière de Cérémonies publiques, Préséances, Honneurs Civils et Militaires.
[733] Idem

d'Etat du Président français François HOLLANDE au Cameroun en 2015.

Par ailleurs, le moment important et qui mérite une attention particulière dans l'accueil du Chef de l'Etat hôte est lorsque le Chef du protocole d'Etat monte dans l'avion et invite le Chef de l'Etat étranger à descendre[734]. Sous d'autres cieux il n'est pas souvent le cas. En effet, en ce qui concerne la France, lorsqu'un Chef d'Etat est en visite, celui-ci n'est pas accueilli par le Président français en plus ledit Chef d'Etat est invité par son protocole à descendre de l'avion et la suite sera accueillie par le Premier Ministre.

En outre, si les pays du Sahel offrent un bol de lait en signe de fraternelle hospitalité, la pratique diplomatique camerounaise rame à contre-courant de ces derniers et fait allusion d'un bouquet de fleurs qu'offre une très jeune fille d'environ douze ans ou moins en prononçant quelques paroles rituelles soit en français, soit en anglais, selon les exigences[735] lors de la descente de l'avion du Chef d'Etat étranger.

Si le Chef de l'Etat visiteur est accompagné de son épouse, la pratique diplomatique en la matière voudrait que le bouquet de fleurs lui soit également remis, mais dans ce cas par un jeune homme du même âge que la jeune fille. En réalité, pour éviter tout désagrément durant cette phase protocolaire, il est notifié en amont au Cabinet Civil de la Présidence par le Protocole du Chef de l'Etat qui sera en visite au Cameroun de la présence ou non de son épouse lors de la visite. Cette notification permettra de prévoir un jeune homme et une jeune femme au cas où le Chef de l'Etat visiteur est accompagné de son épouse, ou alors de prévoir seulement une jeune fille si le Chef de l'Etat visiteur est seul.

Cependant la phase la plus palpitante c'est l'accueil du Président de la République de son homologue tout en lui présentant les personnalités camerounaises qui l'entourent à la coupée[736], le Chef de l'Etat en visite salue son Ambassadeur et les deux suites

---

[734] Idem

[735] NJILIE (D), *Le protocole dans la république*, *op. cit.*, p. 195.

[736] Article 58 du décret précité.

se dirigent à l'endroit réservé pour l'exécution des hymnes nationaux et le passage en revue de troupes.

2. L'exécution des hymnes nationaux et le passage en revue des troupes et honneurs militaires accordés au Chef d'Etat en visite

Dans la pratique diplomatique camerounaise, l'exécution des hymnes nationaux et le passage en revue des troupes et honneurs militaires accordés au Chef d'Etat en visite sont une phase protocolaire qui nécessite de la part des agents du protocole beaucoup de concentration et d'attention. En effet, c'est un moment où la diplomatie camerounaise est rehaussée à travers le protocole, qui prend en compte la relation bilatérale entre les deux Etats, et plus encore au sein d'un sommet multilatéral, toute leur ampleur. C'est également un moment où le chef du protocole d'Etat et ses services en sont les maitres d'œuvre.

Ceci étant dit, l'exécution des hymnes nationaux survient juste après l'accueil du Chef de l'Etat hôte par son homologue camerounais. Ainsi, accompagné par le chef du protocole d'Etat, les deux présidents se dirigent à l'endroit à leur réservé pour l'exécution des hymnes nationaux. Faudrait-il préciser le passage de l'exécution des nationaux n'est pas un fait anodin. Dans les usages et rites de la pratique diplomatique camerounaise, c'est l'hymne national du Chef d'Etat visiteur qui est exécuté en première position[737], suivi de l'hymne national du Cameroun. C'est une marque de courtoisie diplomatique dans les relations bilatérales en général, et en particulier dans les visites d'Etat au Cameroun. Après l'exécution des hymnes nationaux, une salve d'honneur de vingt et un coups de canon est tirée[738].

Toutefois, accompagné toujours du Chef du protocole, le Chef de l'Etat visiteur accompagné du Président la République passe les troupes en revue les troupes et les honneurs militaires lui sont accordés. Dans la pratique diplomatique camerounaise, les honneurs militaires dus à un Chef d'Etat en visite au Cameroun sont des marques de référence, de respect et de témoignages

[737] NJILIE (D), *Le protocole dans la république*, *op. cit.*, p. 195

[738] Idem.

rendus par les militaires à un Chef d'Etat, suivant un protocole et cérémonial bien déterminé par la réglementation en vigueur.
Concrètement dans les usages diplomatiques, la revue des troupes et les honneurs militaires accordés au Chef de l'Etat visiteur se présentent comme suit : le Chef de l'Etat visiteur, dès qu'il arrive au niveau des troupes, les tambours et clairons battent et sonnent aux champs, les trompettes sonnent la marche, les musiques de la garde républicaine jouent l'air national et enfin les drapeaux et étendards saluent le Chef de l'Etat visiteur.
En somme, l'exécution des hymnes nationaux et le passage en revue des troupes et honneurs militaires accordés au Chef d'Etat visiteur traduisent de la constance participation du Cameroun à consolider se relations diplomatiques avec d'autres souverains étrangers en visite d'Etat au Cameroun. A cet égard, Jacques GANDOUIN affirmait : *« La politesse se fonde essentiellement sur deux principes : d'une part, la commodité [...] d'autre part, une finalité haute, c'est le respect d'autrui [...] le protocole, les obligations de bienséance sont indispensables à l'harmonie des groupes. Louis XIV en a souligné l'importance dans ses mémoires »*[739]. Une manière de mettre en exergue le caractère sacré de la bienséance dans les relations diplomatiques. Laquelle bienséance diplomatique est marquée par les attentions accordées à un Chef d'Etat lorsqu'il est en visite au Cameroun.
Après cette phase protocolaire marquée par l'exécution des hymnes nationaux des deux pays et le passage en revue des troupes et honneurs militaires à l'aéroport, le cortège du Chef de l'Etat se met en route pour le départ à sa résidence où ce dernier séjournera durant toute sa visite.

B. La pratique diplomatique camerounaise au regard du départ pour la résidence du Chef de l'Etat en visite au Cameroun

Le départ pour la résidence du Chef de l'Etat en visite au Cameroun est une étape importante et qui nécessite que certains usages diplomatiques soient appliqués. Ainsi, après l'accueil du Président de la République camerounais de son homologue étranger, sous la conduite du protocole, ceux-ci sont installés au

[739] GANDOUIN (J), *Guide du protocole et des usages*, Paris, Stock, 1991, p.12.

salon d'honneur de l'aéroport en entendant le départ pour sa résidence[740].

Dans la pratique diplomatique camerounaise, le départ pour la résidence du Chef de l'Etat visiteur est séquencé en deux points qui tiennent lieu à la composition du cortège, d'une part (1) et d'autre part, aux différentes personnalités invitées à faire partir de ce cortège (2).

1. La pratique diplomatique camerounaise au regard de la composition du cortège présidentiel

La composition du cortège mis en route pour le départ d'un Président étranger en visite ne rentre pas ou ne fait pas l'objet d'une pratique universelle c'est-à-dire adoptée par la plupart des Etats. Ceci relève des usages diplomatiques de chaque Etat dont il est judicieux de préciser les contours. C'est dans cette optique que le Cameroun dans ses usages diplomatiques a, à chaque fois, étant constant dans la manière dont le protocole organise et implémente le départ pour la résidence d'un Chef d'Etat en visite au Cameroun[741].

D'entrée jeu, faudrait-il préciser que dans la pratique diplomatique camerounaise, la résidence du Chef de l'Etat en visite au Cameroun est un Hôtel et dans la plupart des cas c'est l'hôtel Hilton de Yaoundé qui sert de résidence au Président étranger et partant de même pour la plupart des personnalités de hauts rangs en séjour au Cameroun.

A cet effet, sous la conduite du protocole d'Etat, les suites présidentielles ainsi que les personnalités se trouvant au salon d'honneur regagnent leurs voitures respectives[742]. Le cortège qui se met en route dont la préséance est respectée au degré prêt est composé de deux motards ensuite une voiture de sûreté, voiture de la presse, voiture du service des cérémonies à la Présidence de la République, ensuite vient la voiture du protocole, suivi de celle de la gendarmerie[743]. Après ces véhicules suscités, viennent les

---

[740] Entretien accordé par le Directeur du protocole, du cérémonial et affaires consulaires au MINREX en date du 15 mai 2020.

[741] Idem.

[742] Cf. art 59 du décret portant sur les règles du protocole à observer en matière de Cérémonies publiques, Préséances, Honneurs Civils et Militaires.

[743] Idem.

voitures des deux présidents qui dans les usages diplomatiques sont entourées d'une escorte. Une subtilité diplomatique à préciser est le fait que la voiture du Chef de l'Etat visiteur précède la voiture du Président camerounais. Ceci pour accorder à ce dernier les honneurs dus en son rang et son statut.
Par ailleurs, rentrent également dans l'escorte, les voitures des aides de camp des deux Présidents. L'aspect important à souligner également est la présence des voitures des épouses des deux Chefs d'Etat juste après la voiture des aides de camp[744]. La voiture de sécurité vient fermer ce premier bloc. Le deuxième bloc est constitué des voitures des personnalités qui accompagnent les deux Présidents et dont l'identité sera établie par le protocole.
En somme, la composition du cortège n'est pas un fait anodin, c'est un moment au cours duquel le protocole dans un ordre préréglé[745] met en mouvement la diplomatie camerounaise. Laquelle diplomatie impose la courtoisie et la bienveillance qui doivent présider les rapports entre les nations souveraines.
Pendant que le cortège se met en route pour la résidence du Chef de l'Etat visiteur, certaines personnalités notamment les corps constitués sont appelées à faire partie de la suite du Président pour accompagner son homologue durant tout l'itinéraire qui, doit-on préciser, est pavoisé des couleurs nationales du pays honoré[746].

2. Les usages diplomatiques en matière d'identification des personnalités faisant partie du cortège présidentiel

Sous d'autres cieux, nul besoin des personnalités pour accompagner le Président étranger en visite dans un pays. Suffit-il que celui-ci soit accueilli à l'aéroport par son homologue ou une personnalité de haut rang pour que le cortège présidentiel se mette en route pour sa résidence. Cette pratique diplomatique au regard de ce qui précède est allégée et nécessite dans le fond la mise en place d'un protocole rigoureux et contraignant. Cette

---

744 Idem.
745 NJILIE (D), *Le protocole dans la république*, *op. cit.*, p. 195
746 Cf. La Nouvelle Expression du mercredi 05 août 2015.

tendance est observée dans la plupart des cas dans les pays anglo-saxons.
Cependant, la pratique diplomatique camerounaise rame à contre-courant de ce qui est constaté dans les pays anglo-saxons. En effet, les personnalités devant faire partir du cortège présidentiel sont pour la plupart les corps constitués de la République et des personnalités du Chef de l'Etat visiteur[747]. Dans la préséance gouvernementale, il s'agit des personnalités qui viennent juste après le Président de la République lors par exemple des cérémonies officielles. Un protocole est bien défini quant à la mise en route de ses personnalités vers la résidence du Chef de l'Etat en visite au Cameroun.
Ainsi, d'après les usages diplomatiques camerounais, l'identification des personnalités devant faire partie du cortège présidentiel relève plus d'une précision que du hasard et nécessite une coordination harmonieuse de la part des protocoles des deux Chefs d'Etat. Car les personnalités faisant partie du cortège présidentiel sont notifiées à l'avance pour y prendre part. Ce n'est donc pas le lieu et le moment pour une improvisation par les agents du protocole d'Etat, car les enjeux diplomatiques à ce moment sont énormes[748].
A cet effet, dans la pratique diplomatique camerounaise, sont identifiées parmi les personnalités devant faire partie du cortège présidentiel : le Président du Sénat, suivi de la première personnalité membre de la suite du Chef de l'Etat visiteur, ensuite le Président de l'Assemblée Nationale suivi de la deuxième personnalité membre de la suite du Chef de l'Etat étranger, ensuite le Président du Conseil Economique et Social suivi de la troisième personnalité de la suite s'il y'en a. Enfin le Premier Ministre camerounais suivi de la quatrième personnalité membre de la suite ferme la queue du cortège[749].
En clair, l'identification des personnalités faisant partie du cortège présidentiel nécessite de la part des agents du protocole beaucoup de tact et de rigueur diplomatique. Car, une erreur

---

[747] Entretien accordé par le Directeur du Protocole, du Cérémonial et des Affaires Consulaires au MINREX en date du 15 mai 2020.
[748] Idem.
[749] Idem.

minime soit-elle, peut entacher ou mettre en mal les relations diplomatiques entre les deux pays.
Par ailleurs, la coutume internationale dans la pratique diplomatique camerounaise ne se manifeste pas seulement au niveau des visites d'Etat mais également au niveau des visites privées.

PARAGRAPHE 2 : la pratique diplomatique camerounaise s'agissant de la gestion des visites privées des Chefs d'Etat au Cameroun

Contrairement aux visites d'Etat, la gestion des visites privées ne mobilise pas un déploiement protocolaire d'une grande envergure. Dans la pratique diplomatique camerounaise, le service protocolaire qui est le plus souvent sollicité est la direction du protocole du MINREX.
Par ailleurs, précisons que la fréquence des visites privées des Chefs d'Etat au Cameroun n'est pas établie ce qui conduit effectivement à la mise en place d'un dispositif protocolaire assez allégé contrairement aux visites d'Etat. A cet égard, deux moments importants encadrent la gestion des visites privées des Chefs d'Etat au Cameroun sont : les honneurs civils et militaires rendus au Chef d'Etat visiteur (A) et la pratique diplomatique camerounaise relative à l'escorte personnelle du Chef de l'Etat visiteur (B).

A. La pratique diplomatique camerounaise relative aux honneurs civils et militaires rendus au Chef d'Etat étranger en visite privée au Cameroun

D'entrée de jeu, il faut préciser que, contrairement à une visite d'Etat, les honneurs civils et militaires rendus à un Chef d'Etat en visite privée au Cameroun donnent lieu à un protocole réduit au strict minimum[750]. Lequel strict minimum tourne autour de l'accueil à l'aéroport du Chef d'Etat visiteur par le Chef d'Etat camerounais ou son représentant (1) et la composition des corps constitués devant accueillir le Chef d'Etat visiteur (2).

---

[750] NJILIE (D), *Le protocole dans la république*, *op. cit.*, p. 195

1. L'accueil à l'aéroport du Chef d'Etat visiteur par le représentant du Chef d'Etat camerounais

La visite privée d'un Chef d'Etat de manière générale est une visite qu'effectue un Chef d'Etat dans un pays étranger à titre non officiel, en simple qualité de personne privée et dans le cadre d'une mission de représentant de son Etat[751]. A cet effet, il peut s'agir, entre autres d'une visite à des fins touristiques ou de loisir, d'autant qu'un Chef d'Etat peut être propriétaire d'une résidence personnelle sur le territoire d'un pays étranger[752].

En l'espèce, dans la pratique diplomatique camerounaise, la visite privée d'un Chef d'Etat au Cameroun met ce dernier dans une situation d'incognito, d'où la souplesse dans les règles protocolaires prévues à ce moment. Lesdites règles protocolaires sont perceptibles dès l'accueil du Chef d'Etat visiteur à l'aéroport. En effet, inversement à la visite d'Etat qui est solennelle et nécessite l'accueil à l'aéroport par le Chef d'Etat camerounais, les usages diplomatiques au Cameroun font état de ce que c'est généralement dans la plupart des cas un membre de rang élevé[753] du Gouvernement qui reçoit le Chef d'Etat en visite sur le territoire camerounais.

En ce qui concerne le Cameroun en l'espèce c'est au Premier Ministre qu'il revient d'accueillir le Président étranger au pied de l'avion. Toutefois, en cas d'empêchement de ce dernier, c'est le Ministre des Relations Extérieurs dans l'ordre de préséance gouvernementale qui le supplée dans cette tâche. A titre illustratif, on peut mentionner la visite privée du Chef d'Etat Centrafricain au Cameroun en 2017. Le Premier Ministre étant le membre de rang le plus élevé du Gouvernement est allé l'accueillir à l'aéroport international de NSIMALEN à Yaoundé. Par contre, à Douala il revient au Gouverneur de la région du Littoral accompagné du chef d'Antenne protocolaire dans ladite région de l'accueillir. Le but de sa visite privée était à des fins touristiques et durant celle-ci, le Président Archange TOUEDERA a eu quelques contacts à caractère professionnel avec les autorités du Cameroun.

---

[751] PANCRACIO (J-P), *Dictionnaire de la diplomatie*, *op. cit.*, p. 630

[752] Idem.

[753] NJILIE (D), *Le protocole dans la république*, *op. cit.*, p. 195

En marge de l'accueil du Président étranger dans la plupart des cas par le Premier Ministre camerounais, ce dernier est accompagné d'une délégation à l'aéroport devant accueillir le Chef de l'Etat étranger. Cette délégation est représentée au strict minimum au regard du caractère non officiel de la visite.

2. Les usages diplomatiques en matière de composition des corps constitués devant accueillir le Chef d'Etat en voyage privé au Cameroun

Les usages protocolaires encadrant la visite privée d'un Chef d'Etat au Cameroun sont réduites à sa plus simple expression. Cette simplicité se traduit au niveau de la pratique diplomatique camerounaise par la réduction drastique des personnalités devant accueillir le Chef d'Etat étranger à l'aéroport. Ce qui est à l'opposé de ce qui observé lors d'une visite d'Etat d'un Président étranger au Cameroun.

Plus concrètement, les usages diplomatiques en matière de composition des corps constitués devant accueillir le Chef d'Etat étranger en visite privée au Cameroun révèle la présence du service du protocole plus particulièrement le protocole d'Etat, des représentants diplomatiques et consulaires du pays d'origine du Chef de l'Etat visiteur[754].

En d'autres termes, dans les usages protocolaires et en ce qui concerne la partie camerounaise, les corps constitués sont uniquement composés des membres du Gouvernement triés au volet par les services du protocole[755]. Dans la plupart des cas, ce sont des membres qui dans la préséance gouvernementale occupent les places de choix. On peut citer entre autres le MINREX, le MINDEF (ci-après Ministre de la Défense) ; le MINAT (ci-après Ministre de l'Administration Territoriale) etc. En marge de ses membres du Gouvernement, on peut noter la présence du Directeur du Cabinet Civil (DCC) à la Présidence de la République[756].

---

[754] Idem.

[755] Entretien accordé par le Directeur du Protocole, du Cérémonial et des Affaires Consulaires au MINREX en date du 10 mai 2019.

[756] Cf. l'article 60 §2 du Décret N°76/426 du 16 septembre 1976 précité.

En somme, malgré que le Chef d'Etat étranger soit en visite privée au Cameroun, les dispositions protocolaires sont prises si mimines soient-elles, pour les hommages rendus au Chef d'Etat étranger en séjour privé au Cameroun. La pratique diplomatique camerounaise contrairement à celle qui est observée sous d'autres cieux, encadre la visite privée d'un Chef d'Etat étranger au Cameroun. Ce processus d'encadrement est un élément qui symbolise la particularité de la pratique diplomatique camerounaise par rapport à d'autres pratiques diplomatiques dans le cas d'espèce. Ceci ayant une finalité de rehausser le rayonnement de la diplomatie camerounaise à l'échelle internationale.

Auprès du Chef de l'Etat étranger en visite privée au Cameroun, dans la pratique diplomatique camerounaise, il est prévu que les honneurs militaires lui sont rendus par la Garde Républicaine et un détachement de l'armée sans musique ni drapeau[757]. A cet effet, une escorte sera mise à sa disposition pour l'accompagner à sa résidence.

B. Les usages protocolaires relatifs à l'escorte personnelle du Chef de l'Etat étranger en visite privée au Cameroun

De manière générale, un Chef d'Etat en visite privée dans un pays est dans une situation d'incognito. Laquelle situation amoindrie drastiquement les règles protocolaires liées en son rang au regard de la visite privée qu'il est appelé à effectuer. Il est à préciser tout de même que le Chef de l'Etat en visite privée au Cameroun a droit aux honneurs dus à son rang même s'il est dans une situation d'incognito de Chef d'Etat déchu ou qui n'est plus en fonction.

Ainsi, dans la pratique diplomatique camerounaise, parmi les règles protocolaires encadrant la visite privée d'un Chef d'Etat au Cameroun et par la même occasion se verront alléger, se trouve les usages protocolaires relatifs à l'escorte personnelle du Chef de l'Etat étranger en visite privée au Cameroun.

L'escorte personnelle du Chef de l'Etat en visite privée au Cameroun est le cortège qui accompagne le Président étranger de l'aéroport vers sa résidence de séjour. Dans les usages

[757] Idem.

diplomatiques camerounaises, cette escorte est réduite et n'est que composée de six motocyclistes de la Garde Républicaine et de deux motocyclistes de la police[758].

Autrement dit, le cortège qui accompagne le Président Etranger en visite privée au Cameroun est discrète afin de ne pas attirer l'attention de public et que son séjour passe inaperçu sur le territoire camerounais.

Cependant, quel que soit le type de visite d'un Chef d'Etat au Cameroun, dans la pratique diplomatique camerounaise elle est accompagnée par une réception offerte en l'honneur de la personnalité qui séjourne sur le territoire camerounais.

SECTION 2: LA COUTUME INTERNATIONALE DANS LA PRATIQUE DIPLOMATIQUE CAMEROUNAISE AU REGARD DE L'ORGANISATION DES RECEPTIONS

NAPOLEON s'adressant à CAULAINCOURT affirmait : *« c'est principalement par la table que l'on gouverne »*[759]. Cet aphorisme met en lumière l'importance que revêtent l'organisation des réceptions fussent-elles officielles **(paragraphe 1)** ou privées **(paragraphe2)** dans le déroulement harmonieux des relations diplomatiques entre deux Etats. « La diplomatie par la table » de nos jours, est marquée par le sceau indélébile de la dignité des personnalités invitées dans les réceptions et des corrections particulières[760].

La pratique diplomatique camerounaise au regard de l'organisation des réceptions officielles ou privées tient compte de certains susceptibilités liées au pays de provenance des personnalités. Par ailleurs, dans les usages diplomatiques camerounais, les réceptions peuvent avoir lieu soit l'après-midi, soit au diner, soit sous forme de bal ou de banquet réception-banquet[761].

---

[758] Idem.

[759] GAUDOUIN (J), *Guide du protocole et des usages*, *op. cit.*, p. 80.

[760] NJILIE (D), *Le protocole dans la république*, *p. cit.*, p. 151.

[761] Idem.

PARAGRAPHE 1 : la pratique diplomatique camerounaise au regard de l'organisation des réceptions officielles

De manière générale, une réception officielle est un diner officiel qui est offert en l'honneur d'un Chef d'Etat en visite, de membres du Gouvernement ou des membres du Corps diplomatique[762] qui généralement sont en fin de séjour dans un pays donné. On peut également envisager une réception officielle dans le sens d'un diner offert par une mission diplomatique à l'occasion de leur fête nationale.

Ceci étant dit, la pratique diplomatique camerounaise au regard de l'organisation des réceptions officielles va s'articuler autour des réceptions du jour **(A)** c'est-à-dire celles qui sont données par les missions diplomatiques présentes sur le territoire camerounais à l'occasion de leur fête nationale et des repas officiels **(B).**

A. La pratique diplomatique camerounaise s'agissant des réceptions du jour

Il s'agit de préciser comment le protocole organise de manière une réception offerte par une mission diplomatique à l'occasion de leur fête nationale. Autrement dit, dans la pratique diplomatique camerounaise, comment les règles protocolaires encadrent-elles les réceptions offertes par les missions diplomatiques en l'honneur de leur fête nationale dans la capitale camerounaise ?

Ainsi, s'agissant des réceptions du jour, la première étape dans l'organisation protocolaire est la distribution des cartons d'invitation aux personnalités devant assister à la réception (1) et la seconde étape est relative au déroulement de la cérémonie proprement dite (2).

1. Le protocole relatif à la distribution des cartons d'invitation aux personnalités prenant part à la réception

Il est d'usage que les missions diplomatiques présentes sur le sol camerounais donnent une grande réception à l'occasion de leur fête nationale[763]. Dans la pratique diplomatique camerounaise,

---

[762] SERRES (J), *Manuel pratique de protocole*, Paris, *op. cit.*, p. 241.
[763] Idem p. 242.

lesdites réceptions se passent dans la plupart des cas en soirée et le lieu de réception est l'hôtel Hilton à Yaoundé[764].

A cet effet, chaque capitale à ses usages et chaque mission a ses listes d'invitation où figurent les personnalités officielles, les chefs de mission diplomatiques et une proportion variable de leur personnel, des personnalités avec lesquelles la mission est en relation permanente et celles qui, occasionnellement, lui ont rendu service au cours de l'année écoulée[765].

Dans le cas d'espèce, les cartons d'invitation sont généralement envoyés à la plupart des membres du Gouvernement, ensuite par principe de courtoisie diplomatique, aux chefs de missions diplomatiques accréditées au Cameroun, aux représentants résidents des organisations internationales accréditées au Cameroun avec en tête de proue la Coordonnatrice du système des Nations Unies au Cameroun enfin à quelques acteurs de la société civile camerounaise qui lui ont rendu service durant l'année écoulée.

Par ailleurs, en ce qui concerne le carton d'invitation, chaque mission diplomatique possède son modèle et le protocole local n'est pas tenu d'en imposer un modèle précis. Ceci relèverait des affaires internes de chaque mission diplomatique. En outre, il est d'usage dans la pratique diplomatique camerounaise qu'avant d'envoyer les cartons d'invitation, l'agent du protocole veillera à contacter les invités par téléphone ou, aujourd'hui par courrier électronique. L'invitation téléphonique ou électronique permet d'affiner rapidement la liste des invités et de n'envoyer de carton, pour mémoire, qu'aux personnes ayant confirmé leur participation[766].

---

[764] Lors de notre stage professionnel à la Direction du Protocole au MINREX, constat a été fait de ce que les trois quarts des missions diplomatiques installées au Cameroun organisent leur réception à l'occasion de leur fête nationale à l'hôtel Hilton. On peut citer entre autres, le Brésil, l'Arabie Saoudite, le Nigeria, le Maroc, la Tunisie, la liste est non exhaustive.

[765] SERRES (J), *Manuel pratique de protocole*, Paris, *op. cit.*, p. 242.

[766] Entretien accordé par le Directeur du Protocole du MINREX en date du 15 mai 2020.

Cependant, dès lors que les cartons d'invitation ont été ventilés à qui de droit, les invités y répondent suivant les indications qu'elles portent[767]. A cet instant, il revient aux agents du protocole déployés pour la circonstance d'y veiller. Il faudrait toujours le faire si une réponse est demandée et ladite demande est souvent abrégée par la mention « R.S.V.P »[768].
Lorsque les invités ont reçu leurs cartons d'invitation et y ont honoré à la réception, la cérémonie proprement dite peut commencer.

2. Les règles protocolaires relatives au déroulement de la cérémonie de réception proprement dite

D'entrée jeu, nous allons nous attarder exclusivement sur les règles protocolaires relatives au déroulement des cérémonies qui sont organisées par les missions diplomatiques au Hilton. La justification effectivement tient lieu au fait que durant tout notre stage professionnel à la Direction du Protocole au MINREX, nous avons eu l'occasion d'y assister.
Concrètement, le protocole qui est déployé pour l'occasion, faut-il le préciser vient du MINREX ; le protocole au Cameroun est bicéphale. Ceci étant dit, dans le dispositif protocolaire, il est indispensable de prévoir avec la police l'organisation du service d'ordre, le circuit que parcourront les voitures à l'arrivée comme au départ, leur lieu de stationnement, les haut-parleurs nécessaires pour appeler les conducteurs au moment du départ[769].
L'accueil des véhicules des personnalités prenant part à la réception est un moment qui mobilise toute l'attention des agents du protocole, car un dysfonctionnement orchestré pourrait entacher l'image du MINREX, institution en charge de gérer le protocole au quotidien. Par ailleurs, si le temps est douteux, il est prévu des dispositions pour permettre aux invités de descendre de leur véhicule et d'y remonter à l'abri des intempéries.
Cependant, lors de la réception proprement dite, il est d'usage dans la pratique diplomatique camerounaise que les maitres de céans qui sont généralement l'Ambassadeur et son épouse, se

767 Idem
768 Idem
769 Idem.

tiennent à l'entrée qui donne lieu à la salle des banquets réservée pour la circonstance pour accueillir leurs invités. Il revient au service du protocole commis à cet effet de faire circuler les invités et les diriger, en particulier les dames vers le buffet[770].

Il est à préciser dans la plupart des cas que c'est l'arrivée du Ministre des Relations Extérieures du Cameroun ou l'un de ses Ministres délégués qui marque l'ouverture de la cérémonie et partant du buffet. Dès lors, l'agent le plus gradé de la mission en compagnie d'un agent du protocole remplace les maitres de céans à l'entrée de la salle des banquets pour orienter les invités à l'intérieur de la salle des banquets. Toutefois, il doit faire prévenir le Chef de mission de l'arrivée d'une personnalité qui généralement est un membre du Gouvernement et la diriger vers lui.

Le mouvement de départ commence à se marquer dès que le MINREX ou l'un de ses adjoints prend congé de l'assistance. A ce moment précis, les maitres de céans reprennent leur place à l'entrée de la salle des banquets où les invités prennent congé[771].

En marge de la pratique diplomatique camerounaise relative aux réceptions du jour, on peut mentionner les repas officiels.

B. La pratique diplomatique camerounaise relative aux préséances pendant les repas officiels

De manière générale, un repas officiel sous-entend la possession par une personnalité d'une invitation officielle. Dans la pratique diplomatique camerounaise, le choix des invités à un repas officiel doit tenir compte des règles protocolaires liées à la fois à la place à table et de l'ordre de la préséance[772], car les hôtes doivent recevoir la plus grande considération. Lors d'un repas officiel, ce qui est scruté à la loupe et où le service du protocole ne doit point faillir, est la préséance autour de la table.

Pour un repas officiel, il est d'usage dans les règles protocolaires que les invitations soient envoyées au moins huit jours à

---

[770] NJILIE (D), *Le protocole dans la république*, *op. cit.*, p. 152.

[771] SERRES (J), *Manuel pratique de protocole*, Paris, *op. cit.*, p. 243.

[772] SALMON (Jean) (dir.), *Dictionnaire de droit international public*, *op. cit.*, p. 871, Voir également le Dictionnaire Robert, 1972.

l'avance. De ce fait, l'invitation à un repas officiel est adressée à la personne et non pas à la charge que celle-ci remplit[773]. Autrement dit, l'invitation est adressée *intuitu personae* à qui de droit et la liste des invitations dressée, l'une pour les Dames et l'autre pour les Messieurs. Pour être précis, les préséances des invités étant déterminées d'après le rang personnel de chacun, personne ne peut se faire représenter à un repas officiel par une autre personne qui occuperait sa place, tandis que la chose est possible lorsqu'il s'agit d'une cérémonie publique[774].
Par ailleurs, lorsqu'un invité de marque à laquelle est adressé une invitation à un repas officiel, la courtoisie diplomatique voudrait que celui-ci réponde immédiatement, soit pour accepter, soit pour la décliner en cas d'empêchement[775]. Si on se trouve dans l'incertitude de s'y rendre, il est d'usage de décliner l'invitation plutôt que de se récuser au dernier moment. Ceci ayant pour conséquence de mettre son hôte dans l'embarras en le laissant dans l'indécision pour la préparation du repas et l'organisation de sa table, et en l'empêchant par la même occasion de profiter pour inviter une autre personne[776].
Cependant, il est à préciser que dans les pays où l'usage des repas pris debout ou assis comme c'est le cas dans la pratique camerounaise, il est précisé sur l'invitation, de telle enseigne que les invités arrivent à l'heure. Car comme le rappelait si opportunément le Roi Louis XVIII : « *L'exactitude est la politesse des Rois et le devoir de tous les gens de bien* »[777].
Ceci étant dit, dans la pratique diplomatique camerounaise, les préséances dans les repas officiels sont les suivantes : dans un premier temps, lorsque le Chef de l'Etat camerounais auprès duquel l'Ambassadeur est accrédité doit assister à un repas donné à la résidence diplomatique, la préséance officielle est établie de concert, faudrait-il le préciser, par le service local du Protocole et le Protocole d'Etat, dont les principes généraux ci-après sont suivis : si le Chef d'Etat camerounais n'est pas accompagné de

---

773 NJILIE (D), *Le protocole dans la république*, *op. cit.*, p. 154.
774 SERRES (J), *Manuel pratique de protocole*, Paris, *op. cit.*, p. 243.
775 Idem.
776 NJILIE (D), *op. cit.*, p. 154.
777 Cité par GANDOUIN (J), *op. cit.*, p. 65.

son épouse, il prend place en face de l'Ambassadeur, et l'épouse de ce dernier s'assied à sa droite[778]. Toutefois, si ledit Chef d'Etat est accompagné de son épouse, il est d'usage dans la pratique diplomatique camerounaise que ce dernier prenne place en face de l'Ambassadeur. Son épouse s'assied à la droite de l'Ambassadeur et l'Epouse de ce dernier, à la droite du Chef de l'Etat camerounais[779].

Dans un second temps, lorsqu'un Chef d'Etranger est reçu à une Ambassade du Cameroun par le Président du Cameroun, la préséance officielle est établie comme suit : les deux Chefs d'Etats sont placés l'un en face de l'autre. A la droite du Président camerounais est placée l'épouse du Chef d'Etat invité. Ce dernier a, à sa droite l'épouse du Président de la République, et à sa gauche l'épouse de l'Ambassadeur camerounais accrédité. Cette dernière pouvant céder sa place à une dame d'un rang plus élevé[780].

Par ailleurs, la pratique diplomatique camerounaise prend en compte un autre système de préséance qui consiste à disposer les Chefs d'Etat côte à côte, l'invité étant à droite de l'invitant et leurs épouses de part et d'autre des Chefs d'Etat. Dans ce dernier cas, en face des Chefs d'Etat un espace d'au moins quatre places est laissé vide [781]. Quant à l'Ambassadeur, il est d'usage que celui-ci se situe assez bas, car il peut avoir céder le pas à une grande partie des invités de son Chef d'Etat[782].

En somme, la pratique diplomatique s'agissant des préséances dans les repas officiels, la place des invités est déterminée par leur rang dans l'ordre protocolaire officiel établi par le service du Protocole commis pour la circonstance.

Toutefois, il est des circonstances qui peuvent modifier ce classement. C'est le cas par exemple chez un diplomate étranger, le chef de Gouvernement et le Ministre des Relations Extérieures ont préséance sur les Ministres Plénipotentiaires étrangers. Tandis que chez le MINREX, les Ambassadeurs précèderont les

---

778 Entretien accordé par le Directeur du Protocole, Cérémonial et des Affaires Consulaires au MINREX en date du 10 juin 2020.

779 Idem.

780 Idem.

781 NJILIE (D), *op. cit.*, p. 156.

782 Idem.

Ministres Plénipotentiaires, les Chefs de Mission afin les membres du Gouvernement. Dans son pays et chez un particulier, le MINREX passe après les Ambassadeurs et avant les Ministres Plénipotentiaires étrangers[783].

Cependant, les règles protocolaires s'agissant des préséances s'appliquent aussi bien en ce qui concerne les repas officiels que les repas privés.

PARAGRAPHE 2 : la pratique diplomatique camerounaise au regard de l'organisation des réceptions privées

La pratique protocolaire camerounaise dans l'organisation des réceptions ou repas privés auxquels participent à la fois des personnalités officielles et des notabilités accompagnées de leurs épouses, doit faire l'objet d'une attention particulière, car on ne peut intercaler parmi les personnalités officielles, des invités ayant droit à certains égards reconnus de consentement unanime. Autrement dit les repas privés auxquels participent les personnalités officielles nécessitent de la part du service du protocole une extrême délicatesse au niveau d'une part des préséances de courtoisie **(A)** et d'autre part, des règles protocolaires relatives au plan de table lors des repas privées **(B).**

A. La pratique diplomatique camerounaise relative aux préséances de courtoisie lors des réceptions privées

On entend par préséance de courtoisie lors des réceptions ou repas privés, la marque d'affection ou d'honneur que les règles protocolaires accordent à des personnalités officielles et des notabilités accompagnées de leurs épouses pendant les repas privés. Cette marque d'attention doit faire l'objet d'une particularité. Pour être précis, il est possible d'intercaler dans les réceptions privées, ce qui ne saurait être admis en ce qui concerne les réceptions officielles, parmi les personnalités officielles, des personnes ayant droit à certains égards reconnus de consentement unanime[784].

---

783 Idem.

784 SERRES (J), *Manuel pratique de protocole*, Paris, *op. cit.*, p. 246.

Ainsi, la pratique diplomatique camerounaise relative aux préséances de courtoisie lors des réceptions privées concerne les préséances de droit et les marques d'honneur qu'il convient d'attribuer sur la base d'un titre d'autorité reconnu, de nombreux usages en observation dans la pratique diplomatique camerounaise accordent des préséances de courtoisie selon certains signes d'ordre social[785]. C'est pourquoi l'inobservation des préséances de droit dans les réceptions à caractère privé justifie les observations des intéressés et exige une réparation adéquate[786]. Les autres préséances, au contraire, n'ont pas de caractère obligatoire et peuvent être adaptées suivant les contingences du moment et du lieu[787].

Concrètement, il est d'usage dans la pratique diplomatique camerounaise en ce qui concerne les repas privés que la présidence de la table appartient notoirement aux maitres de maison. Ce qui suppose que les règles générales sus énoncées jouent dans leur ensemble. Toutefois, les circonstances particulières du repas permettent d'intercaler dans les préséances un ou plusieurs invités de marque, sans qu'un personnage à caractère officiel ait le droit de se plaindre du traitement qui lui est réservé[788].

Dès lors, on peut prendre en considération non seulement les situations officielles mais aussi les préséances traditionnelles ou familiales et, s'il y'a lieu, procéder à des adaptations et aménagements justifiés par les circonstances du moment. Ce qui atténue le caractère rigoureux des règles protocolaires s'agissant des repas privés en caractère souple.

Dans la pratique diplomatique camerounaise, on tiendra compte lors des préséances de courtoisie lors des réceptions privées, de l'âge des personnes, de leurs situations sociales ou nobiliaires et de leur parenté vis-à-vis de la personne qui reçoit. L'usage est que les jeunes cèdent le pas aux personnes âgées : c'est une règle

---

785 Entretien accordé par le Directeur du Protocole, du Cérémonial et des Affaires Consulaires au MINREX en date du 10 juin 2020.

786 SERRES (J), *Manuel pratique de protocole*, Paris, *op. cit.*, p. 247.

787 Idem.

788 NJILIE (D), *op. cit.*, p. 160.

à laquelle il y a lieu de ne pas déroger sauf dans les circonstances exceptionnelles[789].

Par ailleurs, lors des réceptions privées, la considération dont jouissent les dignitaires religieux en ce qui concerne la préséance de courtoisie leur est particulière. Les titres nobiliaires s'il en existe, confèrent à ceux qui en jouissent un rang reconnu dont on ne peut éviter de tenir compte[790].

Toutefois, dans la pratique diplomatique camerounaise, les personnes titulaires de certaines distinctions honorifiques et qui devant assister à une réception privée, doivent bénéficier d'une préséance et d'une attention particulière de la part du service du protocole commis pour la circonstance. Autrement dit, pour ne pas froisser leur sensibilité, ils devraient faire l'objet d'une identification au préalable par les agents du protocole. Au Cameroun, les personnalités faisant l'objet d'une distinction honorifiques arborent le plus souvent Grand-croix et Grand officier.

Cependant, lorsque le nombre et le rang des personnalités invitées rendent délicatement leur placement, il peut se révéler avantageux de répartir les invités par petites tables. A cet égard, il est d'usage dans la pratique diplomatique camerounaise que les présidences de la table soient partagées entre les maitres de maison et les différentes personnalités invités[791].

Il reviendra au service du protocole commis pour la circonstance, d'en décider de façon discrétionnaire parmi les personnalités invitées celles qui présideront la table. Toutefois, il est à préciser que si parmi les personnalités invitées figurent les membres du Gouvernement, la préséance gouvernementale devra être respectée par les agents du protocole.

Pour terminer, les membres de la famille de l'hôte passent, d'une façon générale, après les invités et le plan de chaque table devrait être préparé et les places étiquetées à l'avance par le service du protocole. Ce qui nous conduira de s'appesantir d'analyser les

---

789 Idem.

790 Entretien accordé par le Directeur du Protocole, du Cérémonial et des Affaires Consulaires au MINREX en date du 10 juin 2020.

791 Idem.

règles protocolaires en ce qui concerne la place d'honneur et le placement à table lors des repas privés.

B. Le protocole relatif à la place d'honneur et au placement à table lors des repas privés

D'entrée de jeu, il est à préciser qu'un repas qu'il soit officiel ou privé est un moment de convivialité et d'échanges entre les personnalités qui y prennent part. C'est l'occasion le plus souvent pour un pays ou une mission diplomatique de faire preuve de sympathie envers ses hôtes de marque.
Pour ce faire, lors des repas privés par exemple, il existe des règles qui encadrent celui ou celle qui doit occuper la place d'honneur, qui en réalité est la place de distinction réservée à celui qui reçoit ou dans la plupart des cas à une personnalité invité d'une part, et d'autre part, comment disposer les hôtes invités autour d'une table.
En ce qui concerne le protocole relatif à la place d'honneur dans un repas privé, il est d'usage dans la pratique diplomatique camerounaise que celle-ci soit en face de la porte d'entrée quand cette dernière est à l'opposé de la table ; soit face aux fenêtres extérieures si la porte d'entrée est en position latérale par rapport aux grands côtés de la table[792]. Contrairement à ce que l'on croit souvent, la place d'honneur n'est jamais sur un des petits côtés de la table rectangulaire mais, tout au contraire, au centre du grand côté[793].
Dans la pratique diplomatique camerounaise, un repas auquel ne participent que des hommes, le protocole prévoit que la place d'honneur ou la première place soit à droite du maitre de maison. Toutefois, lorsque ce dernier voudrait marquer une attention particulière à un invité d'un rang particulièrement élevé, il peut lui donner la présidence de la table en face de lui-même. Mais en réalité, il est d'usage que la place d'honneur soit à droite du maitre de maison[794].

---

792 Idem

793 PANCRACIO (J-P), GUIGNARD (P-H), *Protocole et Cérémonial* : « L'ordre de la République », *op. cit.*, p. 92.

794 Entretien accordé par le Directeur du Protocole, du Cérémonial et des Affaires Consulaires au MINREX en date du 10 juin 2020

Par ailleurs, lorsque les épouses participent aux repas, la première place est à droite de la maitresse de maison. Il est d'usage dans la pratique diplomatique camerounaise d'inviter les épouses des personnes qui doivent participer. De ce fait, les dames mariées seront placées dans l'ordre de préséance de leurs époux.

Quant aux dames seules, elles seront placées selon leur âge, leur situation personnelle, leurs distinctions honorifiques. Dans ce dernier cas figure, les agents du protocole commis pour la circonstance installent ces dernières de manière discrétionnaire. En ce sens qu'il est souvent difficile de vérifier ou d'apprécier la situation personnelle de chacune d'elles le moment venu. Cette réalité dans la plupart des cas peut engendrer certaines frustrations parmi les concernées.

Il est de courtoisie notoire que les dames mariées, les veuves ou divorcées passent en principe avant les jeunes filles[795]. Néanmoins, il peut arriver des situations où le maitre de maison n'est pas marié ou son épouse est absente, il peut, à son choix, au cours du repas, faire asseoir en face de lui une femme invitée ou la personnalité du plus haut rang. La répartition des invités autour de la table imposera à ce moment l'une au l'autre solution[796]. Il en est de même des cas où les difficultés ne peuvent être évitées que par l'installation de deux tables présidées l'une par le maitre de maison, l'autre par son épouse. Dans ce cas de figure, il est d'usage dans la pratique diplomatique camerounaise de séparer les ménages invités.

S'agissant du protocole relatif au placement à table des invités, il d'usage dans la pratique diplomatique camerounaise d'apposer des chevalets avec nom de l'invité. Cependant, toutes les fois que la table le permet, de ne pas placer les ménages en face l'un de l'autre[797].

Il peut arriver qu'en raison d'un évènement imprévu il ne soit pas possible d'attribuer à une personnalité la place protocolaire exacte qui lui revient. Dans ce cas, il est d'usage que le maitre de maison s'excuse auprès de son invité dès son arrivée et lui

[795] NJILIE (D), *op. cit.*, p. 162.

[796] SERRES (J), *Manuel pratique de protocole*, Paris, *op. cit.*, p. 250.

[797] Idem p. 253.

expliquer sommairement les causes du manquement aux règles du protocole dont il est l'objet[798]. Il peut également advenir que l'un des deux membres du ménage ne puisse être placé à son rang protocolaire, dans ce cas le maitre de maison doit s'arranger à ce que son épouse soit à sa place ; il s'excusera auprès du mari, en espérant que celui-ci acceptera de bonne grâce les raisons qui leur sont données pour un tel accroc[799]. C'est pourquoi peu de personnes sont capables de répondre comme le Duc de Montesquieu à une maitresse de maison qui s'excusait : « la place d'honneur est celle où je suis »[800].

Dans la pratique diplomatique camerounaise, lorsque par exemple un Chef d'Etat est invité, la maitresse de maison précède le cortège au côté du plus haut dignitaire. Le maitre de maison passe le dernier. Le maitre d'hôtel attend le plus souvent à la porte de la salle à manger l'hôte d'honneur et la maitresse de maison, les précède à leur place et avance leur siège. A la fin du repas, la maitresse de maison se lève et sort de la table la première. Rappelons tout de même que lorsque le maitre d'hôtel annonce que le repas est servi, la maitresse de maison dirige les femmes vers la salle à manger ; son mari agit de même vis-à-vis des hommes. Il est à préciser que c'est toujours la maitresse de maison qui donne le signal de départ de la salle à manger[801].

En somme, la place d'honneur et le placement à table lors des repas officiels ou privés permettent dans la plupart des cas d'apprécier l'efficacité des agents du protocole et partant de l'importance que la diplomatie camerounaise accorde à ses hôtes de marque lors desdits repas. Plus précisément, le protocole est un art relationnel parce qu'il comporte d'une part un savoir-faire de comportement normé, préétabli, mais aussi une exigence de créativité, parce que tout ne peut être pensé[802].

---

[798] Entretien accordé par le Directeur du Protocole, du Cérémonial et des Affaires Consulaires au MINREX en date du 10 juin 2020.

[799] SERRES (J), *Manuel pratique de protocole*, Paris, *op. cit.,* p. 253.

[800] Idem.

[801] Idem.

[802] PANCRACIO (J-P), GUIGNARD (P-H), *Protocole et Cérémonial* : « L'ordre de la République », *op. cit.,* p. 39.

Rendu au terme de ce chapitre, il était question d'analyser la coutume internationale dans la pratique diplomatique camerounaise au regard des visites et des réceptions.

Il ressort de cette analyse que la pratique diplomatique camerounaise au regard de la gestion des visites s'apprécie autour de deux principales visites à savoir la gestion des visites d'Etat d'une part, et la gestion des visites privées d'autre part. S'agissant de la gestion des visites d'Etat, un accent particulier a été mis sur le protocole relatif à l'accueil à l'aéroport par le Chef de l'Etat camerounais de son homologue et du départ pour la résidence du Chef de l'Etat en visite au Cameroun. Quant à la gestion des visites privées des Chefs d'Etat au Cameroun, mention a été faite sur la pratique diplomatique camerounaise relative aux honneurs civils et militaires rendus au Chef d'Etat étranger en visite privée et les usages protocolaires relatifs à l'escorte personnelle du Chef d'Etat étranger en visite privée au Cameroun.

Cependant, s'agissant de la pratique diplomatique camerounaise au regard de l'organisation des réceptions, il nous a été donné d'identifier et d'analyser dans un premier temps l'organisation des réceptions officielles et dans un second temps, l'organisation des réceptions privées. En ce qui concerne la pratique diplomatique camerounaise au regard de l'organisation des réceptions officielles, un accent a été mis sur la pratique diplomatique camerounaise s'agissant des réceptions organisées en journée et des repas officiels. Quant à la pratique diplomatique camerounaise relative à l'organisation des réceptions privées, les éléments mis en exergue tournent autour de la préséance de courtoisie et du protocole relatif à la place d'honneur et au placement à table lors des repas privés.

TITRE IV : LA COUTUME INTERNATIONALE DANS LA PRATIQUE DIPLOMATIQUE CAMEROUNAISE A LA LUMIERE DU CEREMONIAL

L'importance du cérémonial est ancienne, spécialement en Europe. Elle ne s'est jamais démentie : « *On sait quelle importance est attachée au cérémonial dans les cours de tous les rois de l'Europe. L'histoire nous apprend qu'il en a été de même à peu près à toutes les époques*[803]. » L'intérêt porté au cérémonial s'est manifesté dès l'Antiquité. Ainsi, on peut dire qu'avant de se transporter dans l'Europe monarchique, il s'est développé et codifié de façon étonnement détaillé, dans les grands empires orientaux[804].

La coutume internationale dont s'est fortement inspirée de la pratique diplomatique camerounaise, le cérémonial tout comme le protocole diplomatique s'enracine dans l'histoire de la diplomatie ancienne. En effet, les actes diplomatiques ont été retracés dès l'époque de la Grèce antique, dans les empires romains et byzantins, puis au Moyen-Age[805]. L'apparition du cérémonial diplomatique renseignait à ce moment sur la nature des missions diplomatiques à partir de la fin du XIIe siècle[806].

Au sens général, le cérémonial est l'ensemble des règles et usages qui président aux cérémonies civiles et religieuses ainsi qu'aux actes officiels qui ont un caractère de solennité[807]. Au sens strict du terme, c'est l'ensemble des règles et usages de courtoisie applicables dans les relations entre un Etat et des agents diplomatiques qu'il accueille sur son territoire et dans les rapports entre les missions étrangères se trouvant sur le territoire de cet Etat[808]. Ces règles et usages qui entourent les cérémonies

---

[803] De la Jus, *Recherches historiques sur le service des cérémonies à la cour de France et dans les principales cours d'Europe*, Paris, Hennuyer, 1857, p. 5.

[804] PANCRACIO (J-P), GUIGNARD (P-H), *Protocole et Cérémonial* : « L'ordre de la République », Paris, Pedone, 2012, 220 p.

[805] NJILIE (D), *Le protocole dans la république*, *op. cit.*, p. 39.

[806] Idem.

[807] DELMEE (A), JACOBS (M), *Guide pratique des questions de protocole, de cérémonial et d'étiquette*, Belgique, UGA, Heule, 1968, p. 9.

[808] SALMON (Jean) (dir.), *Dictionnaire de droit international public*, *op. cit.*, p. 158.

diplomatiques au Cameroun puisent leur substrat dans la coutume internationale dont il est important d'identifier et d'analyser ceux-ci.

C'est dans cette optique que la coutume internationale dans la pratique diplomatique camerounaise à la lumière du cérémonial diplomatique peut s'apprécier d'une part, sous l'angle des cérémonies officielles **(chapitre 7)** et d'autre part, sous l'angle des cérémonies diplomatiques **(chapitre 8)**.

CHAPITRE 7 : LA COUTUME INTERNATIONALE DANS LA PRATIQUE DIPLOMATIQUE CAMEROUNAISE A LA LUMIERE DES CEREMONIES OFFICIELLES

Sur le plan diplomatique, le cérémonial est l'ensemble des règles et usages applicables dans les cérémonies officielles qui marquent la vie diplomatique : visites d'arrivée et de départ des agents diplomatiques, audiences du ministre et des directeurs, règles de préséances entre agents diplomatiques, honneurs au Corps diplomatique, honneurs funèbres, etc.[809]

Or, on appréhende une cérémonie officielle comme celle au cours de laquelle l'assistance qui est invitée l'est exclusivement en raison de leur situation. Y participent les hommes et les femmes ayant une occupation officielle justifiant leur invitation[810]. La pratique diplomatique camerounaise au regard des cérémonies officielles met en exergue la particularité des usages relatives à l'ordonnancement des cérémonies auxquelles participent le Corps diplomatique accrédité au Cameroun. Cette participation dans la pratique diplomatique camerounaise ne se limite pas exclusivement aux cérémonies auxquelles le Chef de l'Etat assiste en personne. Autrement dit, le cérémonial de la participation du Corps diplomatique ne va au-delà de la présence effective du Chef de l'Etat.

La pratique diplomatique camerounaise à la lumière des cérémonies officielles nous plonge dans l'aspect ritualiste du cérémonial mis en exergue lors desdites cérémonies. Ce qui a pour conséquence de faire un distinguo entre le cérémonial et le protocole. Ce dernier règle en principe uniquement les questions de préséances, donc de rang, entre personnalités officielles[811]. Tandis que le cérémonial met l'accent sur le comment ou la manière du déroulement d'une cérémonie fut-elle officielle ou diplomatique.

Dans le cadre de ce travail sur la coutume internationale dans la pratique diplomatique camerounaise relative aux cérémonies officielles une analyse sera faite dans premier temps, sur la

---

809 PANCRACIO (J-P), *Dictionnaire de la diplomatie*, *op. cit.*, p. 129.

810 SERRES (J), *Manuel pratique de protocole*, Paris, *op. cit.*, p. 211.

811 PANCRACIO (J-P), *op. cit.*, p. 129.

pratique diplomatique camerounaise au regard de la participation du Corps diplomatique au cérémonial de présentation des vœux **(section 1)** et dans second temps, sur la pratique diplomatique camerounaise relative à la participation du Corps diplomatique à d'autres cérémonies officielles **(section 2).**

SECTION 1: LA COUTUME INTERNATIONALE DANS LA PRATIQUE DIPLOMATIQUE CAMEROUNAISE AU REGARD DE LA PARTICIPATION DU CORPS DIPLOMATIQUE AU CEREMONIAL DE PRESENTATION DES VŒUX

La pratique diplomatique au Cameroun range la présentation des vœux du Corps diplomatique dans la catégorie d'une cérémonie officielle[812]. C'est une cérémonie au cours de laquelle le Corps diplomatique accrédité au Cameroun en marge des membres de l'Etat et des corps constitués de l'Etat adressent les vœux de santé et de prospérité au Chef de l'Etat et par ricochet les vœux de paix au Cameroun.
Dans les usages diplomatiques camerounais, le cérémonial de la présentation des vœux du Corps diplomatique au Chef de l'Etat est soigneusement marqué par l'ordonnancement mis en place pour la réussite de l'évènement. A cet effet, la particularité du cérémonial de la présentation des vœux du Corps diplomatique **(paragraphe 1)** précèdera l'apéritif offert à l'occasion de la présentation desdits vœux **(paragraphe 2).**

PARAGRAPHE 1 : La particularité du cérémonial de la présentation des vœux du Corps diplomatique accrédité au Cameroun

On entend par particularité du cérémonial de présentation des vœux du Corps diplomatique, les spécificités entourant le déroulement de la cérémonie de présentation des vœux du Corps diplomatique. Dans la pratique diplomatique camerounaise, ces spécificités sont dues à la caractéristique de la diplomatie camerounaise par ricochet des usages protocolaires camerounais.

---

812 Cf. Décret N°76/426 du 16 septembre 1976 portant sur les règles du Protocole à observer en matière de Cérémonies Publiques, Préséances, Honneurs Civils et Militaires.

En clair, la particularité du cérémonial de la présentation des vœux du Corps diplomatique peut s'apprécier selon qu'il s'agit de l'allocution du doyen du Corps diplomatique **(A)** et la réponse à l'allocution du Doyen du Corps diplomatique par le Chef de l'Etat camerounais **(B).**

A. La particularité du cérémonial de l'allocution du doyen du Corps diplomatique accrédité au Cameroun

Il est d'usage dans la pratique diplomatique camerounaise que chaque nouvelle année, des vœux soient présentés au Chef de l'Etat par les corps constitués de la république y compris le Corps diplomatique conduit par leur doyen[813]. L'allocution du doyen du Corps diplomatique est un discours solennel au cours duquel celui-ci fait le bilan des relations diplomatiques entre le Cameroun et les missions diplomatiques installées et les attentes à lui présenter pour une collaboration harmonieuse des relations entre le Cameroun et le Corps diplomatique. Le cérémonial entourant l'allocution du doyen du Corps diplomatique est un rituel qui limite la marge de manœuvre personnelle des acteurs qui y sont impliqués, tout en protégeant un idéal culturel, celui d'un échange pacifié entre les individus, d'abord, et entre les Etats, ensuite[814].

Autrement dit, le cérémonial qui encadre l'allocution du doyen du Corps diplomatique est un moment privilégié au cours duquel les agents protocolaires doivent faire montre d'une extrême attention et délicatesse : « *tout faux pas a des conséquences dramatisées car il constitue une absence de considération à l'égard de l'interlocuteur, jugée impardonnable.* »[815]

Dans la pratique diplomatique camerounaise, le cérémonial de l'allocution du doyen du Corps diplomatique se déroule dans la salle des fêtes de la Présidence de la République[816]. Ainsi, la particularité du déroulement de cette cérémonie est que les Chefs de mission ne sont plus mis en rang comme ce fut autrefois, mais

---

[813] NJILIE (D), *Le protocole dans la république*, *op. cit.*, p. 108.

[814] DE LEUSSE (M-K), *Diplomate, une sociologie des ambassadeurs, op. cit.*, pp. 121-122.

[815] Idem.

[816] Entretien accordé par le Directeur du Protocole, du Cérémonial et des Affaires Consulaires au MINREX en date du 05 juillet 2020.

plutôt sont assis dans leur ordre de préséance. Cette innovation qui rentre désormais dans la pratique diplomatique camerounaise a été rendue possible par le Ministre, Directeur du Cabinet Civil de la Présidence de la République.

Concrètement, le cérémonial prévoit que le doyen du Corps diplomatique, pendant que les Chefs de mission sont assis, ce dernier s'arrête à quelques pas du Chef de l'Etat et prononce son allocution de présentation des vœux du Corps diplomatique dont il est le porte-parole. Pour être précis, le doyen du Corps diplomatique s'arrête devant le micro de la radiodiffusion placé à six pas du Chef de l'Etat[817]. Les autres Chefs de mission à cet instant demeurent assis par ordre de préséance à la place indiquée par les agents du protocole d'Etat[818].

Le déroulement de l'allocution du doyen du Corps diplomatique se fait dans un rythme bien cadencé et qui nécessite de la part de ce dernier une extrême souplesse et habilité dans le langage diplomatique. Car, il ne faudrait pas perdre de vue que la finalité de cette allocution est présenter l'état des lieux des relations entre le Cameroun et le Corps diplomatique accrédité. C'est avec beaucoup de prudence et de tact que le doyen du Corps diplomatique lira son discours de présentation des vœux au Chef de l'Etat du Cameroun.

Le discours du doyen du Corps diplomatique étant terminé, le cérémonial dans la pratique diplomatique camerounaise prévoit que le doyen avance vers le Chef de l'Etat, il lui serre la main et se place à droite de lui, puis à son tour, le Chef de l'Etat répond à ce dernier[819].

B. Le cérémonial de la réponse à l'allocution du doyen du Corps diplomatique par le Chef de l'Etat

Il est d'usage dans le cérémonial qui entoure la présentation des vœux du Corps diplomatique accrédité au Cameroun, qu'après le discours du doyen du Corps diplomatique, le Chef de l'Etat est appelé à répondre à ce dernier. Cette réponse de manière générale

---

[817] Cf art. 21 du décret n°76-426 du 16 septembre 1976 fixant les règles de protocole à observer en matière de cérémonies publiques, préséances, honneurs civils et militaires.

[818] Idem.

[819] Idem.

participe de la courtoisie diplomatique dont fait montre le Chef de l'Etat. C'est un rituel communicationnel, le plus stable de la République camerounaise[820], il ne s'agit pas uniquement d'une déclaration formelle, mais « à chaque fois, c'est le moment pour le Président de la République de dresser le bilan de l'année écoulée et de faire des projections sur l'année nouvelle »[821].
Avec la nouvelle pratique qui prend corps lors de la présentation des vœux du Corps diplomatique, le cérémonial en la matière prévoit que pendant le discours du doyen du Corps diplomatique, le Chef de l'Etat est assis et se lève dès que celui-ci ait fini de prononcer son discours. Pour ce faire, le Chef de l'Etat est entouré le plus souvent du Ministre d'Etat, Secrétaire Général à la Présidence de la République, suivi du Ministre, Directeur du Cabinet Civil, du Ministre des Relations Extérieures[822]. Toutefois, il faut préciser que ces personnalités sont placées de la droite vers la gauche du Président de la République lors du prononcé de son discours. Le doyen du Corps diplomatique quant à lui se place à la droite du Chef de l'Etat après lu son allocution et lui serre la main. Tout ceci se faisant sous la conduite du Chef du protocole d'Etat et dans une cadence bien orchestrée.
Après ce cérémonial de mise en place, le Chef de l'Etat debout devant les Chefs de mission prononce son discours à l'égard du Corps diplomatique. Généralement, le contenu du discours en direction du Corps diplomatique est une réponse aux doléances ou sollicitations posées par celui-ci. Ces doléances trouvent la plupart des cas des réponses concrètes dans le discours prononcé par le Chef de l'Etat. L'allocution du Chef de l'Etat à l'égard du Corps diplomatique n'est pas statique, elle évolue au fil des années et s'adapte au contexte politico-diplomatique qui prévaut en la matière.
Une fois le discours du Chef de l'Etat à l'égard du Corps diplomatique achevé, sous la conduite du Protocole d'Etat, les Chefs de mission sont invités à se lever, tout en défilant par ordre de préséance en direction vers le Chef de l'Etat pour lui serrer la

[820] Avec, les « Message à la Jeunesse » du 10 février de chaque année.
[821] BAKOA (M), Le message de toutes les attentes. Cameroon Tribune, 28 décembre 2007.
[822] Idem.

main[823]. Cette étape marque la fin du cérémonial de l'allocution du doyen du Corps diplomatique et de la réponse à ladite allocution par le Chef de l'Etat s'agissant de la présentation de vœux du Corps diplomatique accrédité.
L'ultime ordonnancement de la particularité du cérémonial de présentation des vœux du Corps diplomatique accrédité au Cameroun est couronné par l'apéritif offert à l'occasion de la présentation des vœux du Corps diplomatique.

PARAGRAPHE 2 : Le cérémonial de l'apéritif offert à l'occasion de la présentation des vœux du Corps diplomatique accrédité au Cameroun

L'apéritif offert à l'occasion de la présentation des vœux du Corps diplomatique accrédité au Cameroun est l'ultime étape voire le dernier point à l'ordre du jour du cérémonial de présentation des vœux du Corps diplomatique. A ce niveau également, un cérémonial prévu pour la cause est rythmé d'une part, par le cérémonial du cocktail dinatoire (A) et d'autre part, par la prise de congé du doyen du Corps diplomatique (B).

A. Le cérémonial du cocktail dinatoire offert à l'occasion de la présentation des vœux du Corps diplomatique

Dans la pratique diplomatique camerounaise, on entend par cocktail dinatoire un apéritif servi et debout offert le plus souvent à la fin d'une cérémonie officielle. Cette pratique devenue constante et régulière dans les cérémonies officielles et diplomatiques, permet aux personnalités présentes à l'occasion de tisser les liens amicaux et de fraternité.
Ainsi, le cérémonial du cocktail dinatoire est assez allégé pour permettre aux Chefs de mission de rapidement prendre congé du Chef de l'Etat dès que ceux-ci auront fini. Raison pour laquelle, sous la conduite des agents du protocole d'Etat, les CMD sont conduits immédiatement à la salle des banquets prévue pour la circonstance.
Comme il a été mentionné plus haut, le cocktail dinatoire est apéritif qui est servi debout. En conséquence, pas besoin d'un

---

[823] Entretien accordé par le Directeur du Protocole, du Cérémonial et des Affaires Consulaires au MINREX en date du 15 juillet 2020.

dispositif particulier pour faire asseoir les CMD. Il est d'usage dans la pratique diplomatique camerounaise que l'apéritif offert et servi debout consiste en une boisson destinée à ouvrir l'appétit. Cette boisson dans la plupart des cas est le champagne. Concrètement, le déroulement du cocktail se passe comme suit : les CMD sont debout et sur place, les hôtesses se faufilent entre ceux-ci pour les servir l'apéritif. Il est à préciser que le service ne prend pas en compte la préséance des diplomates à cet instant, car celui-ci est dépourvu de tout protocole pour la circonstance.
Le cérémonial prend également en considération le timing prévu pour le cocktail. En effet, ce qui est observé le plus souvent dans la majorité des cocktails offerts à l'occasion de la cérémonie de présentation des vœux du Corps diplomatique, est que l'apéritif a une durée d'au moins une heure (01) de temps[824].
La conséquence de cet encadrement de l'apéritif dans le temps est qu'il est prévu dans le cérémonial de présentation des vœux du Corps diplomatique accrédité, la prise de congé du doyen du Corps diplomatique.

B. La prise de congé du doyen du Corps diplomatique

Le doyen du Corps diplomatique dans le cas concernant la pratique diplomatique camerounaise est le Chef de mission diplomatique qui est depuis le plus longtemps en poste à Yaoundé. Ainsi, la fonction de doyen du Corps diplomatique est assurée par Son Excellence (ci-après S.Exc.) Patrick BIFFOT, Ambassadeur extraordinaire et plénipotentiaire du Gabon à Yaoundé[825].
Un cérémonial particulier ou extraordinaire pour la prise de congé du doyen du Corps diplomatique après l'apéritif offert n'est pas prévu dans la pratique diplomatique camerounaise. Toutefois, étant tout de même doyen du Corps diplomatique, il est le premier à quitter la salle de banquet prévue pour l'apéritif. Autrement dit, les CMD ne peuvent pas prendre congé du Chef de l'Etat sans que le doyen du Corps diplomatique l'ait fait en premier lieu.

---

824 Idem.
825 Cf. Annuaire des ambassades à la Direction du Protocole, du Cérémonial et des Affaires Consulaires au MINREX

Dans ce cas précis, après avoir dit son au revoir au Chef de l'Etat, ce dernier est accompagné au niveau de son véhicule par le Chef du Protocole d'Etat (CPE). Il prend place à droite à l'arrière de son véhicule qui est considérée comme étant la place d'honneur[826].

Par ailleurs, en marge du cérémonial de présentation des vœux du corps diplomatique au Chef de l'Etat, il est également d'autres cérémonies officielles auxquelles participe le Corps diplomatique.

SECTION 2 : LA COUTUME INTERNATIONALE DANS LA PRATIQUE DIPLOMATIQUE CAMEROUNAISE RELATIVE A LA PARTICIPATION DU CORPS DIPLOMATIQUE A D'AUTRES CEREMONIES OFFICIELLES

D'entrée de jeu et de manière générale, le Corps diplomatique accrédité dans un pays ne participe qu'aux cérémonies dans lesquelles la présence du Chef de l'Etat est requise. Cette pratique diplomatique cette fois-ci générale a été consacrée par la quasi-totalité des pays qui entretiennent de relations diplomatiques avec d'autres pays.

Toutefois, en ce qui concerne le cas précis du Cameroun, la pratique diplomatique nous enseigne que, le Corps diplomatique accrédité à Yaoundé se voit en plus de participer aux cérémonies auxquelles la présence du Chef de l'Etat est requise **(paragraphe 1)**, se voit également participer aux cérémonies dans lesquelles la présence du Chef de l'Etat n'est pas nécessaire **(paragraphe 2)**. Cette participation ou non du Corps diplomatique a une incidence certaine sur le cérémonial mis en place lors des différentes cérémonies précitées.

PARAGRAPHE 1 : Le cérémonial relatif à la participation du Corps diplomatique aux cérémonies auxquelles participe le Chef de l'Etat : la fête nationale

Les CMD étant accrédités auprès du Chef de l'Etat, leur participation en corps aux cérémonies officielles devrait se limiter aux fêtes ou aux cérémonies auxquelles le Chef de l'Etat

[826] SERRES (J), *Manuel pratique de protocole*, Paris, *op. cit.*, p. 214.

assiste *intuitu personae*[827]. Dans la pratique diplomatique camerounaise, c'est le plus souvent à la fête nationale du 20 mai que le Corps diplomatique y participe.
Le cérémonial prévu à cet effet varie selon qu'on soit du cortège officiel (A) ou qu'on situe au niveau de la tribune officielle (B).

A. Le cérémonial dans la pratique diplomatique camerounaise relatif au cortège officiel

Dans la pratique diplomatique camerounaise, on entend par cortège officiel une suite de personnalité venues assister à une cérémonie officielle et ayant à sa tête le Chef de l'Etat, les corps constitués de l'Etat, les membres du Gouvernement et les Chefs de mission diplomatique.
Le cérémonial relatif au cortège officiel prévu lors de la cérémonie du 20 mai est arrêté en principe par le Cabinet Civil de la Présidence et exécuté par le protocole d'Etat. Ce cérémonial est en ce qui concerne la pratique diplomatique camerounaise est publié au journal officiel et partout où besoin se fera.
A cet effet, il est d'usage dans le cérémonial relatif au cortège officiel lors de la fête nationale que, lorsque les personnalités sont appelées au cours d'une telle cérémonie, et surtout à parcourir un certain chemin à pied, il est prévu pour la circonstance un tapis de préférence rouge, qui délimite l'espace que devront emprunter lesdites personnalités. Le cortège officiel prévu en l'espèce est sous la conduite du protocole d'Etat et s'organise dans l'espace prévu.
Dans le cas de la cérémonie du 20 mai, le cérémonial relatif au cortège officiel prévoit dans un premier temps l'arrivée des autorités nationales, dans un deuxième temps, l'arrivée du Corps diplomatique accrédité auprès du Chef de l'Etat, ensuite l'arrivée des corps constitués et des membres du Gouvernement, et en dernière position l'arrivée du Chef de l'Etat.
Sous la conduite du Protocole d'Etat, la suite officielle part d'un point qui est généralement choisi de manière discrétionnaire par les agents du Protocole d'Etat, et arpente le tapis rouge pour aboutir à la tribune officielle.

[827] Idem p. 212.

Dans la pratique diplomatique camerounaise, le cortège officiel doit être disposé dans la mesure du possible et de telle façon qu'à la fin de son trajet les personnalités commis pour la circonstance et qui le composent soient à leur place protocolaire. C'est la finalité attendue dans ce type de cérémonie, que chacun s'asseye en fonction de son rang et de sa qualité.
Cependant, le cortège officiel étant déjà constitué, celui-ci va se diriger vers la tribune officielle d'où un cérémonial est également prévu pour la circonstance.

B. Le cérémonial dans la pratique diplomatique camerounaise relatif à la tribune officielle

D'entrée de jeu, la tribune officielle est appréhendée comme étant le lieu, ou l'endroit précis devant accueillir les personnalités devant assister à une cérémonie officielle. Dans la pratique diplomatique camerounaise, la tribune officielle, lors de la fête nationale accueille généralement le Chef de l'Etat, les membres du Gouvernement et le Corps diplomatique.
Le cérémonial autour de la tribune officielle est marqué le plus souvent par l'emplacement de chaque personnalité venant assister à la cérémonie du 20 mai au boulevard de la liberté. En effet, il est d'usage dans le cérémonial prévu pour la circonstance que le défilé militaire et civil s'effectuant en plein air et devant la tribune officielle, le Corps diplomatique occupe la droite de la tribune officielle. Toutefois, faudrait-il le souligner, les chefs de mission sont disposés dans l'ordre de la liste diplomatique, c'est-à-dire celle qui est établie par la Direction du Protocole logée au MINREX.
Par ailleurs, dans le dispositif protocolaire prévu, la première place en ce qui concerne les chefs de mission diplomatique est située au premier rang et à gauche. Ladite première place est occupée par le doyen du Corps diplomatique.
En somme, dans les usages protocolaires, l'ordre de préséance le plus souvent établi prévoit que la préséance commence de la gauche vers la droite. C'est ainsi que dans les cérémonies auxquelles participe le Corps diplomatique par exemple, la préséance débute de la gauche vers la droite. Cet aménagement est également observé et pris en compte lorsque les membres du Gouvernement assistent à une cérémonie qu'elle soit officielle ou

non. La finalité du respect de cette préséance est de ne pas froisser la sensibilité des personnalités invitées à la cérémonie.
Néanmoins, dans la pratique diplomatique camerounaise, le cérémonial au niveau de la tribune officielle prévoit qu'à droite du Chef de l'Etat, sont placés les membres du Gouvernement dans l'ordre de préséance prévu par le protocole d'Etat.
En outre, les chefs de mission qui sont invités à l'avance, reçoivent une carte et un badge spécial estampillé « Laissez-passer » pour l'emplacement de leur véhicule. Toutefois, il est discourtois de la part d'un chef de mission qui a reçu une invitation pour la cérémonie et ne s'y rend pas. Car leur absence déséquilibrerait la tribune diplomatique[828]. On peut à titre illustratif citer l'absence de l'ambassadeur américain qui est arrivé en fin de séjour lors de la dernière fête nationale. Cette absence obligerait les agents du protocole à revoir le dispositif protocolaire et partant du cérémonial prévu pour la circonstance. Pour être clair, le CMD a l'obligation d'assister à une cérémonie officielle dès que celui-ci a reçu une invitation. Il y va de la courtoisie diplomatique.
Cependant, un aspect important et qui mérite d'être relevé dans la pratique diplomatique camerounaise est la participation de l'épouse du Chef de l'Etat aux côtés de ce dernier lors de la cérémonie de la fête nationale. En effet, sous d'autres cieux, les épouses des ambassadeurs, des membres du Gouvernement invitées sont placées dans une tribune à part où se trouve l'épouse du Chef de l'Etat[829]. Dans la pratique diplomatique camerounaise, c'est l'effet inverse qui est observé. En d'autres termes, le cérémonial prévoit que les épouses des membres du Gouvernement et des ambassadeurs sont dans une tribune distincte de l'épouse du Chef de l'Etat.
Toutefois, comme il a été relevé à l'entame de ce travail, la particularité de la pratique diplomatique camerounaise réside dans le fait que le Corps diplomatique peut assister aux cérémonies en l'absence du Chef de l'Etat.

---

[828] Idem p. 213.
[829] Idem p. 214.

PARAGRAPHE 2 : Le cérémonial relatif à la participation du Corps diplomatique aux cérémonies non officielles

On entend par participation du Corps diplomatique aux cérémonies non officielles, la contribution des membres du Corps diplomatique aux cérémonies au cours desquelles la présence de Chef de l'Etat n'est pas requise. Cette pratique prend déjà corps dans la vie diplomatique camerounaise. Toutefois, faudrait-il le souligner, ladite participation du Corps diplomatique n'est assortie d'aucune obligation. Autrement dit, en dehors des cérémonies officielles dont la présence du Corps diplomatique est obligatoire, les cérémonies non officielles ne nécessitent pas la présence effective du Corps diplomatique.

Ainsi, comme cérémonies non officielles dont la présence du Corps diplomatique est souvent relevée, on peut mentionner, entre autres, la cérémonie rendue à l'honneur funèbre du au décès d'un Chef de mission en poste au Cameroun (A) et la participation du Corps diplomatique à la rentrée judiciaire de la Cour Suprême (B).

A. Le cérémonial relatif à la participation du Corps diplomatique à l'honneur funèbre dû au décès d'un CMD en poste au Cameroun

Lorsqu'un Chef de mission en poste ou en fonction décède au Cameroun, le Corps diplomatique accrédité est convié à la cérémonie funèbre. De ce fait le Chef de l'Etat est représenté pour la circonstance par un représentant officiel et le MINREX[830]. La cérémonie funèbre en raison du caractère de sa charge, comporte traditionnellement, les honneurs militaires et civils[831]. Les honneurs civils comportent un hommage des corps constitués, tandis que les honneurs militaires comportent le battement des tambours et la sonnerie des clairons ainsi que la présentation des armes par les détachements de la garde ou des forces armées[832].

---

[830] Entretien accordé par le Directeur du Protocole, du Cérémonial et des Affaires Consulaires au MINREX en date du 25 juillet 2020.

[831] SERRES (J), *Manuel pratique de protocole*, Paris, *op. cit.*, p. 235.

[832] NJILIE (D), *Le protocole dans la république*, *op. cit.*, p. 124.

Le cérémonial prévu pour la circonstance est réglé par la Direction du Protocole du Ministère des Relations Extérieures. Dans la pratique diplomatique camerounaise, l'ordonnancement du cérémonial auquel participe le corps diplomatique se présente comme suit : le chargé d'affaires a.i[833] de l'ambassade concernée assisté par le Directeur du Protocole accueille les personnalités officielles et les Chefs de mission accrédités qui sont accompagnés à leur place par les agents du protocole et les membres de la mission de l'ambassadeur *de cujus*[834].
Le cérémonial prévu à cet effet, prend fin lorsque le Gouvernement et le Corps diplomatique ayant à sa tête le doyen, déposent une couronne de fleurs au pied du cercueil de l'ambassadeur décédé.
En outre, en marge du cérémonial à l'honneur funèbre dû au décès d'un CMD en poste au Cameroun, il est d'usage dans la pratique diplomatique camerounaise que la rentrée judiciaire de la Cour Suprême constitue également un moment où le Corps diplomatique est appelé à participer.

B. Le cérémonial relatif à la participation du Corps diplomatique à la rentrée judiciaire de la Cour Suprême

La participation du Corps diplomatique à la cérémonie de la rentrée judiciaire de la Cour Suprême est une situation inédite et qui prend de plus en plus corps dans la pratique diplomatique camerounaise. Rappelons tout de même que cette participation n'est pas assortie d'obligation de la part des diplomates qui sont accrédités auprès du Chef de l'Etat, et qui représentent d'après l'expression systématisé par Montesquieu « la bouche du Roi » qui les envoie. Toutefois, cette cérémonie en principe devait voir la participation du Chef de l'Etat[835], mais ce dernier se fait plutôt représenté.
Techniquement, la participation du Corps diplomatique à la rentrée judiciaire de la Cour Suprême participe de la sociabilité diplomatique dont fait montre les diplomatiques qui sont accrédités au Cameroun. Le cérémonial est prévu et arrêté par la

[833] Ad intérim.
[834] Idem.
[835] Cf. Section II du décret N°76/426 précité.

Cour Suprême avec l'accord de la Direction du Protocole du MINREX. Car faudrait-il le relever, lorsque le Corps diplomatique assiste à une cérémonie organisé au sein de l'Etat, le Protocole intervient pour régler les questions de préséances et d'étiquette[836].

Ainsi, le cérémonial relatif à la participation du Corps diplomatique à la rentrée judiciaire de la Cour Suprême consiste dans la plupart des cas à l'accueil du représentant du Chef de l'Etat à son arrivée par le Ministre d'Etat, Ministre de la Justice et Garde des Sceaux, entouré du Premier Président, du Procureur Général et de l'Avocat Général près de ladite Cour[837]. Toutefois, l'accueil du représentant du Chef de l'Etat par le Ministre d'Etat, Ministre de la Justice et Garde des Sceaux constitue le début et l'ultime étape du cérémonial de l'accueil. Car en ce qui concerne le Corps diplomatique, ce dernier a fait l'objet d'un accueil et acheminement à la place à leur réserver pour la circonstance.

Une fois installé, l'ordonnancement de la cérémonie se déroule comme suit : le représentant du Chef de l'Etat passe la parole à tous les orateurs prévus pour la cause, et à la fin de la séance celui-ci déclare l'année judiciaire antérieure close et la nouvelle année ouverte. Un apéritif est offert pour l'occasion[838].

Au demeurant, l'analyse de la coutume internationale dans la pratique diplomatique camerounaise à la lumière des cérémonies officielles vient mettre en exergue le processus de déroulement des cérémonies auxquelles sont conviés le Chef de l'Etat et le Corps diplomatique.

Au regard de ce qui précède, notre réflexion s'est portée sur deux axes principaux à savoir : la coutume internationale dans la pratique diplomatique camerounaise au regard de la présentation des vœux du Corps diplomatique d'une part, et d'autre part, la pratique diplomatique camerounaise relative à la participation du Corps diplomatique à d'autres cérémonies officielles.

Dans le premier axe de réflexion, il nous a semblé opportun d'analyser la particularité du cérémonial de présentation des

---

836 PANCRACIO (J-P), GUIGNARD (P-H), *Protocole et Cérémonial* : « L'ordre de la République », Paris, Pedone, 2012, p. 9.

837 Art. 24 du décret précité.

838 Art. 26 du décret précité.

vœux du Corps diplomatique dans un premier temps, et dans un second temps, le cérémonial de l'apéritif offert à l'occasion de la présentation des vœux du Corps diplomatique. En ce qui concerne la particularité du cérémonial de présentation des vœux du Corps diplomatique, il a été observé qu'elle repose d'une part, sur le cérémonial de l'allocution du doyen du Corps diplomatique accrédité au Cameroun, et d'autre part sur la réponse à l'allocution du doyen du Corps diplomatique par le Chef de l'Etat.

S'agissant du cérémonial relatif à l'apéritif offert à l'occasion de la présentation des vœux du Corps diplomatique, notre attention s'est focalisée sur le cérémonial du cocktail dinatoire et sur la prise de congé du doyen du Corps diplomatique.

Dans le second axe, notre analyse sur la coutume internationale dans la pratique diplomatique camerounaise relative à la participation du Corps diplomatique à d'autres cérémonies officielles, l'objectif était de mettre en exergue d'une part, les cérémonies auxquelles participe le Chef de l'Etat et d'autre part, le cérémonial relatif à la participation du Corps diplomatique en l'absence du Chef de l'Etat.

En ce qui concerne le cérémonial relatif à la participation du Corps diplomatique auxquelles participe le Chef de l'Etat : la fête nationale, notre analyse s'est portée sur le cérémonial dans la pratique diplomatique camerounaise relatif au cortège officiel dans un premier temps, et dans un second temps, sur le cérémonial dans la pratique diplomatique camerounaise relatif à la tribune officielle.

S'agissant du cérémonial relatif à la participation du Corps diplomatique en l'absence du Chef de l'Etat, il nous a semblé opportun de s'attarder sur le cérémonial relatif à la participation du Corps diplomatique à l'honneur dû au décès d'un CMD en poste au Cameroun et enfin sur le cérémonial de la participation du Corps diplomatique à la rentrée judiciaire de la Cour Suprême.

Toutefois, pour rendre compte de l'importance de cette partie, l'analyse sur la coutume internationale dans la pratique diplomatique camerounaise à la lumière des cérémonies diplomatiques nous semble opportune.

CHAPITRE 8 : LA COUTUME INTERNATIONALE DANS LA PRATIQUE DIPLOMATIQUE CAMEROUNAISE A LA LUMIERE DES CEREMONIES DIPLOMATIQUES

La fonction du cérémonial et du protocole est de pourvoir à l'ordonnancement d'une cérémonie qu'elle soit officielle ou diplomatique et au placement. En cela, ils s'efforcent de laisser le moins de prise possible au hasard et à l'imprévu[839]. Ainsi, les Etats et leurs institutions disposent-ils des références qui leur permettent, autant que faire se peut, d'éviter de froisser les susceptibilités qui ne sont pas de l'amour-propre mal placé quand il s'agit de représenter un Etat ou plus simplement d'incarner une fonction et d'éviter des incidents aux conséquences potentiellement sérieuses[840].

La pratique diplomatique camerounaise appréhende les cérémonies diplomatiques comme étant des cérémonies qui nécessitent la mise en œuvre d'un cérémonial diplomatique particulier. Lequel cérémonial diplomatique qui d'après le dictionnaire de droit international public est perçue comme étant l'ensemble des règles et usages de courtoisie applicables d'une part, dans les relations entre un Etat et les agents diplomatiques qu'il accueille sur son territoire et d'autre part, dans les rapports entre les missions étrangères se trouvant sur le territoire de cet Etat[841].

Ainsi, les règles et usages qui encadrent l'Etat du Cameroun et les agents diplomatiques accrédités sur son territoire sont perceptibles le plus souvent dans le cadre de la présentation des lettres de créance qui fondamentalement est une cérémonie diplomatique.

Au regard de ce qui précède, il s'agira, d'analyser dans un premier temps la coutume internationale dans la pratique diplomatique camerounaise au regard de la cérémonie diplomatique de présentation des lettres de créance **(section 1)** et

---

839 PANCRACIO (J-P), GUIGNARD (P-H), *Protocole et Cérémonial* : « L'ordre de la République », Paris, Pedone, 2012, p. 5, 220 p.

840 Idem.

841 SALMON (Jean) (dir.), *Dictionnaire de droit international public*, *op. cit.*, p. 158.

dans un second temps, la pratique diplomatique camerounaise s'agissant de la cessation des fonctions d'un CMD et du séjour des envoyés spéciaux **(section 2)**.

SECTION 1: LA COUTUME INTERNATIONALE DANS LA PRATIQUE DIPLOMATIQUE CAMEROUNAISE AU REGARD DE LA PRESENTATION DES LETTRES DE CREANCE

La lettre de créance est un acte authentifiant auprès de l'Etat accréditaire les pouvoirs de représentation dont le Chef de mission diplomatique investi par l'Etat accréditant. Elle demande ainsi au Chef de l'Etat accueil d'accorder « créance », en d'autres termes de croire, en tout ce que le Chef de mission ainsi présenté pourra dire ou écrire au nom de son Etat et de son Chef d'Etat[842]. Ainsi, se manifeste le caractère de représentativité dont fait montre l'agent diplomatique, laquelle représentativité est cristallisée dans la Convention de Vienne de 1961 sur les Relations Diplomatiques[843].

Dans la pratique diplomatique camerounaise, la présentation des lettres de créance est une cérémonie diplomatique, qui intervient le plus souvent quand un nouvel ambassadeur est accrédité au Cameroun[844]. Ladite présentation, obéit à un cérémonial particulier dont les services du Protocole qui sont en charge de préparer la cérémonie doivent faire montre d'une extrême habilité. Car il s'agit de valoriser l'image du Cameroun sur le plan international et le cérémonial diplomatique faisant partie de ce rehaussement.

La cérémonie diplomatique de présentation ou de remise des lettres créances dans les usages diplomatiques camerounais, commence en amont par la remise de la copie figurée des lettres de créance au MINREX **(paragraphe 1)** et se termine en aval par la remise des lettres de créance au Chef de l'Etat **(paragraphe 2).**

---

842 PANCRACIO (J-P), *Dictionnaire de la diplomatie*, *op. cit.*, p. 360.

843 Cf. l'article 3 de la Convention de Vienne sur les Relations Diplomatiques du 18 avril 1961.

844 NJILIE (D), *Le protocole dans la république*, *op. cit.*, p. 102.

PARAGRAPHE 1: La pratique diplomatique camerounaise en matière de remise de la copie figurée des lettres de créance au MINREX

De prime abord, il est d'usage dans la pratique diplomatique camerounaise que la remise de la copie figurée des lettres de créance au MINREX constitue une étape préalable à la remise des lettres de créance au Chef de l'Etat camerounais. Autrement dit, la remise de la copie figurée des lettres de créance permet au Protocole logé au MINREX de programmer l'audience de remise des lettres de créance de l'ambassadeur auprès du Chef de l'Etat camerounais[845].

En réalité, le cérémonial de la remise de la copie figurée des lettres de créance au MINREX se déroule au cabinet du celui-ci (A) ensuite est photographié et fait l'objet d'un communiqué radio (B).

A. Le cérémonial de la remise de la copie figurée des lettres de créance au niveau du cabinet du MINREX

En droit diplomatique, la copie figurée est une copie conforme des lettres de créances, remise par le Chef de mission désigné dans ces lettres au Ministère des Affaires Etrangères de l'Etat accréditaire, en même temps qu'une demande d'audience pour présenter au Chef de l'Etat les lettres originales[846].

Ainsi, il est d'usage dans la pratique diplomatique camerounaise dès que le nouveau Ambassadeur est arrivé pour prendre son poste, il est informé par les soins du MINREX du jour et de l'heure où le Ministre le recevra pour la remise de la copie figurée de ces lettres de créances dont il est muni ; et éventuellement les lettres de rappel de son prédécesseur.

Une fois le jour et la date communiqué au nouvel Ambassadeur, le cérémonial de la remise de la copie figurée se fait au niveau du

---

[845] Entretien accordé par le Directeur du Protocole du MINREX en date du 27 juillet 2020.

[846] SALMON (Jean) (dir.), *Dictionnaire de droit international public*, *op. cit.*, p. 272.

cabinet du MINREX en présence des proches collaborateurs[847]. Les principaux collaborateurs du MINREX sauf empêchement de ces derniers sont les ministres délégués respectivement du Commonwealth, de la coopération avec le monde islamique et du secrétaire général du MINREX. A la suite des proches collaborateurs du MINREX, il est à mentionner le directeur géographique du pays de provenance du nouvel Ambassadeur, le directeur de la communication et un représentant du cabinet du MINREX.

Le cérémonial de la remise de la copie figurée des lettres de créances dans la pratique diplomatique camerounaise est particulier. En effet, le cérémonial débute à l'entrée du bâtiment principal abritant le cabinet du ministre. Un agent du protocole qui généralement est le Directeur du Protocole, descend 15 minutes avant pour attendre le nouvel ambassadeur[848].

Dès lors que celui-ci arrive, il ouvre la porte de l'Ambassadeur et ce dernier descend, l'agent du protocole le salue et le conduit à la salle d'attente du ministre en principe. On achemine l'ambassadeur en marchant à gauche de ce dernier. Cependant, entre l'accueil et la salle d'attente il y a une longue distance, on comble cette distance par une discussion. Généralement, c'est l'ambassadeur qui ouvre cette discussion. L'agent du protocole répond seulement[849].

La salle d'attente dans la pratique se situe au rez-de-chaussée. Et le cabinet du ministre à l'étage. Ce qui faisait transpirer l'Ambassadeur. C'est pour cette raison que l'on a opéré un changement. La salle d'attente n'est plus au rez-de-chaussée, mais à quelques dix mètres de la salle où se tiendra l'audience. Si l'agent constate un retard de l'ambassadeur, il informe immédiatement le ministre.

Toutefois, la pratique en cours au MINREX est que l'Ambassadeur qui vient remettre la copie figurée de ses lettres de créances est installé à la salle d'attente qui est au rez-de-chaussée. Ce qui permettra à l'agent diplomatique de l'acheminer

---

847 Cf. l'article 69 du décret N°76/426 du 16 septembre 1976 portant sur les règles du Protocole à observer en matière de Cérémonies Publiques, Préséances, Honneurs Civils et Militaires.

848 Entretien accordé par le Directeur du Protocole en date du 10 aout 2020.

849 Idem.

le moment et l'introduire auprès du MINREX pour la remise de la copie figurée. Cette pratique relevons le est alternée aujourd'hui. En effet, il peut arriver que le cérémonial de la remise de la copie figurée des lettres de créances se passe à la salle d'apparat se trouvant au rez-de-chaussée ou au Cabinet du MINREX. Dans ce cas de figure, la salle d'attente serait au cabinet du MINREX si le cérémonial a lieu à la salle d'apparat ou dans ladite salle si le cérémonial a lieu au cabinet du MINREX.

Après avoir introduit ou annoncé l'Ambassadeur, le MINREX l'accueille et le salue au seuil de son cabinet si la cérémonie se déroule à cet endroit, à défaut ça serait au niveau de la salle d'apparat. Avant le rituel de salutation de ses collaborateurs, le nouvel Ambassadeur se présente face au MINREX et devant le micro, prononce un discours et lorsque ce dernier a fini, il remet sa copie figuré au MINREX, et sur indication du Chef du protocole[850], le MINREX présente au nouvel agent diplomatique, ces collaborateurs les plus proches du plus préséant au moins préséant, et en retour celui-ci se sacrifie également à ce rituel.

Ce rituel étant sacrifié, le MINREX invite le nouvel Ambassadeur et sa suite à prendre place pour un entretien dont la durée varie en fonction de la teneur des échanges entre les deux personnalités. Toutefois, faudrait-il préciser que l'Ambassadeur et sa suite prennent place à la droite du MINREX tandis les collaborateurs de celui-ci sont assis à la gauche et par ordre de préséance[851].

L'audience de remise de la copie figurée étant terminée au cabinet du MINREX, il est d'usage dans le cérémonial que le nouvel Ambassadeur se sacrifie au rituel d'au revoir. Autrement dit, les collaborateurs du MINREX se mettent en rang et cette fois-ci du moins préséant au plus préséant, le nouvel Ambassadeur les salue et prend congé d'eux. Le MINREX quant à lui raccompagne l'Ambassadeur au seuil de son cabinet dont il passera une interview. Cette cérémonie fait l'objet d'un communiqué radio et est photographiée.

---

[850] Idem.
[851] Idem.

A titre illustratif, en date du vendredi 14 août 2020, Son Excellence Corinna FRICKE, Ambassadeur désigné de la République Fédérale d'Allemagne a présenté la copie figurée de ses lettres de créance au MINREX. La cérémonie a duré 01h 30 mn. En outre, le jeudi 20 août 2020, Son Excellence Eric JACQUEMIN, Ambassadeur désigné du Royaume de Belgique au Cameroun a également présenté la copie figurée de ces lettres de créance au MINREX. La cérémonie hautement protocolaire a vu la présence des proches collaborateurs du MINREX. Plus récemment c'est-à-dire en date du 14 octobre 2020, le MINREX a reçu le nouvel Ambassadeur désigné du Royaume de Suède au Cameroun avec résidence à Abuja S. Exc.[852] Carl Michael GRANS, qui a présenté la copie figurée de ses lettres de créance.

B. La cérémonie photographiée et faisant l'objet d'un communiqué radio et télévision

La cérémonie de la remise de la copie figurée au MINREX par le nouvel ambassadeur est une cérémonie diplomatique qui dans la pratique diplomatique camerounaise fait l'objet d'une médiatisation de la part du Département[853]. Cette médiatisation est rendue possible par le fait que ladite cérémonie en plus d'être photographiée passe au journal télé et radio.

La cérémonie photographiée commence dès l'arrivée de l'Ambassadeur venant remettre sa copie figurée. Ensuite, elle se poursuit au niveau du cabinet du MINREX par la capture des images des moments importants lors du cérémonial de la remise de la copie figurée. Enfin, se termine par une photo de famille qui se déroule dans les usages à la fin de l'audience de remise de la copie figurée.

C'est également une cérémonie qui fait l'objet d'une médiatisation au journal officiel de la république d'une part, et d'autre part, au journal radio et télévisée de la chaine nationale, puis relayée par d'autres médias privés.

---

[852] Il est à noter qu'en relations diplomatiques, notamment en matière d'étiquette, on doit faire une différence entre S.Exc. et S.E. En effet, S.Exc. signifie Son Excellence et S.E Son Eminence.

[853] Appellation usuelle du Ministère des relations extérieures du Cameroun.

L'omniprésence des médias[854] dans les cérémonies à caractère diplomatique dans la pratique diplomatique camerounaise fait de ceux-ci un élément incontournable dans le processus d'organisation d'une cérémonie diplomatique. La visibilité d'une cérémonie de remise de la copie figurée est un signal fort qui permet d'attester que l'activité diplomatique au Cameroun est en perpétuelle croissance. C'est fort de ce constat que depuis deux ans déjà, le MINREX a reçu une dizaine de copies figurées de lettres de créance des ambassadeurs venant prendre fonction au Cameroun.

L'arbre qui tombe dans la forêt fait-il du bruit si personne ne se trouve à proximité pour l'entendre? Un évènement diplomatique existe-t-il si les médias ne le couvrent pas, ne le commentent pas ? La question ne pose plus : il n'est pas d'activité internationale sans médias[855]. Par analogie, on dirait qu'il y'a pas de cérémonie à caractère diplomatique sans une couverture médiatique de haut niveau.

Toutefois, une nuance est à relever en ce qui concerne la couverture médiatique des cérémonies diplomatiques. En effet, dans la pratique diplomatique camerounaise, toutes les cérémonies diplomatiques ne font pas toujours l'objet d'une médiatisation. C'est le cas par exemple lorsqu'un ambassadeur demande une simple audience au MINREX, nul besoin des médias pour couvrir l'évènement.

En clair, la pratique diplomatique camerounaise a fait de la médiatisation des cérémonies de remise des copies figurées des lettres de créance un instrument important pour accroitre sa visibilité sur la scène diplomatique internationale.

La cérémonie de remise de la copie figurée étant terminée, la Direction du Protocole va transmettre le dossier à PRESICAM pour l'audience de remise des lettres de créance au Président de la République.

---

[854] PANCRACIO (J-P), GUIGNARD (P-H), *op. cit.,* p. 187.

[855] Idem.

PARAGRAPHE 2 : La pratique diplomatique camerounaise en matière de remise des lettres de créance au Chef de l'Etat

De manière générale le protocole qui organise le cérémonial de remise des lettres de créance de l'Ambassadeur au Chef de l'Etat accréditaire varie en fonction des usages du protocole local. La cérémonie est donc plus ou moins oint de solennité bien que ce caractère y soit dominant[856].

Cependant, dans la pratique diplomatique camerounaise, la date de la présentation des lettres de créance d'un Ambassadeur n'est fixée qu'à partir du moment où l'Ambassadeur désigné fait parvenir au MINREX les documents suivants : son discours, la partition de son hymne national et le fanion de son pays[857]. C'est à partir de ce moment que l'ambassadeur peut présenter ses lettres de créance au Chef de l'Etat dont le cérémonial est apprécié avant et pendant la présentation des lettres de créance (A) d'une part, et d'autre part après la présentation des lettres de créance (B).

A. Le cérémonial prévu avant et pendant la présentation des lettres de créance de l'ambassadeur au Chef de l'Etat

Dans la pratique diplomatique camerounaise, le cérémonial de présentation des lettres de créance de l'ambassadeur désigné au Chef de l'Etat est orchestré par le Protocole d'Etat. C'est un cérémonial qui est minutieusement respecté car aucune erreur n'est en principe admise. Dans les usages diplomatiques camerounais, le cérémonial prévu avant et pendant la remise des lettres de créance de l'Ambassadeur désigné au Chef de l'Etat se présente comme suit : avant que l'Ambassadeur ne présente ses lettres de créance au Chef de l'Etat camerounais, le Gouvernement fournit des voitures pour la durée de la cérémonie. Six motocyclistes de la Garde présidentielle en grande tenue assurent l'escorte d'honneur. Les véhicules et les motocyclistes prennent la direction de la résidence de l'ambassade qui dans la

---

856 SALMON (Jean) (dir.), *Dictionnaire de droit international public*, *op. cit.*, p. 361.

857 Cf. l'article 68 du décret N°76/426 du 16 septembre 1976 portant sur les règles du Protocole à observer en matière de Cérémonies Publique, Préséances, Honneurs Civils et Militaires.

pratique est l'hôtel dont il est descendu, accompagné du CPE. L'Ambassadeur désigné et le CPE montent dans le premier véhicule battant pavillon des deux Etats respectifs, le premier collaborateur de l'ambassadeur et le Chef du Protocole adjoint s'installent dans le deuxième véhicule, etc.[858]

Par la suite, un détachement de la Garde présidentielle rend les honneurs à l'occasion de la cérémonie. Les unités suivantes y participent : la musique de la Garde Républicaine, le peloton de la Garde présidentielle en grande tenue de fusil et de sabre. Le véhicule dans lequel ont pris part le Chef de mission et le CPE s'arrête à dix mètres avant les troupes. Le commandant des troupes commande le « garde-à-vous », la clique exécute la sonnerie, ce dernier commande ensuite le « présentez armes », les clairons et les tambours sonnent aux champs[859].

Un moment important avant la présentation des lettres de créance est la revue des troupes qui est effectuée sous la forme suivante : légèrement en retrait à gauche, le CPE au centre, le Chef de mission diplomatique est à la même hauteur que lui et à droite, et s'en suit le Commandant des troupes.

Cependant, lorsque le nouveau Chef de mission arrive à hauteur du drapeau de la République du Cameroun, tambours et clairons cessent de jouer. Le CMD, le Chef du Protocole d'Etat et le commandant des troupes s'arrêtent à six pas face au drapeau. Précisons tout de même que ceux-ci sont matérialisés sur le sol pour orienter le CMD. Le porte-drapeau incline l'emblème national, les personnalités saluent les couleurs et la musique exécute l'hymne national camerounais[860].

L'hymne national étant exécuté, les collaborateurs de l'ambassadeur et les fonctionnaires du protocole, qui ont attendu à hauteur de la musique, suivent le CMD à distance. Ils passent derrière les troupes pendant que le CMD passe en revue les troupes. La musique exécute des pas redoublés. A la fin du dispositif, le Commandant des troupes salue. Le CMD, accompagné du CPE, passe à travers la haie d'honneur formée

---

[858] Cf. l'article 69 du décret N°76/426 du 16 septembre 1976 portant sur les règles du Protocole à observer en matière de Cérémonies Publique, Préséances, Honneurs Civils et Militaires.

[859] Idem.

[860] Idem.

par le peloton de la Garde Présidentielle qui est au « présentez sabres ». Au bas du perron, attend le Chef de Bureau des cérémonies à la Présidence de la République qui fait révérence à Monsieur l'Ambassadeur désigné et le précède au salon d'entrée[861].

A cet instant, le Chef d'État-Major Particulier se trouve sur le perron et salue. A côté de lui se trouve le Chargé de mission, le Chef de Service des cérémonies à la Présidence de la République auquel le CPE présente le nouvel Ambassadeur[862]. Le cérémonial avant la présentation des lettres de créance se termine avec la cessation de la musique.

Toutefois, dans la pratique diplomatique camerounaise, le cérémonial prévu pendant la présentation des lettres de créance de l'ambassadeur désigné commence par l'introduction du CMD par le CPE au salon des ambassadeurs où il est attendu par le Président de la République.

Etant dans le salon des ambassadeurs, le CMD s'avance devant le micro, tandis que ces collaborateurs se placent à deux pas derrière lui, horizontalement, suivant leur ordre de préséance. Il lit son discours et attend la traduction s'il y'en a. Puis sur indication du CPE, il s'avance vers le Chef de l'Etat, lui remet ses lettres de créance puis lui serre la main et reprend sa place initiale. Après ce rituel, le Chef de l'Etat présente les membres du Gouvernement invités à la cérémonie et éventuellement les membres de son Cabinet Civil y compris son Etat-major particulier. A son tour, l'Ambassadeur lui présente également ses principaux collaborateurs[863].

Après ce rituel, le CPE désigne au nouvel ambassadeur le fauteuil qui se trouve à la droite qu'occupera le Président de la République et fait assoir la suite les collaborateurs de l'Ambassadeur à sa droite. Les collaborateurs du Président quant à eux trouvent naturellement leur place, à laquelle ils sont habitués, à la gauche du Président. Une fois que chacun est installé, le CPE fait un signe discret au responsable du service de

861 Idem.

862 Idem.

863 Idem.

presse de la présidence qui a escorté le ou les photographes, voire les cameramen, invités à immortalisé la rencontre[864].

Au demeurant, le cérémonial prévu pendant la présentation des lettres de créance se termine ainsi par ce rituel. A ce moment, l'Ambassadeur sort de sa condition d'incognito, il devient le représentant officiel et le porte-parole de son pays auprès de l'Etat du Cameroun. Il jouira ainsi de tous les privilèges et immunités consacrés par les instruments internationaux en vigueur. A titre illustratif, le 24 septembre 2019, le Président de la République a reçu les lettres de créance des Ambassadeurs Christophe GUILHOU de France, Abdalelah MOHAMMED de l'Arabie Saoudite et de Rasked MALHOTRA de l'Inde.

Après le rituel prévu avant et pendant la présentation des lettres de créance au Chef de l'Etat, dans la pratique diplomatique camerounaise, un cérémonial est également prévu après la présentation desdites lettres.

B. Le cérémonial prévu après la présentation des lettres de créance au Chef de l'Etat : le rituel de départ du CMD

Le rituel de départ du CMD après avoir remis ces lettres de créance au Chef de l'Etat est marqué également d'un cérémonial dont il question de mettre en lumière les spécificités.

Dans la pratique diplomatique camerounaise, le rituel de départ du CMD commence dès lors que le Chef de l'Etat camerounais après avoir fini l'entretien privé avec le nouvel Ambassadeur est raccompagné par le Chef du Protocole d'Etat au perron du Palais de l'Unité et prend congé de celui-ci. En réalité faudrait-il rappeler que cette pratique a pris cours avec l'accession du Président Paul Biya à la magistrature suprême en 1982. Par contre, avec l'accession du Cameroun à la souveraineté internationale en 1960, le Président AHIDJO avait pour coutume de raccompagner les ambassadeurs ayant remis les lettres de créance au perron du Palais de l'Unité.

Au regard de ce qui précède, la rupture quant à cette pratique est observée au niveau du Président Paul Biya, qui confie désormais cette tache au Chef du Protocole d'Etat de raccompagner non pas

[864] Entretien accordé par le Directeur du Protocole au MINREX en date du 10 aout 2020.

seulement les ambassadeurs venant présenter leurs lettres de créance, mais aussi toute haute personnalité sollicitant une audience auprès du Chef de l'Etat.

En outre, il est d'usage que le nouvel Ambassadeur s'adresse à la presse au perron du Palais de l'Unité en sortant. A cet effet, le service de presse aura alors installé un micro et réuni les journalistes pour la circonstance. L'usage voudrait que le nouvel Ambassadeur ne réponde qu'à quelques questions avant de prendre congé du CPE[865].

Cependant, après avoir pris congé du CPE, le cérémonial prévoit que les troupes présentent les armes, la clique sonne aux « Aux Champs »[866]. En sortant du Palais, l'Ambassadeur s'arrête à nouveau devant le drapeau, la musique joue l'hymne national cette fois-ci de son pays et non l'hymne national du Cameroun.

A la fin du dispositif d'honneur, l'Ambassadeur salue le Commandant des troupes qui vient à cinq pas derrière lui[867], l'Ambassadeur reprend sa place dans le véhicule avec le Chef du protocole adjoint de l'Etat et le CPE, qui le raccompagne jusqu'à son hôtel.

Après cette remise des lettres de créance au Chef de l'Etat, il est d'usage dans la pratique diplomatique camerounaise que le Direction du protocole du MINREX communique la liste des personnalités auxquelles l'Ambassadeur rendra les visites de courtoisie[868]. Ces personnalités sont choisies de manière discrétionnaire par la Direction du protocole et sont, entre autres le plus souvent, le Président du Sénat, de l'Assemblée Nationale et le Premier Ministre, Chef du Gouvernement.

En outre, dans la pratique diplomatique camerounaise, les cérémonies diplomatiques qui appellent également un cérémonial diplomatique particulier sont la cessation des fonctions d'un CMD et le séjour des envoyés spéciaux au Cameroun.

---

865 Idem.

866 Idem.

867 Idem.

868 Cf. article 70 du décret précité.

SECTION 2 : LA COUTUME INTERNATIONALE DANS LA PRATIQUE DIPLOMATIQUE CAMEROUNAISE S'AGISSANT DE LA CESSATION DES FONCTIONS D'UN CMD ET DU SEJOUR DES ENVOYES SPECIAUX

La cessation des fonctions d'un CMD et le séjour des envoyés spéciaux au Cameroun nécessitent également un cérémonial particulier au même titre que la remise des lettres de créance d'un nouvel Ambassadeur accrédité au Cameroun.

La particularité de la pratique diplomatique camerounaise concernant la cessation des fonctions d'un CMD **(paragraphe 1)** est marquée dans les usages par un cérémonial entourant la remise des lettres de rappel de l'Ambassadeur sortant et le cérémonial entourant le diner offert par le Gouvernement en l'honneur du CMD sortant.

Quant à la pratique diplomatique relative au séjour des envoyés spéciaux auprès du Chef de l'Etat **(paragraphe 2)**, il est d'usage qu'un cérémonial soit prévu à l'arrivée et au départ de l'envoyé spécial.

PARAGRAPHE 1 : La pratique diplomatique camerounaise concernant la cessation des fonctions d'un CMD

Dans la pratique diplomatique camerounaise, le cérémonial entourant la cessation des fonctions d'un CMD est apprécié d'une part, au niveau la remise des lettres de rappel par le CMD sortant au Chef de l'Etat (A) et d'autre part, au niveau du diner d'au revoir offert par le Gouvernement en l'honneur du CMD sortant (B).

A. Le cérémonial entourant la remise des lettres de rappel par le CMD sortant au Chef de l'Etat

D'entrée de jeu, on entend par lettres de rappel, un document émanant du Chef de l'Etat ou du Ministre des Affaires étrangères à destination de leurs homologues de l'Etat accréditaire[869]. Remises à l'ambassadeur rappelé, et parfois à son successeur si le temps a manqué, elles sont destinées à marquer la fin ou la cessation de sa mission de représentation dans ce pays.

---

869 PANCRACIO (J-P), *Dictionnaire de la diplomatie*, *op. cit.*, p. 364.

Autrement dit, elles sont l'expression d'un parallélisme des formes juridiques avec les lettres de créance dont la remise marque la prise de fonctions de l'Ambassadeur[870].

Contrairement au cérémonial de présentation des lettres de créance du nouvel Ambassadeur au Chef de l'Etat, le cérémonial de remise des lettres de rappel d'un Ambassadeur au Chef de l'Etat ne suit pas la même trajectoire. Dans la pratique diplomatique camerounaise, le CMD qui quitte définitivement son poste peut remettre ses lettres de rappel au Chef de l'Etat lors d'une audience privée, mais celles-ci peuvent également être remises par son successeur lors de la cérémonie de présentation des lettres de créance au Chef de l'Etat[871].

Dans le cadre de cette étude, nous allons nous appesantir sur le cas de la remise des lettres de rappel de l'Ambassadeur rappelé, qui devra les présenter au Chef de l'Etat lors d'une audience privée et dont le cérémonial reste dans les usages, classique.

Ainsi, le cérémonial de présentation des lettres de rappel se déroule après que le nouvel Ambassadeur ait remis ses lettres de créance au Chef de l'Etat. Avant de quitter le territoire camerounais, l'Ambassadeur rappelé obtient une audience privée par le Chef de l'Etat et le cérémonial dans ce cas de figure est simplifié. En effet, dès que le CMD sortant est accueilli par le CPE au perron du Palais de l'Unité, il est acheminé par celui-ci et introduit auprès du Chef de l'Etat, qui l'attend debout dans la salle des ambassadeurs.

Après avoir salué le Chef de l'Etat, l'Ambassadeur rappelé remet ses lettres de rappel au Chef de l'Etat dont le contenu varie en fonction de la pratique diplomatique de chaque Etat. Mais dans les usages diplomatiques camerounais et à titre illustratif, les lettres de rappel d'un Ambassadeur camerounais accrédité à l'extérieur et en fin de séjour sont libellées ainsi que suit :

« Monsieur.... Président de la République camerounaise

A Son Excellence..........

Président de la République......

TRES CHER ET GRAND AMI, Ayant décidé de confier de nouvelles fonctions à

[870] Idem.

[871] Cf. article 72 du décret précité.

Monsieur………, j'ai mis fin à la haute mission qu'il remplissait auprès de Votre Excellence en qualité d'Ambassadeur Extraordinaire et Plénipotentiaire de la République du Cameroun.
Je l'ai autorisé à solliciter son audience de congé.
Je ne doute pas qu'il ne profite de cette occasion pour remercier Votre Excellence de toutes les marques de bienveillance dont il l'a honoré pendant tout le temps de sa résidence…….. Je lui ai particulièrement recommandé d'offrir à Votre Excellence les assurances de Ma haute estime et de Ma constante amitié ».

Après la réception des lettres de rappel de l'Ambassadeur sortant par le Chef de l'Etat, un entretien lui ai accordé à l'effet de faire un bilan de son séjour au Cameroun. A la suite de l'audience privée, il d'usage dans le cérémonial que l'Ambassadeur sortant soit honoré par le Chef de l'Etat du titre de Chevalier de l'ordre de la Valeur. Toutefois, cette distinction peut ne pas se faire lors de l'audience de remise des lettres de rappel, mais plutôt lors du diner d'au revoir offert par le Gouvernement en l'honneur de l'Ambassadeur sortant et qui fait l'objet d'une circulaire présidentielle[872].
Rappelons tout de même que la décoration d'un Ambassadeur accrédité au Cameroun en fin de séjour et qui est codifié dans les usages diplomatiques, est une marque d'affection et d'attention que le Chef de l'Etat fait à l'égard d'un représentant direct du chef d'Etat.

B. Le cérémonial entourant le diner d'au revoir offert par le Gouvernement en l'honneur du CMD sortant

Dans la pratique diplomatique camerounaise, la réception offerte par le Gouvernement en l'honneur du CMD sortant fait l'objet d'une circulaire présidentielle. Concrètement c'est une note du Cabinet Civil à la Présidence qui vient fixer les conditions dans lesquelles l'Ambassadeur rappelé doit être reçu.
Le contenu de cette note indique entre autres, l'heure, la date et le lieu de la réception, les personnalités devant prendre part à la

[872] Idem.

réception et sans oublier le représentant officiel du Chef de l'Etat pour l'occasion.
S'agissant de l'heure et du lieu de réception, il est d'usage que celle-ci se tienne soit dans l'après-midi, soit en soirée. Le lieu de réception étant dans la plupart des cas l'hôtel Hilton de Yaoundé.
En ce qui concerne les personnalités invitées, elles sont triées sur le volet et constituent en majeur partie des membres du Gouvernement.
Une fois l'heure et le lieu de réception arrêtés et les personnalités connues, le cérémonial proprement dit commence avec l'accueil et l'acheminement des hôtes vers la salle qui servira de réception pour la circonstance. Il est d'usage que l'Ambassadeur rappelé soit accompagné de son épouse pour la réception.
Dans la pratique, lorsqu'il y a lieu à échanger de toasts à la fin du repas qui notons-le, est assorti d'un caractère officiel. Il est de tradition, dans la mesure du possible que, celui qui invite c'est-à-dire le Gouvernement, envoie à l'hôte d'honneur la copie de son discours ou de son toast qu'il a l'intention de prononcer pour lui permettre de préparer sa réponse.
En général, les allocutions sont faites dans la langue de chacun puis traduites. Toutefois, si l'on peut s'exprimer dans la langue de l'hôte d'honneur, cela est préférable[873]. Dans la pratique diplomatique camerounaise, le toast fait partie du cérémonial prévu lors de la réception d'un Ambassadeur en fin de séjour.
Le contenu du toast dans les usages est comme suit : un salut à l'hôte d'honneur, ensuite un résumé des considérations que suggère la réception, enfin une formule de vœux au Chef de l'Etat étranger, à la prospérité de son pays et au bonheur de son peuple[874].
Dans sa réponse et par analogie, l'Ambassadeur rappelé exprime ses remerciements pour l'accueil, ensuite fait état du développement des considérations qui ont motivé la rencontre et l'affirmation de la réciprocité des sentiments manifestés, enfin des vœux pour le Chef de l'Etat camerounais, la prospérité de son pays et de son peuple.

---

[873] SERRES (J), *Manuel pratique de protocole, op. cit.,* p. 254.
[874] Idem.

Après l'échange des toasts, le cérémonial se termine par la remise d'une distinction honorifique à l'Ambassadeur rappelé par le représentant spécial du Chef de l'Etat. A titre illustratif, on peut mentionner le diner qui a été offert en mars 2019 par le Gouvernement en l'honneur de l'Ambassadeur du Japon au Cameroun arrivé en fin de séjour. On peut également mentionner plus récemment, c'est-à-dire en mai 2020 la réception offerte au Hilton hôtel à l'Ambassadeur américain arrivé en fin de séjour au Cameroun.

En clair, le cérémonial entourant la réception offerte par le Gouvernement en l'honneur d'un CMD sortant est caractéristique du degré de considération que le Chef de l'Etat accorde au représentant officiel d'un Chef d'Etat étranger.

Néanmoins, une cérémonie diplomatique qui devrait être également mise en exergue dans la pratique diplomatique camerounaise est le séjour des envoyés spéciaux au Cameroun.

PARAGRAPHE 2 : La pratique diplomatique camerounaise relative au séjour des envoyés spéciaux au Cameroun

Le séjour des envoyés au Cameroun est un moment important dans la vie diplomatique camerounaise. Car l'envoyé spécial est un émissaire porteur du message particulier de son Chef d'Etat. C'est dans cette optique qu'un cérémonial est prévu pour encadrer son arrivée (A) et son départ (B).

A. Le cérémonial à l'arrivée de l'Envoyé spécial auprès du Chef de l'Etat

Le niveau de l'accueil des hôtes de marque est fonction de leur rang et qualité. Les hôtes de marque de rang inférieur à celui de ministre sont accueillis à leur arrivée par le Directeur du Protocole du MINREX, voire un fonctionnaire de la Direction du Protocole[875]. En ce qui concerne les envoyés spéciaux ou les émissaires de souverains étrangers, en fonction de leurs rangs respectifs, ils sont accueillis, soit par le Ministre des Relations Extérieures, soit par tout autre membre du Gouvernement

---

875 FOZEIN KWANKE (T), « Le protocole et le diplomate étranger : accueil, gestion et traitements des personnalités », https://www.academia.edu/, p. 5, 17 pages.

désigné, en relation avec le Cabinet Civil de la Présidence de la République[876].

A son arrivée dans la capitale, il est accueilli et conduit à la résidence qui lui a été réservée pour son séjour. Dans les usages, le Directeur du protocole communique à l'Envoyé spécial le lieu, la date et l'heure de son audience auprès du Chef de l'Etat.

Le cérémonial prévu à cet effet, concerne le moment où l'Envoyé spécial se rend en audience chez le Chef de l'Etat. En effet, sous la conduite du Protocole d'Etat, l'Envoyé spécial est escorté de deux à six motocyclistes de la Garde présidentielle en tenue d'apparat[877]. A l'arrivée au Palais, celui-ci passe à l'intérieur de la haie d'honneur de la Garde présidentielle. Au perron du Palais, l'attendent le Directeur du Cabinet Civil et le Chef du Protocole d'Etat. Ce dernier l'achemine et l'introduit auprès du Chef de l'Etat pour une audience.

A la fin de l'audience, il est d'usage que l'Envoyé spécial soit raccompagné à sa résidence dans les mêmes conditions qu'à l'arrivée[878]. Toutefois, notons que si l'audience a lieu après 18heures, il y'a pas d'escorte et la voie est simplement frayée par une voiture pilote ou un motard.

A la fin de son séjour, si l'Envoyé spécial a droit à un cérémonial dès son arrivée, il en va de même lorsque celui-ci quitte la capitale.

B. Le cérémonial au départ de l'Envoyé spécial auprès du Chef de l'Etat

Au départ de la capitale, l'Envoyé spécial est accompagné à l'aéroport. En effet, dans les usages, le cérémonial prévu pour son départ débute au niveau de sa résidence. Sous la conduite du Protocole d'Etat, l'Envoyé spécial est escorté par six motocyclistes de la Garde présidentielle jusqu'à l'aéroport.

Dans cette escorte, y prend part également le membre du Gouvernement dument désigné pour accueillir l'Envoyé spécial et le Ministre des Relations Extérieures. Arrivée à l'aéroport, la

---

[876] L'expérience révèle qu'en la matière le niveau de représentation à l'accueil varie selon l'importance que le Gouvernement camerounais attache à cette visite.

[877] Cf. article 73 du décret précité.

[878] Idem.

délégation est installée au salon d'honneur avant le départ de l'Envoyé spécial.
Le dernier moment clé du cérémonial de départ est le rituel d'au revoir de l'Envoyé spécial à la délégation camerounaise. En effet, ce rituel se déroule au pied de l'avion. La délégation se met en rang du moins préséant au plus préséant et l'Envoyé spécial les salue, puis prend congé d'eux.
A titre illustratif, le Président Paul Biya a reçu en 2019, l'Envoyé Spécial du Président Chinois. En outre le Président de la République a également reçu l'émissaire ou l'Envoyé spécial de Son Excellence Denis SASSOU NGUESSO, Monsieur Gilbert ONDOGO, Ministre d'Etat, Ministre de l'économie, de l'industrie et du portefeuille public du Congo en date du 02 juillet 2020. Ces différents séjours desdits envoyés spéciaux ont conforté le respect scrupuleux du cérémonial pour une meilleure réussite de ces évènements.
L'analyse de la coutume internationale dans la pratique diplomatique camerounaise au regard des cérémonies diplomatiques vient mettre en exergue le processus de déroulement des cérémonies dont les diplomates sont exclusivement les acteurs principaux.
Au regard de ce qui précède, notre analyse s'est portée sur deux axes principaux à savoir : la coutume internationale dans la pratique diplomatique camerounaise au regard de la présentation des lettres de créance au Chef de l'Etat d'une part, et d'autre part, la coutume internationale dans la pratique diplomatique camerounaise s'agissant de la cessation des fonctions d'un CMD et du séjour des envoyés spéciaux.
Dans le premier axe de réflexion, il nous a semblé opportun d'analyser en priorité la pratique diplomatique camerounaise s'agissant de la remise des copies figurées des lettres de créance au MINREX avant de s'attarder sur la pratique diplomatique camerounaise en matière de remise des lettres de créance au Chef de l'Etat. L'analyse menée sur la pratique diplomatique camerounaise au regard de la présentation de la copie figurée des lettres de créance au MINREX a révélé que le cérémonial prévu pour la circonstance était fait au niveau du cabinet du MINREX et qu'à la fin du cérémonial, la cérémonie faisait l'objet d'une médiatisation.

S'agissant de la pratique diplomatique camerounaise au regard de la remise des lettres de créance au Chef de l'Etat, notre attention s'est focalisée sur le cérémonial prévu avant et pendant la présentation de l'Ambassadeur désigné au Chef de l'Etat et sur le rituel de départ du CMD après avoir remis ses lettres de créance.

Cependant dans le second pan de notre analyse, il a été question de cerner dans un premier temps, la pratique diplomatique camerounaise s'agissant de la cessation des fonctions d'un CMD et dans un second temps, la pratique diplomatique camerounaise relative au séjour des envoyés spéciaux au Cameroun.

L'analyse sur la pratique diplomatique camerounaise relative à la cessation des fonctions d'un CMD a révélé qu'un cérémonial entoure la remise des lettres de rappel de l'Ambassadeur sortant au Chef de l'Etat. En marge dudit cérémonial, un autre entoure également la réception offerte par le Gouvernement en l'honneur de ce dernier.

En ce qui concerne la pratique diplomatique camerounaise relative au séjour des envoyés spéciaux au Cameroun, notons qu'un cérémonial est prévu à l'arrivée et au départ de l'Envoyé spécial auprès du Chef de l'Etat.

CONCLUSION GENERALE

Tout au long de cette étude, nous avons cerné les manifestations de la preuve d'une pratique générale acceptée comme étant le droit dans la manière dont le Cameroun conduit ses relations juridiques internationales, par l'identification et l'analyse des domaines.

A cet effet, les résultats de notre étude sur la coutume internationale dans la pratique diplomatique camerounaise nous ont permis d'asseoir notre analyse sur deux grands axes à savoir : la coutume internationale dans la pratique diplomatique camerounaise à travers la formation conventionnelle et les relations diplomatiques d'une part, et d'autre part, la coutume internationale dans la pratique diplomatique camerounaise à la lumière du protocole et du cérémonial diplomatiques.

En ce concerne le premier pan de l'analyse, une réflexion a été faite d'une part, sur la coutume internationale dans la pratique diplomatique camerounaise au regard de la formation conventionnelle et d'autre part au regard des relations diplomatiques.

S'agissant de la coutume internationale dans la pratique diplomatique camerounaise au regard de la formation conventionnelle, il ressort de l'analyse faite que la pratique diplomatique camerounaise apparait lors de la conclusion des accords internationaux d'une part, et d'autre part, et de la validation et l'application des traités internationaux. Analyser la coutume internationale dans la pratique diplomatique camerounaise lors la conclusion des accords internationaux, nous permis de mettre en exergue que la pratique diplomatique camerounaise est révélée relativement à la procédure commune aux traités bilatéraux et multilatéraux d'une part, et d'autre part, aux spécificités liées à la conclusion des traités multilatéraux.

Par ailleurs, la pratique diplomatique camerounaise lors de la validation et de l'application des traités internationaux concerne les conditions de validité des accords internationaux et le régime de nullité des traités internationaux d'une part, et, d'autre part, l'exécution des traités par les Etats parties. En outre, une analyse a été faite sur la prise en compte de la pratique diplomatique camerounaise au regard du principe de l'effet des traités à l'égard des Etats tiers.

En ce qui concerne la coutume internationale dans la pratique diplomatique camerounaise au regard de l'organisation d'une mission diplomatique, l'analyse a été centrée sur l'aspect organique d'une mission diplomatique d'une part, et d'autre part, sur l'aspect matériel d'une mission diplomatique. Analyser la pratique diplomatique camerounaise au regard de l'aspect organique d'une mission diplomatique, revenait à mettre un accent sur le processus de nomination et d'installation d'une mission diplomatique d'une part, et d'autre part sur l'entrée et la cessation des fonctions d'une mission diplomatique. Par contre s'agissant de l'aspect matériel d'une mission diplomatique, l'analyse portait sur les biens et locaux de la mission diplomatique dans un premier temps, et dans un second temps sur la pratique diplomatique camerounaise au regard du personnel diplomatique.

S'agissant du second pan de l'analyse, la réflexion sur la coutume internationale dans la pratique diplomatique camerounaise a reposé sur deux axes principaux à savoir : la coutume internationale dans la pratique diplomatique camerounaise au regard du protocole d'une part, et d'autre part à la lumière du cérémonial.

Dans le premier axe de réflexion un accent particulier a été mis sur la mise en œuvre du protocole dans la pratique diplomatique camerounaise et sur la pratique diplomatique camerounaise s'agissant de la gestion des visites et réceptions. La mise en œuvre du protocole dans la pratique diplomatique camerounaise a permis de mettre en lumière comment sont organisées les préséances officielles dans la pratique diplomatique camerounaise d'une part, et d'autre part, une réflexion a été menée sur le protocole dans la pratique diplomatique camerounaise relatif aux activités des missions diplomatiques. Cette réflexion a abouti sur le fait que dans les usages diplomatiques camerounais, il existe une pratique diplomatique relative au port du pavillon national et honneurs funèbres dus aux CMD.

Dans le second axe de réflexion concernant la coutume internationale dans la pratique diplomatique camerounaise au regard du cérémonial diplomatique, il s'agissait de mettre en évidence la pratique diplomatique camerounaise à la lumière des cérémonies officielles dans un premier temps, et dans un second temps la pratique diplomatique camerounaise à la lumière des cérémonies diplomatiques.

Le constat qui s'est dégagé dans ce second axe de réflexion est que les cérémonies officielles à la différence des cérémonies diplomatiques ont un cérémonial qui nécessite la participation des hautes personnalités à l'instar du Chef de l'Etat. Alors que dans le déroulement ou l'organisation des cérémonies diplomatiques, la prééminence est accordée aux CMD. En d'autres termes, ce sont des cérémonies hautement protocolaires dont la finalité est d'éviter le malentendu.

En se basant sur l'ensemble des enseignements tirés sur la coutume internationale dans la pratique diplomatique camerounaise, on peut en conclure que la coutume internationale sert de socle à la pratique diplomatique camerounaise dans la mesure où elle est un moyen qui sous-tend la conclusion de ses accords bilatéraux et multilatéraux. Ainsi, au Cameroun la pratique diplomatique en matière de conclusion de traités fait apparaître que le processus de conclusion d'un traité doit au préalable être validée par la Présidence de la République. Quant à la pratique diplomatique en matière du protocole et du cérémonial diplomatiques, la coutume internationale vient enrichir ledit domaine en lui fournissant des matériaux nécessaires dans toutes leurs phases.

Néanmoins, compte tenu des limites de cette étude, nous n'avons pas pu analyser l'ensemble de ce sujet très vaste car la pratique diplomatique camerounaise embrasse d'autres domaines de la coutume internationale qui n'ont pas pu être explorés. Cependant, en termes de perspectives, nous nous intéressons à d'autres champs dans les travaux ultérieurs, notamment en faisant du droit comparé des pratiques diplomatiques

BIBLIOGRAPHIE

I. OUVRAGES

A. Ouvrages généraux

ALLAND (Denis), *Manuel de Droit International Public*, 2e éd., Paris, PUF, 2015, 281 p.

ALLAND (Denis) et ass., *Droit international public*, PUF, Droit fondamental, 2000, 807 p.

BENDJAOUI (Mohamed) (dir.), *Droit international-Bilan et perspectives*, Pedone/Unesco, 2 vol., 1991, 1361 p.

BLACHER (Philippe), *Droit des relations internationales*, Litec, 2004, 163 p.

BONIFACE (Pascal), *Comprendre le monde-Les relations internationales pour tous*, Paris, Armand Colin, 2014, 281 p.

BERGEL (Jean Louis), *Théorie Générale du droit*, 4eme édition, 2003, p. 27.

CANAL-FORGUES (Edouard) et RAMBAUD (Paul), *Droit international public, Flammarion*, Coll. Champs, 2007, 450 p.

CALVO, *Le droit international théorique et pratique*, A Rousseau, 1986, 6 vol., 595 p.

CARREAU (Dominique), *Droit international*, 9e éd., Pedone, 2007, XXVII-621 p.

CARREAU (Dominique) et MARELLA (Fabrizio), Droit International, 11e éd, Paris, Pedone, 2012, 500 p.

CARRILLO SALCEDO (Juan Andrés), *El derecho internacional en un mundo en cambio,* Tecnos, Madrid, 1981, 351 p.

CAVARE (Louis), *Droit international positif*, Paris, Pedone, Tome II, 1969, p. 78

COMBACAU (Jean), SUR (Serge), *Droit International Public*, 11 éd., Paris, LGDJ, 2014, 830 p.

COMBACAU (Jean), SUR (Serge), *Droit International Public*, 8e éd., Paris, LGDJ, 2008, 848 p.

DAILLIER (Patrick), FORTEAU (Mathias), PELLET (Alain), *Droit International Public,* 8e éd., Paris, LGDJ, 2009, pp. 832-845, 1709 p.

DECAUX (Emmanuel), *Droit International Public*, 7e éd., Paris, Dalloz, 2010, 500 p.

DECAUX (Emmanuel), *Droit International Public*, 5e éd., Paris, Dalloz, 2006, 403 p.

DE NANTEUIL (Arnaud), *Droit international des investissements*, Paris, Pedone, 2014, 431p.

DEVIN (Guillaume), *Sociologie des Relations Internationales*, 3e éd., Paris, La Découverte, 2013, pp. 48-75, 125 p.

DEYRA (Michel), *Droit international public*, 4e éd., Paris, Gualino, 2014, 247 p.
DREYFUS (Simone), *Droit des relations internationales,* Cujas, 1992, 537 p.
DUPUY (Pierre-Marie), KERBAT (Yann), *Droit international public*, 14e éd., Paris, Dalloz, 2018, 2754 p.
DUPUY (Pierre-Marie), *Droit international public*, 8e éd., Dalloz, 2006, XXVII-849 p.
DUPUY (René-Jean), *Le droit international*, PUF « Que sais-je ? », N°1060, 1994, 170 p.
FRANGI (Marc) et SCHULZ (Pierre), *Droit des relations internationales*, « Lexique », Dalloz, 1995, 94 p.
LASCOMBE (Marcel), *Le droit international public*, Dalloz, 1996, XII-134 p.
LE JEUNE (Paul), *Introduction au droit des relations internationales*, LGDJ, 1994, 170 p.
MARTIN (Pierre-Marc), *Droit international Public*, Masson, 1995, XXIII-350 p.
PELLET (Alain), *Droit international public*, PUF, Thémis, 1981, 151 p.
REUTER (Paul), *Droit international public*, PUF, 1983, 595 p.
RUZIE (David), *Droit International Public*, 23e éd., Paris, Dalloz, 2015, 354 p.
RUZIE (David), *Droit International Public*, Paris, Dalloz, 2008, VI-299 p.
SCELLE (Georges), *Précis de droit des gens (principes et systématiques),* Sirey, 1932-1934, 2 vol., 321 et 559 p. (réédition 1984, CNRS, 317 et 563 p.) et *Manuel de de droit international public,* Domat-Montchrestien, 1948, 1008 p.
SINKONDO (Mathieu), *Introduction au droit international public*, Ellipses, 1999, 205 p.
TCHIKAYA (Bertrand), *Mémento de la jurisprudence du droit international public*, 4e éd., Hachette, 2007, 160 p.
TREVES (RENATO), *Sociologie du droit*, Paris, PUF, 1995, p. 24.
ZARKA (Jean-Claude), *Droit international public*, Ellipses, 2006, 176 p.

B. Ouvrages spécialisés

AMBROSETTI (David), *Normes et Rivalités diplomatiques à l'Onu : le Conseil*
AMIQUET (Paul), *L'âge d'or de la diplomatie : Machiavelli et les Vénitiens*, Paris, Albin Michel, 1963, 334 p.

BALZACQ (Thierry), CHARILLON (Frédéric), RAMEL (Frédéric), *Manuel de diplomatie,* Paris, Presses de Sciences Politiques, 2018, 400 p.
BARSTON (Ronald Peter), *Modern diplomacy*, Londres: Longman, 2006. - 408 p.
BAZOUNI (Yvan), *Le Métier de diplomatie*, Paris, Harmattan, 2005.
CAHIER (Philippe), *Le droit diplomatique contemporain*, Genève, Droz, 1962.
CALLIERES (François de), *De la manière de négocier avec les souverains, du choix des ambassadeurs et des envoyés, et des qualités nécessaires pour réussir dans ces emplois,* Londres : Nourse, 1750, 2 vols.
CASTEUR (Bernard), *Usages internationaux et savoir-vivre*, 3e éd., Bruxelles, Weissenbruch, 1959, 119 p.
CHAMBON (Albert), *Mais que font donc ces diplomates entre deux cocktails ?* Paris : Pédone, 1983, 128 p.
CHOUALA (Yves-Alexandre), *La politique extérieure du Cameroun*, Paris, Karthala, 2014, 267 p.
COHEN (Samy), *Les diplomates : Négocier dans un monde diplomatique*, Paris, Autrement, 2002, 181 p.
COULON (Henri), *Des Agents diplomatiques : de leurs fonctions, de leurs droits, de leurs devoirs, d'après le dernier état de la jurisprudence et de la doctrine*, Paris : Marchal et Billard, 1889, 162 p.
DAM NJOYA (Adamou), *Le Cameroun dans les relations internationales*, Paris, LGDJ, 1976, 416p.
DELCORDE (Raoul), *Les mots de la diplomatie*, Paris, Harmattan, 2015(nouvelle édition).
DELMEE (Marcel), *Guide pratique des questions de protocole, de cérémonial et d'étiquette,* Bruxelles, 1960.
DUPUIS (Claude), *Le droit des gens et les rapports des grandes puissances avec les autres Etats avant la Société des Nations (SDN),* Paris, Plon, 1921, p. 87.
ECOLE FRANCAISE DE ROME, *Paroles de négociateurs : l'entretien dans la pratique diplomatique de la fin du Moyen-Age à la fin du XIXe siècle*, Rome : Ecole française de Rome, 2010, 446 p.
ENCEL (Frédéric), *Petites leçons de diplomatie. Ruses et stratagèmes des grands de ce monde à l'usage de tous, autrement*, 2015 ; 150 p.
GANDOIN (Jacques), *Guide du protocole et de bonnes manières en Europe*, Paris, Fixot, 1989.
GENET (Raoul), *Traité de diplomatie et de droit diplomatique*, Paris, Pedone, Tome 1, 2,3, 1931-1932.
GROSSER (Pierre), *L'avenir de la diplomatie*, Paris : Institut Diderot, 2015, 38 p.

HODGKIN (Thomas), *Italy and her invaders*, Oxford, 1885.

HOTMAN DE VILLIERS (Jean), LE DELEY (Eric), *De la charge et de la dignité de l'ambassadeur,* Paris : ESSEC Iréné, 2003, 150 p.

JOBARD (Fabrice), *Guide des usages, du protocole et des relations publiques*, Ed., Clés du métier, 2014.

KASHADILE (Pierre) et MUTEBA (Bukasa), *Privilèges, immunités diplomatiques et consulaires,* Paris : Publibook com., 2014, 130 p.

KESSLER (Marie-Christine), *Les ambassadeurs,* Paris : Presses de Sciences Po, 2012, 430 p.

KINGSTON de LEUSSE (Meredith), *Diplomatie, une sociologie des ambassadeurs*, Paris : Harmattan, 1998, 228 p.

KONTCHOU KOUOMEGNI (Augustin), *Le système diplomatique africain*, Paris, Pedone, 1977.

LACORNE (Denis), VAISSE (Justin), WILLAIME (Jean-Paul) (dir.), *la diplomatie au défi des religions : tensions, guerres, médiations*, Paris, O. Jacob, 2014, 360 p.

LA CHARRIERE (Guy), *La politique juridique extérieure*, Paris, Economica, 1983.

LOUX (Nathalie), *Le protocole dans les collectivités locales*, Ed. du Moniteur, 2001.

MOUELLE KOMBI (Narcisse), *La politique étrangère du Cameroun*, Paris, Harmattan, 2010, 240 p.

MOUSSA (Farag), *Manuel de pratique diplomatique* : l'ambassade, Bruxelles, Bruylant, 1972, 411 p.

MOUSSA (Farag), *Diplomatie contemporaine : guide bibliographique*, Genève : Centre européen de la dotation Carnégie, 1965, 199 p.

NYS (Ernest), *Les origines de la diplomatie et le droit d'ambassade jusqu'à Grotius*, Bruxelles, 1884.

OYONO (Dieudonné), *Avec ou sans la France : la politique africaine du Cameroun*, Paris, Harmattan, 1990.

PAMMENT (James), *New public diplomacy in the 21st Century: a comparative study of policy and practice,* London: Routledge, 2012, 165 p.

PANCRACIO (Jean-Paul), *Droit et institutions diplomatiques*, Paris, Pedone, 2007, 268 p.

PANCRACIO (Jean-Paul), GUIGNARD (Pierre-Henri), *Protocole et Cérémonial « l'Ordre de la République »*, Paris, Pedone, 2012, 218 p.

PLAISANT (François), *L'Ambassadeur et le Consul, Paris : Nouvelle Arche de Noé, 2012,* 43 p.

PLANTEY (Alain), *De la politique entre les Etats. Principes de la diplomatie*, Paris, Pedone, 1991, 446 p.

PLANTEY (Alain), *La négociation internationale, principes et méthodes*, Paris, CNRS, 3e éd., 2002, 785p.
PONCET (Olivier), *Diplomatique et diplomatie : les traités* (Moyen-Age au début du XIXe siècle), Paris : Ecole nationale des Chartes, 2015, 214 p.
ROUSSEAU DE CHAMOY (Louis), LEMPEREUR (Alain Pekar) (Dir), *L'idée du parfait ambassadeur,* Paris : ESSEC Iréné, 2003, 55 p.
SALMON (Jean), *Manuel de droit diplomatique*, ULB, Bruylant, Delta, 1994, 678 p.
SERRES (Jean), *Manuel pratique de protocole*, 11e éd, Paris, Ad hoc, 2016, 463 p.
SEYDOUX DE CLAUSONNE (François de), *Le Métier de diplomate*, Paris : France-Empire, 1980, 234 p.
VAN DER ESSEN (Louis), *La diplomatie, ses origines et son organisation jusqu'à la fin de l'ancien régime,* 1953.
WICQUEFORT (Abraham de), *L'Ambassadeur et ses fonctions*, Cologne : P. Marteau, 1730, 2 t. en 1
WOOD (Johnson) et SERRES (Jean), *Diplomatic Ceremonial and Protocol : Principles, Procedures and Practices*, Macmillan, Londres, 1970.

C. Ouvrages de méthodologie

BEAUD (Michel), *l'Art de la Thèse, comment rédiger une thèse de doctorat, un mémoire de DEA ou tout autre travail universitaire à l'ère du net*, La Découverte, Paris, 2006, 202 p.
BERGEL (Jean-Louis), *Méthodologie juridique*, Paris, Puf, Coll. « Thémis/Droit privé», 2001, 408 pp.
BERGEL (Jean-Louis), *Méthodes du droit, Théorie générale du droit*, 2ème éd., Paris, Dalloz, 1989, 342 p.
CABANIS (André)/CROUZATIER (Jean-Marie) /IVAN (Ruxandra)/SOPPETSA (Jacques), *Méthodologie de la recherche en droit international, géopolitique et relations internationales*, Paris, Agence universitaire de la Francophonie (AUF), coll. « Manuels francophones », 2010, 164 pp.
CORTEN (Olivier), *Méthodologie du Droit International Public*, éd. Université de Bruxelles, 2009, 292 pp.
DANET (Henriette) / ELENGABEKA (Elvis), *Secrets de la réussite. Guide des mémoires et des thèses en Licence Master Doctorat*, 2e éd., Yaoundé, Presses de l'Université catholique d'Afrique centrale (PUCAC), 2014, 180 pp.
DE KETELE (Jean-Marie), VAN DER MAREN (Jean-Marie) et DURU-BELLAT (Marie), *Guide de l'élaboration d'un projet de recherche, Méthodes en sciences sociales*, 2e éd., De Boeck Université, Bruxelles, 1997, 111 p.

DELNOY (Paul), *Éléments de méthodologie juridique. 1. Méthodologie de l'interprétation juridique. 2. Méthodologie de l'application du droit*, 3e éd., Bruxelles, Larcier, « Collection de la Faculté de droit de l'Université de Liège », 2008, 447 p.

DREYFUS (Simone), *La thèse et le mémoire de doctorat, études méthodologiques*, 3e éd., Paris, Cujas, 2000, 486 pp.

FRAGNIERE (Jean-Pierre), *Comment réussir son mémoire*, 4e éd., Campus LMD, Paris, 2009, 116 pp.

FRANGNIÈRE (Jean-Pierre), *Comment réussir un mémoire. Choisir son sujet / Gérer son temps / Savoir rédiger*, Dunod, coll. « Campus LMD », 5e éd., Paris, 2016, 142 pp.

FRÉCON (Guy), *Formuler une problématique. Dissertation / Mémoire / Thèse / Rapport de stage*, Dunod, coll. « Campus LMD », 2e éd., Paris, 2012, 154 pp. Ouvrage particulièrement recommandé aux économistes.

FRUCTUS (Isabelle) (dir.), *Méthodologie de la recherche documentaire juridique*, Bruxelles, Larcier, coll. « Paradigme / Licence Master Concours », 2014, 315 pp.

GEERKENS (Eric) et Alii, *Méthodologie juridique. Méthodologie de la recherche documentaire juridique,* 4e éd., Bruxelles, Larcier, coll. De la Faculté de droit de l'Université de Liège, 2010, 254 pp.

GRAWITZ (Madeleine), *Méthodologie en sciences sociales*, 10e éd., Dalloz, 1996, 1019 pp.

KALIKA (Michel), *Le mémoire de master. Piloter un mémoire / Rédiger un rapport / Préparer une soutenance,* 4e éd., Paris, Dunod, coll. « Campus LMD », 2016, 191 pp.

KLEEMANN-ROCHAS (Colette), *Comment rédiger un rapport, un mémoire, un projet de recherche, une activité de recherche en cours* ? Projet « Rédigera », réalisé avec le soutien du Programme Socrates Lingua 2, Centre de langues de l'Institut universitaire européen, Firenze, Italie, 2003, 100 pp.

LE MEUR (Anne-Françoise), *Méthodologie de recherche*, LIFL-équipe INRIA ADAM, 67 slides PowerPoint.

LOUBET DEL BAYLE(Jean-Louis), *Introduction aux méthodes des sciences sociales,* Toulouse, Privat, 1978, 175 pp.

MAINGUY (Dominique) (écrits et textes rassemblés par), *Guide de la thèse* (en droit), s.l., s.d., 98 pp.

OLIVIER (Lawrence), BERNARD (Guy), FERRON (Julie) (dir.), *L'Elaboration d'une Problématique de Recherche, Sources, outils et méthode,* Harmattan, 2005, 98pp.

ROCHE (Didier), *Rédiger et soutenir un mémoire avec succès*, Paris, Groupe Eyrolles, collection « Universités/Ecoles de commerce/Ecoles d'ingénieurs », 2007 (deuxième tirage 2010), 108 pp. Ouvrage particulièrement recommandé aux étudiants de Master professionnel.

ROMELAER (Pierre) et KALIKA (Michel), *Comment réussir sa thèse. Définir un sujet / Conduire une recherche / Soutenir sa thèse,* Paris, Dunod, Coll. « Campus LMD), 3e éd., 2016, 175 pp.

ROMI (Raphaël), *Méthodologie de la recherche en droit – Master et doctorat*, Paris, Litec - Lexis Nexis, coll. « Objectif droit », 2006, 157 pp.

ROUSSILLON (Dominique), « *L'art de la thèse* » ou comment organiser sa recherche et éviter quelques erreurs..., Hanoï, 2008, 36 pp.

SALMON (Jean), *Méthodologie de la recherche en droit international public*, Bruxelles, PUB, 2e éd., 1984-1985, 149 pp.

SALMON (Jean) et DAVID (Eric), *Méthodologie de la recherche en droit international public*, 3e éd., Bruxelles, PUB, 1994, 180 pp.

TREMBLAY (Marc-Adélard), *Initiation à la recherche dans les sciences humaines*, Montréal, McGraw-Hill, 1968, 260 pp.

D. Dictionnaires

BASDEVANT (Jules), *Dictionnaire de terminologie du droit international*, Paris, Sirey, 1960, 755 p.

BEA (Louise de), SANDHAL (Pierre), *Dictionnaire politique et diplomatique*, Paris : Librairies Techniques, 1978, 194 p.

BELINGA (Jérôme), *Glossaire raisonné anglais-français du jargon diplomatique*, Paris, l'Harmattan, 2010, 340 p.

BERRIDGE (Geoff R.), JAMES (Alan), *A Dictionary of Diplomacy*, New York : Palgrave, 2003, 272 p.

CUSSY (Ferdinand de), *Dictionnaire ou manuel lexique du diplomate et du consul,* Leipzig : Brockhaus, 1846,799 p.

FRANGULIS (Antoine-F), *Dictionnaire diplomatique* ; Paris : Académie diplomatique internationale, 1935-1975 (vol. 9)

PANCRACIO (Jean- Paul), *Dictionnaire de la diplomatie*, Paris, Dalloz et de Bussac, 2007, 684 p.

SALMON (Jean) (dir). *Dictionnaire de droit international public*, Bruxelles, Bruylant et AUF, 2001, 1198 p.

II. ARTICLES

ACUTO (Michele), « Diplomats in crisis », *In: Diplomacy and Statecraft,* Vol. 22, N°3, Septembre 2011. - pp. 521-539.

ALLAND (Denis), « L'applicabilité directe du droit international du point de vue de l'office du juge », RGDIP, 1998, p. 203-244.

ANGELET (Nicolas), « Le droit des relations diplomatiques et consulaires dans la pratique récente du Conseil de sécurité », *RBDI*, 1999, 29 p.

AUDOUZE (Jean), « La diplomatie en sciences », *In : Annuaire français de relations internationales,* 2012. - pp. 783-795.
BADIE (Bertrand) et FARDEAU (Jean-Marie), « La diplomatie des droits de l'homme », *In : La revue internationale et stratégique*, N°50, Été 2003. - pp. 13-23
BASDEVANT (Jules), « La conclusion et la rédaction des traités et des instruments diplomatiques autres que les traités », RCADI, Vol II, Tome 15, 1926, p. 557
BARBERIS (Julio Antonio), « Réflexions sur la coutume internationale », AFDI, 1990, pp. 9-46.
BINDSCHEDLER-ROBERT (Robert), « De la rétroactivité en droit international public », Mél. P. GUGGENHEIM, 1968, p. 184-200.
BUJON DE L'ESTANG (François), « Les quatre fonctions de la diplomatie », *In Revue des deux mondes,* N°4, Avril 2004, pp.79-90
BELY (Lucien), « souveraineté et souverains : la question du cérémonial dans les relations internationales à l'époque moderne », Annuaire-Bulletin de la Société de l'histoire de France (année 1993), Paris, 1994, pp. 27-43.
BELY (Lucien), « L'invention de la diplomatie », In : Pour l'histoire des relations internationales, Paris, PUF, 2012, pp. 107-137.
BUJON DE L'ESTANG (François), « Les quatre fonctions de la diplomatie », In Revue des deux mondes, N°4, Avril 2004, pp.79-90.
CAHIER (Philippe), « L'obligation de ne pas priver un traité de son objet et de son but avant son entrée en vigueur », Mél. Dehousse, 1979, pp. 31-37.
CAHIER (Philippe), « Les actes de harcèlements des diplomates peuvent engager la responsabilité internationale des Etats », Le Monde diplomatique, février 1971.
CAPILUPPI (Marco), « L'inviolabilita della valigia diplomatica nella prassi internazionale », *Communita internationale.*
CHAPAL (Pierre), « Le courrier diplomatique et la valise diplomatique », *Aspects récents du droit des relations diplomatiques,* Paris, Pedone, 1989, pp. 243-288.
CHARPENTIER (Jean), « Tendances de l'élaboration du droit international coutumier ».
COLSON (Aurélien) et VIVET (Emmanuel), « La négociation diplomatique s'enseigne-t-elle ? », *In : Mondes- les cahiers du Quai d'Orsay,* N°8, Automne 2011. - pp. 67-72
CORTEN (Olivier), « La pratique du Conseil de sécurité à l'élaboration, à la cristallisation ou à la consolidation des règles coutumières », RBDI, 2004, p.552-567.
COT (Jean-Pierre), « La bonne foi et la conclusion des traités », RBDI, p.158, pp 142-159.

CRAS (Alexander), « Les Executives Agreements aux Etats-Unis », RGDIP, 1972, pp. 973-104.

DEHAUSSY (Jules), « Les conventions multilatérales conclues sous les auspices des organisations internationales », Mél. Séfériadès I, 1961, pp. 83-98.

DELCORDE (Raoul), « L'évolution du métier de diplomate », *In : Annuaire français de relations internationales,* Bruxelles : Bruylant, 2009, Vol. 10, 2009. - pp. 53-67

DE VISSCHER (Charles) « Coutume et traité en droit international public », RGDIP, Tome XXVI, 1955, p. 352, pp. 352-369.

DEVIN (Guillaume), « Paroles de diplomates : comment les négociations multilatérales changent la diplomatie », *In : Négociations internationales,* Paris : Presses de Sciences Po, 2013, pp. 77-103.

DUBOIS (Laurent), « l'erreur en droit international public », AFDI, 1963, p. 191-227.

DUPUY (René-Jean), « Coutume sage et coutume sauvage », Mél. Rousseau, 1974, p.75-89.

DUPUY (Pierre-Marie), « Théories des sources et coutume en droit international contemporain », Mél. Jiménez.

FEUER (Georges), « la renégociation des accords de coopération franco-africaine en 1973 et 1974, AFDI, 1973, pp. 720-739.

FLEURY (Antoine) et BADEL (Laurence), « L'Appareil diplomatique », *In : Pour l'histoire des relations internationales,* Paris : PUF, 2012, pp. 475-510.

FOZEIN KWANKE (Thomas), « Le protocole et le diplomate étranger : accueil, gestion et traitements des personnalités », https://www.academia.edu/, 17p.

FABIUS (Laurent), « Notre diplomatie doit s'adapter aux transformations du monde », *In : La revue internationale et stratégique*, N°100, Hiver 2015, pp. 9-14.

FRANCOIS-PONCET (André), « Le métier d'ambassadeur », *In : Revue de Paris,* N°9, Septembre 1948, pp. 1-18.

GIULIANO (Mario), « Les relations et immunités diplomatiques », *RCADI,* vol. 100, pp. 75-202.

GIULIANO (Mario), « Les relations et immunités diplomatiques », *RCADI,* vol. 100, pp. 75-202.

GOMART (Thomas), « De la diplomatie numérique », In : Revue des deux mondes, N° 1, Janvier 2013, pp.131-141.

GUGGENHEIM (Paul), « Les deux éléments de la coutume en droit international », Mélanges offert à Georges Scelle, 1950.

GRAEFF (Christian), « Le Métier de diplomate d'hier à demain », *In : Pouvoirs,* N°88, 1999, pp 17-32.

GRAHAM (Stuart), « Le droit et la pratique diplomatiques et consulaires », RCADI, 1934, Tome II p. 18, 109 p.
HAGGENMACHER (Paul), « La doctrine des deux éléments du droit coutumier dans la pratique de la Cour internationale », R.G.D.I.P., 1986
HURST (Cecil), « les immunités diplomatiques », *RCADI*, VOL. 12, pp. 115-245.
KELLEY (John Robert), « The new diplomacy: evolution of a revolution », *In: Diplomacy and Statecraft,* Vol. 21, N°2, Juin 2010, pp. 286-305.
JETT (Dominique Christian), « Le choix des ambassadeurs », ASPJ Afrique & Francophonie - 2 e trimestre 2016, pp. 84-100.
JUILLARD (Patrick), « Les enlèvements des diplomates », AFDI, 1971, pp. 205-231.
KISS (Alexandre-Charles), « Les accords conclus au sein du Conseil de l'Europe : les clauses de signature différée et d'adhésion », AFDI, 1962, p. 726-742.
KPODAR (André), « L'échelle de normativité du droit international public », Revue Béninoise des Sciences Juridiques et Administratives (RBSJA), n°26, 2011, pp. 50-98.
LA CHAUVINIERE (Edouard de) : « Protocole et égalité des Etats *», In Dictionnaire diplomatique Paris*, Académique diplomatique, Tome VI, pp. 966-970.
LASOK (Dominique), « Les traités internationaux dans le système anglais », RGDIP, 1966, pp. 961-994.
LASTOURS (Sophie de), « L'Attaché militaire : histoire et fonction », *In : Les cahiers du CHEAr*, N°17, 1991, pp. 53-76.
LEQUESNE (Christian), « Le secret en diplomatie : étudier les pratiques rien que les pratiques » in Cultures et Conflits, N°114-115, pp. 274-279.
LORIOL (Marc), « Les enjeux actuels de l'évolution des métiers de la diplomatie », *In : Les Cahiers IRICE*, N°3, 2009, pp. 81-102.
MALENOVSKYN (Jean), « Evolutions des opinions doctrinales sur la coutume internationale dans les pays socialistes », RBDI, pp. 307-338.
MENDELSON (Morgen), « The Formation of Customary International Law », R.C.A.D.I., 1998, v.272, p. 155.
MORANGE (Grégoire), « Nullité et inexistence en droit international public », Mél. G. SCELLE, Tome III, 1950, p. 895-909.
MOUANGUE KOBILA (James), « L'accès des étrangers à la propriété foncière au Cameroun », AADI, vol 14, 2006, pp 245-312.
NYS (Ernest), « Les origines de la diplomatie et le droit des ambassades avant Grotius », *Revue de Droit international et législation comparée*, Tome XV, p. 577 et Tome XVI, p. 85 et 167

PANCRACIO (Jean-Paul), « Eléments sur la pratique diplomatique », AFRI, Vol. XVI, 17p.

PANCRACIO (Jean-Paul), « Les expulsions d'agents diplomatiques étrangers », 10p.

PODESTA-COSTA (Charles-Alexandre), « Les réserves dans les traités internationaux », RDI, 1938, pp. 1-52

PLACIDI (Delphine), « La transformation des pratiques diplomatiques nationales dans le multilatéralisme», in Bertrand Badie et Guillaume Devin, La Découverte « TAP/Relations internationales », 2007, p. 95-112

ROULEAU (Eric), « A l'heure de la mondialisation, à quoi servent encore les diplomates ? » In : La revue internationale et stratégique, N°39, automne 200, pp.23-30.

ROUSSEAU (Charles), « La possession de la qualité de sujet de droit international », RGDIP, 1965, pp. 775-844.

ROSSILLON (Charles), « La clause de la nation la plus favorisée dans la jurisprudence de de la CIJ », JDI, 1955, p. 76- 106.

SABA (Henri), « L'activité quasi législative des institutions spécialisées des Nations Unies », RCADI, 1964-I, vol 111, pp. 607-686.

SAINT AULAIRE (Louis Clair de Beaupoil de), « Le métier d'ambassadeur », *In : Hommes et Mondes,* N°99, Octobre 1954. - pp. 347-353

SANGO (Robert), « les principes de la politique étrangère du Cameroun » Http://
www.monde.diplomatique.fr/1976/08KEUTCHA/33872.

SEYDOUX (François), « Politique extérieure aux Affaires étrangères : de Jules Cambon à Geoffroy de Courcel », *In : Revue des Deux Mondes*, N°3, Février 1973. - pp. 380-390.

SCOTT (Jean -Bosco), « Ratification of Treaties in Great Britain », AJIL, 1924, pp. 296-298.

SIBERT (Marc), « Quelques aspects de l'organisation et de la technique des conférences internationales », RCADI, 1934-II, vol. 48, pp. 391-457.

SOUTOU (Georges-Henri) et ELDIN (Grégoire), « Les négociations diplomatiques », *In : Archives de la Grande Guerre des sources pour l'histoire*, Paris : Presses universitaires de Rennes, 2014, pp. 223-231.

SPIZBARTH (Anne-Brigitte), « Négociateurs du Moyen-âge : les ambassadeurs de Philippe le Bon : de l'artisanat à l'expertise », *In : Entrer en négociation - mélanges en l'honneur de Christophe Dupont,* Bruxelles : Larcier, 2011pp. 261-276.

STEFANINI (Louis), « Que reste-t-il du cérémonial et de l'étiquette au XXe siècle ? », *In Le protocole, les correspondances du Ministère des Affaires Etrangères*, N°50, 3e trimestre, 2001.
WATEL (Françoise), « Au cœur du protocole : la lettre de créance : une cérémonie très codifiée », *In : Dans les archives secrètes du Quai d'Orsay - cinq siècles d'histoire et de diplomatie,* Paris : L'Iconoclaste, 2015, pp. 458-464.
WOLFF (François), « L'interdépendance des conventions internationales du travail », RCADI, 1967-II, vol. 121, pp. 117-219.
WOLFF (François), « Les conventions de l'OIT à la croisée des anniversaires », RGDIP, 1996, pp. 5-43.

III. TRAVAUX UNIVERSITAIRES

A. Thèses

ALEDO (Louis-Antoine), *La coutume internationale et opposabilité : recherches sur la contribution du concept d'opposabilité à la théorie de la coutume en droit international public*, Thèse de Doctorat, Université de Paris 2, 1993.
ATANGA (Serge), *Le processus de prise de décision politique étrangère au Cameroun*, Thèse de Doctorat, IRIC, Yaoundé, 1991, 308 pages.
ATSIO-GOUAMALI (Jean-Cyr), *La rupture et le rétablissement des relations diplomatiques dans la pratique contemporaine*, Université de Paris 1, 1994.
BECKER (Audrey), *Modalités des relations diplomatiques romano-barbares en Occident au Ve siècle (416-497)*, Thèse de doctorat, Université de Strasbourg 2, 2006.
BILOA TANG (Alain Titus), *La politique étrangère du Cameroun à l'ère de la transition vers le « nouvel ordre mondial »* (1990-2001), Thèse de doctorat de 3e cycle en Relations Internationales, IRIC, 2002.
BIDIAS A MBASSA (Paul-Baxter), *Régionalisme et sécurité collective : recherches sur la contribution des organisations régionales au maintien de la paix et la sécurité internationales*, Thèse de doctorat, Université de Yaoundé-Soa, 2014, 540 p.
CAHIN (Gérard), *La coutume internationale et les organisations internationales : l'incidence de la dimension institutionnelle sur le processus coutumier*, Thèse de doctorat, Université de Nancy 2, 1998.
HAEMMERLÉ (Jean), *Le Coutume en droit des gens d'après la jurisprudence de la CPJI*, Thèse de doctorat, Université de Nancy, 1935,
KAMTO (Maurice), *Pouvoir et Droit en Afrique Noire, Essai sur les Fondements du Constitutionnalisme en Afrique Noire Francophone*, Thèse de Doctorat, Paris, LGDJ, 1987.

KEKUINE (Albert), *Le Cameroun et la coopération internationale*, Thèse de Doctorat en Sciences politiques, Paris I, 1977

MIABOULA MILANDOU (Isidore Arsène), *La rupture des relations diplomatiques*, Université de Tours, 1995.

NDOUNGOU NDJOUM (Xavier), *Le ministère des relations extérieures dans le réseau diplomatique camerounais : Contribution à la connaissance du fonctionnement des instruments de la diplomatie et de la politique extérieure du Cameroun* », Thèse de Doctorat, IRIC, Yaoundé, 1994, 270 p.

NGAMONDI KARIE (Youssoufou), *La politique étrangère du Cameroun en Afrique centrale : constances et fluctuations,* Thèse de doctorat, Université de Yaoundé II-Soa, Yaoundé, 2011, 561 p.

PREVOST (Jean-François), *Les effets des traités conclus entre Etats à l'égard des tiers*, Thèse de doctorat, Paris, LGDJ, 1973.

TONYE (Albert), *Les commissions mixtes dans la diplomatie camerounaise, contribution à la connaissance de la diplomatie et de la politique étrangère du Cameroun*, Thèse de Doctorat, IRIC, Yaoundé, 1989.

VIROT (Audrey), *Les négociations diplomatiques entre la France et le Saint-Siège de 1870-1939,* Université de Paris 11, 2013.

B. Mémoires

ABONA OMOKOMO (Serge Patrick), *Aimé Raymond N'THEPPE, Aristocrate et Diplomate Douala,* Mémoire de Maîtrise en histoire, UYI, 2002.

ALOUGOU MANY (Gaston), *Les dynamiques de construction de la profession de diplomate au Cameroun : Entre ambitions étatiques et intérêts des acteurs*, Mémoire DESS, IRIC, 2007.

AYMARD LANDRY (Ndjip), *La protection des institutions diplomatiques pendant les conflits internes et internationalisés,* Mémoire de Master II droit international, Université de Douala, 2013-2014, 129 p.

BILOA TANG (Alain Titus), *Le ministère des relations dans la politique étrangère du Cameroun : une analyse à la lumière des politiques publiques*, Mémoire de DESS, IRIC, Yaoundé, 2000.

ETOA OYONO (George Patrice), *«Ferdinand OYONO: le diplomate».* Mémoire de maîtrise en histoire, UYI, FALSH, 2004.

ETOUNDI MVENG (Richard), *La Commission des affaires étrangères de l'Assemblée nationale du Cameroun 1992-1998*, Mémoire de DESS en Relations Internationales, Université de Yaoundé II-IRIC, 1998.

LEKENE DONFACK (Etienne Charles), *Le processus de décision dans la diplomatie camerounaise,* Mémoire de DESS en Science Politique, Clermont-Ferrand, 1994.
MBOCK IBOCK (Martin), *La négociation diplomatique dans l'affaire de la frontière terrestre et maritime entre le Cameroun et le Nigeria (Guinée Equatoriale intervenant)*, mémoire de DEA, Université de Douala, 2009-2010, 174 p.
MESSINA (Marc), *Le ministère des Affaires étrangères du Cameroun depuis 1960*, Mémoire de DEA, Relations internationales, Paris I, 1986.
ROBERT (Yann), *La négociation diplomatique : enjeux, stratégies, normes et langage*, Mémoire de Maitrise, Université de Strasbourg, 2012, 78 p.

C. Cours universitaires

CHAFIKA (Aguezney), *Cours de Pratique diplomatique, option : diplomatie et consulaire, partenariat et coopération internationale*, 2015, 45 p, inédit.
ELOUNGOU (Nestor), *Cours de pratiques diplomatiques et consulaires*, Master professionnel IRIC option : diplomatie, 2014-2015, 25 p, inédit.
LARBI (A), *Cours de droit international public*, Université Sidi Mohamed ben Abdellah, Faculté des Sciences Juridiques, Economiques et Sociales, 2015-2016, 64 p, inédit.
KANGUEU EKEUH (Robert), *Cours de droit diplomatique*, Master I de droit international, Université de Douala, Année académique 2012-2013, inédit.
NDZENGUE (Patrick), *Cours de pratiques diplomatiques et consulaires*, Université de Yaoundé II-IRIC, 2014, 45p, inédit.
PRADIER-FODERE, *Cours de droit diplomatique*, Tome 1.

IV. TEXTES JURIDIQUES

A. Les textes de droit international

- Convention de Vienne du 18 avril 1961 sur les relations diplomatiques.
- Convention de Vienne du 23 avril 1963 sur les relations consulaires.
- Convention de Vienne du 23 mai 1969 sur le droit des traités.
- Convention de Vienne du 21 mars 1986 non encore en vigueur, s'applique entre Etats et OI ou entre OI.
- Convention de Montego Bay du 10 décembre 1982.
- Convention de New-York du 8 décembre 1969 sur les missions spéciales.

- Convention du 14 décembre 1973 sur la prévention et la répression des infractions contre les personnes jouissant d'une protection internationale y compris les agents diplomatiques.
- Conventions de Genève de 1948 et les protocoles additionnels de 1977.
- Charte des Nations Unies du 26 juin 1945.

B. Les textes de droit interne

- Constitution du 18 janvier 1996 modifiée et complétée par la loi N°2008/001 du 24 avril 2008.
- Décret N°75/773 du 18/12/1975 portant statut particulier du corps des fonctionnaires de la diplomatie et son modificatif subséquent à savoir le décret N°77-345 du 26/08/1977.
- Décret N°87/1198 du 7/09/1987 portant organisation des services extérieurs permanents du ministère des affaires étrangères
- Décret N°2005/286 du 30 juillet 2005 portant organisation du Ministère de relations extérieures.
- Décret N° 2013/112 DU 22 avril 2013 portant organisation du Ministère des Relations Extérieures.
- Décret N°76/426 du 16 septembre 1976 portant sur les règles du Protocole à observer en matière de Cérémonies Publique, Préséances, Honneurs Civils et Militaires.
- Instruction interministérielle N°0060/MINFI/DIPL du 26 mars 2010 relative à l'application des privilèges diplomatiques en matières fiscale et douanière.

V. JURISPRUDENCE

- CIJ, Conséquences juridiques sur l'édification d'un mur dans le territoire palestinien occupé, arrêt consultatif du 09 juillet 2004.
- CIJ, Licéité de la menace ou de l'emploi d'armes nucléaires, avis consultatif du 8 juillet 1996.
- CIJ, Obligation d'arbitrage selon l'Accord de 1947 relatif au siège de l'ONU, avis consultatif du 26 avril 1988.
- CIJ, affaire des activités militaires et paramilitaires au Nicaragua et contre celui-ci (fond), Nicaragua c. Etats-Unis d'Amérique), arrêt du 26 juin 1986.
- CIJ, affaire du personnel diplomatique et consulaire américain à Téhéran, arrêt du 24 mai 1980.

- CIJ, avis consultatif sur les conséquences juridiques pour les Etats de la présence continue de l'Afrique du Sud en Namibie (Sud-Ouest africain), arrêt du 21 juin 1971.
- CIJ, affaire Barcelona Traction Light and Power Company Limited, arrêt du 5 février 1970.
- CIJ, affaire du Plateau Continental de la Mer du Nord, arrêt de 1969.
- Affaire de la Sentence arbitrale rendue par le roi d'Espagne, arrêt du 18 novembre 1960.
- CIJ, Affaire relative à la Souveraineté sur certaines parcelles frontalières, arrêt du 20 juin 1959.
- CIJ, affaire du Droit des ressortissants des Etats-Unis au Maroc, arrêt du 27 août 1952.
- CIJ, affaire du droit d'asile ou Haya de la Torre, arrêt du 20 novembre 1950.
- CIJ, affaire sur la Réparation des dommages subis au service des Nations Unies, avis consultatif du 11 avril 1949.
- Affaire Ile de Palmas, sentence rendue par l'arbitre Max Huber en 1929.
- CPJI, affaire du Lotus, arrêt de 1927.
- CPJI, affaire de Certains intérêts allemands en Haute-Silésie polonaise, arrêt du 25 mai 1926.
- CPJI, Affaire Mavrommatis, arrêt du 26 mars 1925.
- CPJI, affaire Vapeur Wimbledon, arrêt du 17 août 1923.

VI. SOURCES DIVERSES

- Entretien accordé par le Directeur des Affaires Juridiques et des Engagements Internationaux de l'Etat du MINREX.
- Entretien accordé par le Directeur du Protocole, du Cérémonial et des Affaires Consulaires du MINREX.
- Entretien accordé par le Sous-directeur du Protocole, du Cérémonial et des Affaires Consulaires du MINREX
- Entretien accordé par le Chef Service des Privilèges et Immunités Diplomatiques du MINREX.

VII. WEBOGRAPHIE

http:// /id.erudit.org/iderudit/042389ar
http:// www.mondediplomatique.fr/
https:// fr.m. wikipédia.org
https://www.academia.edu/
http// : étudiant.aujourd'hui.fr/metier/fiche-metier/ambassadeur.html
http://www.esprit-ri.fr.

http://www.persee.fr/web/revues/home
http://scholar.goole.fr
http://www.ridi.org
http://www.oaressciences.org
http://www.le figaro.fr

ANNEXE

INSTRUCTION INTERMINISTÉRIELLE N° 0060/MINFI/DIPL DU 28/03/2010 RELATIVE À L'APPLICATION DES PRIVILÈGES DIPLOMATIQUES, EN MATIERE FISCALE ET DOUANIERE

VU la Constitution ;
Vu la convention de vienne sur les relations diplomatiques du 18 avril 1961 ;
Vu la convention de vienne sur les relations consulaires du 24 avril 1963;
VU la Convention de Vienne sur les privilèges et immunités de I'ONU du 13 février 1966;
VU la Convention de Vienne du 29 décembre 1951 et ses annexes, sur les privilèges et immunités des institutions spécialisées de l'ONU ;
VU le Code Général des Impôts
Les privilèges diplomatiques, en matière fiscale et douanière, sont réglementés en République du Cameroun ainsi qu'il suit :

TITRE I
DES PRIVILÈGES EN MATIÈRE FISCALE
CHAPITRE I
DEFINITIONS ET GENERALITES
Section 1. Définitions
A - Franchises diplomatiques et consulaires
Au sens de la présente instruction, les «franchises diplomatiques et consulaires» désignent le privilège reconnu aux missions diplomatiques, aux postes consulaires et aux organisations internationales accréditées ou ayant leur siège au Cameroun ainsi qu'aux membres de leur personnel jouissant des privilèges et immunités diplomatiques et consulaires, de bénéficier, pour leur usage exclusif :
1. de la franchise des droits et taxes sur les produits ou objets importés ;
2. de l'exonération des impôts et taxes sur le revenu ainsi que des taxes spéciales (vignettes, carburant, etc.) autres que les impôts indirects d'une nature telle qu'ils sont normalement incorporés dans le prix des produits.
B - Chef de mission
Il faut entendre par «Chef de mission», selon le cas, l'Ambassadeur, le

Haut-Commissaire, le Consul Général, le Consul, le Chargé d'Affaires et tout agent diplomatique assurant la direction d'une Mission diplomatique ou la Représentation d'une Organisation internationale.

C - Agent diplomatique

I1 faut entendre par «Agent diplomatique» tout agent d'une mission diplomatique bénéficiant du statut de diplomate

D - Agent consulaire

Il faut entendre par «Agent consulaire>>, le fonctionnaire consulaire de carrière chargé de l'exercice de fonctions consulaires.

E - Fonctionnaire international

Il faut entendre par «fonctionnaire international», le membre du personnel d'une organisation internationale ayant le statut diplomatique.

F - Biens et services à usage officiel

I1 faut entendre par «biens et services à usage officiel», les biens et services affectés aux missions officielles de la représentation diplomatique, du poste consulaire ou de 1'Organisation internationale. Ce sont notamment :

1. l'acquisition de locaux destinés à abriter la Chancellerie et la résidence du Chef de mission ;
2. l'acquisition du matériel ou des matériaux destinés à la construction de la Chancellerie et de la résidence du Chef de mission ;
3. les travaux immobiliers et les services relatifs à l'aménagement et la sécurisation des immeubles visés aux (1) et (2) lorsque leur coût est supporté directement par la mission
4. les prestations relatives à la fourniture d'eau, de gaz, d'électricité, de télécommunications et de télédistribution dans les locaux de la Chancellerie et la résidence du Chef de mission ;
5. l'acquisition des biens et services destinés à l'équipement ou à l'aménagement des locaux de la mission ou de la résidence du Chef de mission. 11 s'agit notamment ;

- du mobilier et du matériel de bureau, (y compris les fournitures et le matériel affectés à l'entretien des bureaux);
- des appareils et des matériels de télécommunication et de télédistribution;
- des véhicules officiels et autres moyens de transport, affectés au service de la mission ou du poste dont la liste a dûment été transmise au Ministère en charge des Relations Extérieures, accompagnés des copies des cartes grises et des attestations d'assurance y afférents ;
- des dépenses de réparation et l'entretien des véhicules officiels de la mission diplomatique, du poste consulaire ou de la représentation de 1' organisation internationale ;

- des achats de carburant destinés aux véhicules officiels, dans la limite des quotas fixés à l'annexe 2

Section 2. Généralités

A- La clause de réciprocité

Peuvent seuls bénéficier des franchises diplomatiques prévues par la présente instruction, les pays accrédités qui consentent, à titre de réciprocité, des avantages analogues en faveur des missions diplomatiques et postes consulaires camerounais qui y sont ou seraient établis.

B - Les exclusions

Les ressortissants camerounais des missions diplomatiques et consulaires étrangères et des organisations internationales, et les résidents permanents, de même que les membres de leurs familles, sont exclus du bénéfice de la franchise de ces droits et taxes.

Les «membres du personnel de service» (personnes affectées au service domestique des missions diplomatiques, postes consulaires et des organisations internationales) et les «domestiques privés» (employés au service privé d'un membre de la représentation) ne bénéficient pas de la franchise des droits et taxes.

C - Les clauses Particulières

Pour les organisations internationales, |a Convention d'Etablissement qui les régit ou l'Accord de siège signé avec la République du Cameroun doit prévoir explicitement le bénéfice des avantages consentis dans la présente instruction, de même que les qualités et fonction des agents bénéficiaires.

Le Chef de mission, l'agent diplomatique, l'agent consulaire et le fonctionnaire international ainsi que tous les membres de leur famille respective sont dispensés de la visite de leurs bagages personnels, sauf s'il existe des motifs sérieux de supposer qu'ils contiennent des objets dont l'importation ou l'exportation est interdite par les lois et règlements du Cameroun ou soumis à des lois et règlements de quarantaine'

La visite éventuelle ne peut se faire qu'en présence et avec l'assentiment de l'agent diplomatique et consulaire, du fonctionnaire international concerné ou de son représentant autorisé

CHAPITRE II : ETENDUE DE LA FRANCHISE DIPLOMATIQUE

SECTION 1 : De l'Impôt sur le Revenu des Personnes Physiques (IRPP)

A- Les personnels exempts

Sont exemptés du paiement de I'IRPP au Cameroun, pour les activités menées dans le cadre de leurs fonctions officielles :

- le Chef de mission ;
- les agents diplomatiques ou consulaires, titulaires d'une carte diplomatique délivrée par le Ministère des Relations Extérieures ;
- les membres du personnel des organisations internationales de statut diplomatique, et ceux dont la Convention d'Etablissement ou l'Accord de Siège prévoit explicitement cette franchise.

B - Le cas particulier des personnels administratifs et techniques

Les personnels administratifs et techniques des missions diplomatiques et organismes assimilés sont exonérés du paiement de l'IRPP, dès lors qu'il est établi qu'ils sont soumis à l'Impôt sur le Revenu dans leur pays d'origine.

En tout état de cause, en l'absence d'éléments établissant l'assujettissement à l'Impôt sur le Revenu des intéressés dans leur pays d'origine, ces derniers restent passibles de l'impôt sur le Revenu des Personnes Physiques dans les conditions de droit commun prévues par la législation camerounaise

SECTION 2 : De la Taxe sur la Valeur Ajoutée (TVA)

A - Régime applicable à la Mission diplomatique, au poste consulaire et à l'organisation internationale

La Mission diplomatique, le poste consulaire et l'organisation internationale sont exonérées du paiement de 1a TVA pour les achats de biens mobiliers et immobiliers effectués pour l'équipement de leurs locaux. Cette exonération porte également sur les dépenses d'entretien des véhicules administratifs et de fonction, l'acquisition des tenues de travail pour les agents d'entretien, les fournitures d'eau, d'électricité, de gaz, de la télédistribution et de télécommunication, ainsi que les biens et services acquis à l'occasion des circonstances exceptionnelles, telles que la célébration des journées internationales et fêtes officielles des organisations internationales et des missions diplomatiques et postes consulaires.

L'exonération ci-dessus est également étendue aux achats de carburant, dans la limite des quotas fixés aux annexes 1 et 2.

B - Régime applicable au Chef de mission

Le Chef de mission bénéficie de l'exonération de la TVA sur les achats de biens mobiliers destinés à l'équipement de sa résidence, les dépenses d'entretien et de réparation des véhicules administratifs ou de fonction, ainsi que les prestations d'eau, d'électricité, de gaz, de télécommunication et de télédistribution.

Cette exonération s'étend également aux achats trimestriels de biens à usage personnel, dans la limite des quotas fixés aux annexes 1 et 2.

C - Régime applicable au personnel diplomatique

Le personnel diplomatique des missions diplomatiques, postes consulaires et des organisations internationales accréditées au Cameroun bénéficie des mêmes avantages que les Chefs de Missions, dans la limite des quantités prévues aux annexes 1 et 2.

D - Régime applicable aux personnels administratifs et techniques des missions diplomatiques, postes consulaires et des organisations internationales

Les personnels administratifs et techniques des missions diplomatiques et consulaires et des organisations internationales, accréditées au Cameroun bénéficient, dans les six (06) mois de leur première installation au

Cameroun, de l'exonération de TVA sur les achats de biens et services affectés à leur usage personnel.

Tous les personnels non éligibles aux privilèges consacrés par la présente instruction sont soumis au régime de droit commun en vigueur au Cameroun en matière d'impôts et taxes.

La mission diplomatique, le poste consulaire, l'organisation internationale et leurs personnels de rang diplomatique sont exonérés du paiement de la

Taxe Spéciale sur les Produits Pétroliers (TSPP), dans la limite des quotas prévus à l'annexe 2.

Sur la propriété foncière

En matière de droits d'enregistrement, de timbre et de taxe sur la propriété foncière, les missions diplomatiques, postes consulaires et les organisations internationales bénéficient de :

- l'enregistrement gratis des actes dont l'enregistrement est à la charge des organisations internationales, sauf dispositions contraires de l'Accord de

Siège signé avec un Etat de la CEMAC ;

- l'exemption de la formalité d'enregistrement des actes établis par les missions diplomatiques ou postes consulaires étrangers à la CEMAC sous réserve de réciprocité ;
- l'exonération du droit de timbre des passeports et visas au profit des nationaux non-membres de la CEMAC, sous réserve de réciprocité ;
- l'exonération du droit de timbre sur les cartes de séjour des résidents au profit :
    - des personnels de l'assistance ou de la coopération technique ;
    - des personnels de la coopération militaire ou policière ;
    - des personnels non diplomatiques des missions diplomatiques, postes consulaires et des organismes internationaux accrédités au Cameroun

- l'exonération de la taxe foncière sur les propriétés immobilières appartenant aux missions diplomatiques ainsi qu'aux organismes internationaux ayant signé un Accord de Siège avec le Cameroun. Toutefois, la taxe reste due lorsque la mission diplomatique, le poste consulaire ou l'organisme international ne sont que des locataires des immeubles concernés.

Dans ce cas, le propriétaire des immeubles demeure assujetti à la taxe ;

- l'exonération du droit de timbre sur les automobiles (vignette automobile) pour les véhicules dont les propriétaires bénéficient du privilège diplomatique ou consulaire ainsi que les véhicules en admission temporaire exclusivement utilisés dans le cadre des projets de coopération internationale ;
- l' exonération du droit de timbre d'aéroport pour les membres des Missions diplomatiques, postes consulaires et organisations internationales.

CHAPITRE III : DES PROCEDURES DE DELIVRANCE DES TITRES D'EXONERATION ET DU REMBOURSEMENT DES IMPOTS ET TAXES

Section 1 : De la délivrance des titres d'exonération

Les requêtes doivent être formulées sous forme de note verbale visée par le Chef de mission, le Chargé d'affaires ou tout autre personnel de rang diplomatique désigné à cet effet, et adressées au Ministère des Relations
Extérieures qui, après visa, les transmet au Ministère des finances (Direction Générale des Impôts).

Les demandes doivent être quantifiées et les achats effectués auprès des fournisseurs précis. Dans ce sens, la facture pro forma qui accompagne la demande doit clairement mentionner les noms, adresse et Numéro d'Identifiant Unique (NIU) du fournisseur. La facture pro forma doit également faire apparaître, de manière distincte, le montant de la taxe dont l' exonération est sollicitée.

Toute demande ne respectant pas cette procédure est retournée au Ministère des Relations Extérieures.

Le visa en amont du Ministère des Relations Extérieures atteste de :

- la régularité de l'accréditation de la mission ;
- l'effectivité de la régularité par rapport à l'avantage sollicité ;
- l'adéquation, le cas échéant, de la demande aux quotas fixés.

L'attestation d'exonération, délivrée par le Ministère des Finances (Direction Générale des Impôts), garantit :

- la régularité de la demande par rapport aux dispositions du Code Général des Impôts ;

- la régularité des pièces justificatives ;
- le respect des quotas fixés par la présente instruction.

Concernant spécifiquement les exonérations de taxes sur le carburant, les missions diplomatiques, postes consulaires et organisations internationales doivent faire parvenir périodiquement au Ministère des Relations
Extérieures, un état détaillé de leur parc automobile, accompagné des copies des cartes grises et attestations d'assurance y afférentes. Cet état doit préciser les noms, prénoms et qualités des personnes auxquelles ces véhicules sont attribués. Il doit préciser l'année d'acquisition des véhicules et faire l'objet d'une mise à jour permanente.

Les titres d'exonération des droits et taxes, accordés dans le cadre de la présente instruction, sont valables pour un délai de trois (03) mois sans possibilité de report ou d'anticipation lorsqu'ils portent sur le carburant et les provisions de ménage, destinés à la consommation trimestrielle des missions diplomatiques, postes consulaires et organisations internationales, ainsi qu'à leur personnel.

Ils sont valables pouf un délai de six (06) mois avec une prorogation exceptionnelle de trois (03) mois, dans les autres cas.

Les titres d'exonération concernant le personnel administratif et technique ne peuvent être prorogés, sauf cas de force majeure dûment justifié.

Section 2. Du remboursement des impôts et taxes

Conformément aux dispositions de l'article 149 du Code Général des Impôts, les missions diplomatiques, postes consulaires et organisations internationales pourront formuler une demande visant à récupérer la TVA ayant grevé les achats de biens et prestations éligibles au remboursement.

A la fin de chaque trimestre, les demandes de remboursement de taxes doivent être remplies ou visées par |e chef de mission, le chargé d'affaires ou tout diplomate désigné à cet effet, et adressées au Ministère des Relations Extérieures qui se charge de les transmettre au Ministère des Finances (Direction Générale des Impôts).

TITRE II : DES PRIVILEGES EN MATIERE DOUANIERE

CHAPITRE I : IMPORTATION, UTILISATION ET CESSION DES VEHICULES

Section 1 : Importation

Peuvent importer des véhicules de tourisme en franchise des droits et taxes :

- les missions diplomatiques, postes consulaires et organisations internationales pour les besoins de leurs services;
- les membres de leurs personnels diplomatique, administratif et technique non camerounais pour leur usage privé"

Le bénéfice de cette importation, pour ce qui est des personnels diplomatiques, est limité à deux véhicules par famille, en rapport avec la taille de celle-ci, et à un véhicule par famille pour les personnels administratif et technique. Le bénéfice de l'importation en franchise est accordé pour une durée d'un an renouvelable.

L'importation des véhicules est faite suivant une déclaration d'acquit-à-caution, en garantie des droits et taxes éventuellement dus ou encourus.

Toutefois, s'agissant du cas particulier des véhicules automobiles qui relèvent du patrimoine de la mission diplomatique, du poste consulaire ou de l'organisation internationale, la caution financière est remplacée par une caution morale du Chef de mission, qui s'engage à se soumette à la réglementation en vigueur, en matière d'importation temporaire de véhicule de tourisme, notamment :

- renouvellement annuel du titre d'importation temporaire ;
- interdiction de céder à titre gratuit ou onéreux les véhicules en importation temporaire, sans l'autorisation préalable du Ministère des Relations Extérieures ;
- usage exclusif aux fins de service ou à titre strictement personnel ;

Section 2. Utilisation et cession

Le véhicule destiné à l'usage exclusif du bénéficiaire ne peut être cédé à titre onéreux ou gratuit, ou remplacé dans un délai de trois (03) ans à compter de la date d'enregistrement de la déclaration, sauf cas de force majeure dûment constaté (destruction mécanique, vol, accident ayant entrainé des dommages importants, départ définitifs du bénéficiaire).

En cas de réexportation, le bénéficiaire est tenu de régulariser la situation douanière de son véhicule.

La disposition ci-dessus ne s'applique pas aux véhicules cédés aux personnes physiques ou morales bénéficiant du régime de d'importation temporaire ou de l'admission temporaire.

En tout état de cause, la cession doit être préalablement autorisée par le Ministère des Relations Extérieures.

CHAPITRE II : DISPOSITIONS APPLICABLES AUX OBJETS IDENTIFIABLES DE CONSOMMATION DURABLE, MATERIELS ET MATÉRIAUX DE CONSTRUCTION

Conformément aux dispositions ci-dessus énoncées, la franchise des droits et taxes, pour l'importation des objets tels que les réfrigérateurs, climatiseurs, magnétoscopes, cuisinières, téléviseurs, vélomoteurs, meubles magnétoscopes, etc. ainsi accordée à l'occasion de la première installation aux ayants droits diplomates et non diplomates(personnel administratif et technique) et pendant toute la durée de leur séjour, pour les seuls agents ayant la qualité de diplomate. Cependant, pour ces derniers, il sera tenu compte, notamment de la durée de vie de ces articles et de la régularisation de la situation douanière de ceux précédemment exonérés.

Section 2. Le matériel et les matériaux de construction

Seuls le matériel et les matériaux destinés à la construction de la mission diplomatique, de la chancellerie et du consulat dirigé par un fonctionnaire consulaire de carrière, peuvent bénéficier de la franchise ou du remboursement de la taxe acquittée.

Le matériel et les matériaux susvisés sont appelés à faire partie intégrante des ouvrages concernés de consommation durable

Les objets identifiables de consommation durable et destinés à l'usage officiel de la mission diplomatique, de l'organisation internationale ou à l'usage de leurs membres ne peuvent être cédés. En effet, la demande de franchise, établie par le Chef de la représentation et visée par les services camerounais compétents, stipule l'engagement du bénéficiaire à ne pas céder les objets, même à titre gracieux.

TITRE III

DES DISPOSITIONS FINALES

Il demeure entendu que les quantités indiquées aux annexes 1 et 2 constituent des plafonds qui ne peuvent être dépassés, et que les franchises accordées sous la responsabilité du Chef de mission doivent correspondre aux besoins réels des bénéficiaires.

Les marchandises exonérées, dans le cadre de la présente instruction, notamment le matériel et les matériaux de construction, doivent être livrées au seul bénéficiaire du titre d'exonération ou à son représentant dûment mandaté.

Les bordereaux de livraison y afférents doivent nécessairement comporter la mention des noms, prénoms, adresses des réceptionnaires et, éventuellement, la marque et le numéro d'immatriculation du véhicule, le nom du chauffeur, la date et tous les renseignements utiles. Ils doivent, en outre, reprendre le numéro et la date de la facture définitive, de même que les modalités de paiement (numéro de chèque, banque, espèce).

Si la facture définitive tient lieu de bordereau de livraison, celle-ci doit obligatoirement comporter les mentions susvisées.

L'inobservation des dispositions ci-dessus pourrait entraîner, en cas d'infraction, la responsabilité du fournisseur défaillant.

La réexportation des objets et véhicules, admis en franchise, doit être constatée par les services de Douane et la copie des documents pertinents doit être transmise au Ministère des Relations Extérieures pour la mise à jour du fichier de la mission concernée.

La présente instruction est applicable pour compter de sa date de signature. Elle abroge les dispositions de l'instruction interministérielle n°1231 MINFI/DIPL du 20 novembre 1989, relative à l'application des privilèges diplomatiques, et modifie les dispositions contraires de l'instruction n° 0001/MINEFI/DI/L du 04 février 2004 précisant les modalités d'application des dispositions fiscales de la loi de finances pour l'exercice 2004.

Fait à Yaoundé, le 26 mars 2010

Le Ministre des Finances,	Le Ministre des Relations Extérieures,
ESSIMI MENYE	EYEBE AYISSI Henri

TABLE DE MATIÈRES

Structures éditoriales du groupe L'Harmattan

L'Harmattan Italie
Via degli Artisti, 15
10124 Torino
harmattan.italia@gmail.com

L'Harmattan Hongrie
Kossuth l. u. 14-16.
1053 Budapest
harmattan@harmattan.hu

L'Harmattan Sénégal
10 VDN en face Mermoz
BP 45034 Dakar-Fann
senharmattan@gmail.com

L'Harmattan Cameroun
TSINGA/FECAFOOT
BP 11486 Yaoundé
inkoukam@gmail.com

L'Harmattan Burkina Faso
Achille Somé – tengnule@hotmail.fr

L'Harmattan Guinée
Almamya, rue KA 028 OKB Agency
BP 3470 Conakry
harmattanguinee@yahoo.fr

L'Harmattan RDC
185, avenue Nyangwe
Commune de Lingwala – Kinshasa
matangilamusadila@yahoo.fr

L'Harmattan Congo
219, avenue Nelson Mandela
BP 2874 Brazzaville
harmattan.congo@yahoo.fr

L'Harmattan Mali
ACI 2000 - Immeuble Mgr Jean Marie Cisse
Bureau 10
BP 145 Bamako-Mali
mali@harmattan.fr

L'Harmattan Togo
Djidjole – Lomé
Maison Amela
face EPP BATOME
ddamela@aol.com

L'Harmattan Côte d'Ivoire
Résidence Karl – Cité des Arts
Abidjan-Cocody
03 BP 1588 Abidjan
espace_harmattan.ci@hotmail.fr

Nos librairies en France

Librairie internationale
16, rue des Écoles
75005 Paris
librairie.internationale@harmattan.fr
01 40 46 79 11
www.librairieharmattan.com

Librairie des savoirs
21, rue des Écoles
75005 Paris
librairie.sh@harmattan.fr
01 46 34 13 71
www.librairieharmattansh.com

Librairie Le Lucernaire
53, rue Notre-Dame-des-Champs
75006 Paris
librairie@lucernaire.fr
01 42 22 67 13

www.ingramcontent.com/pod-product-compliance
Lightning Source LLC
La Vergne TN
LVHW011441061026
849535LV00004BA/911